# Laufenten

## - Das Buch zur Ente -


von Bjoern Clauss

und

Alexandra Vogel-Reich



Millenniums.Net GmbH

ISBN: 978-3-00-034167-0

# Inhaltsverzeichnis

**Inhaltsverzeichnis** ii

**Vorwort: Entenwetter** 11

Genießen Sie dieses Buch, aber mit Vorsicht! 13
Entstehung des Buches und Dank 13

**Rassemerkmale** 15

Rasse 15
Herkunft 15
Zuchtidee 18
Wie soll die Ente aussehen? 18
Was ist unschön? 18
Beschreibung 19
Grobe Fehler 19
Gewicht eines ausgewachsenen Tieres: 19
Eier 19
Ringgrössen 20

**Voraussetzungen zur Anschaffung** 21

Ausschlussliste 21
Anschaffung von Enten 23
Preise 23
Auf was achtet man beim Kauf 24
1,2 Laufenten ?? 24
Züchter 25
Warum reinrassige Tiere 25

Bezugsquellen 26
Eingliederung eines neuen Tieres 27
Erpel 27
Enten und Jungtiere 27

**Haltung** **29**

Ideale Gruppenzusammensetzung 29
Erpelgruppen 29
Auslauf 30
Zaun 30
Stall 31
Teich 32
Natürliche Feinde 35
Rotfuchs (Vulpes vulpes) 35
Marderartige (Mustelidae): 37
Waschbär (Procyon Lotor) 39
Wanderratte (Rattus norvegicus) 39
Beutegreifer 41
Reine Kükenräuber 43
Reine Eierdiebe 44
Mythen, Legenden und unwahrscheinlich? 44
Allgemeine Gefahren 45
Besondere Gefahren für Küken 45
Giftpflanzen im Garten 46
Schweres Gelände 47
Haltungsprobleme 48
Hilfe - meine Enten sind so scheu! 48
Wie bekomme ich meine Ente handzahm? 48
Die Enten wollen nicht in den Stall 50
Die Enten wollen nicht mehr aus dem Wasser 51
Eine neue Ente ist abgehauen 52
Die Mauser 52
Jugendmauser 52
Mauser 53
Bestimmung der Geschlechter 54
Beringung 55
Flügel stutzen 55
Entenkot auf Rasen und Wegen 57
Entenmist 57
Zusammenleben 59
Laufis und andere Tiere 59
Katzen 59
Spezialfall Hunde 60
Laufis und Kinder 61
Die lieben Nachbarn 62

Auswirkungen auf Rasen und Garten 64
Rasen 64
Nutzgarten 65
Lebensdauer 65
Jahresablauf 66
Balz 66
Leben im Winter 67
Gefiederpflege 67
Stall 67
Wege 67
Trinkwasser 68
Futter 68
Die Ente friert 69
Ältere Semester 70
Mauserprobleme 70
Gefiederveränderungen 70
Vitalität 71
Phasen von Aktivität und Ruhe während des Tages 72
Ältere Tiere und die Gruppe 72
Das Geläuf 73
Legeleistung 73
Futter 74
Vorbemerkung 74
Verdauungssteinchen 74
Nicht zu viel Salat 75
Futtermenge 75
Leibspeise Schnecken 75
Hauptfutter 76
Futterergänzer 78
Leckerlis 80
Auf gar keinen Fall füttern sollte man 82
Kochen für Enten 82
Eiablage in Abhängigkeit zur Fütterung 84
Eier 85
Gesundheitsgefahren beim Verzehr 85
Haltbarkeit 85
Vorzüge von Enteneiern 86
Anzahl, Farbe, Form und Gewicht 86
Rezepte 87
Rent-an-Ent 91
Schlaue Fragen 92
Können Laufenten fliegen? 92
Hat eine Ente Ohren? 92
Haben Enten einen Bauchnabel? 93
Warum kann man eine Laufente nicht einfach aussetzen? 93

**Brut und Kükenaufzucht** **95**

- Ab wann legt die Ente Eier 95
- Wie viele Eier legt eine Ente 96
- Wann sollte die Ente nicht brüten 96
- Inzucht 96
- Wie bereitet man die Brut vor 97
- Wann beginnt die Ente mit der Brut 98
- Wie viele Eier kann/soll die Ente ausbrüten 98
- Kurz vor Brutbeginn 98
- Wie sollte das Nest beschaffen sein 98
- Die Ente brütet im Freien 98
- Das Nest muss umziehen 99
- Schieren 99
- Wassertest 100
- Allgemeines über das Ei 100
- Nun sitzt die Ente 101
- Zwei Enten sitzen auf einem Nest 101
- Wie bereite ich mich vor 102
- Der Schlupf lässt auf sich warten 102
- Hilfe, die Küken kommen! 103
- Ein Küken kommt nicht aus dem Ei 104
- Kükenfutter 104
- Blautinktur 106
- Ab wann dürfen die Kleinen nach draußen 106
- Gefahren für Küken 107
- Küken picken sich gegenseitig 110
- Beringen 110
- Wie hindere ich die Ente am Brüten 111
- Küken unterschieben 111
- Was ist von Kunstbrut zu halten 112
- Huhn als Amme 114

**Anatomie** **115**

- Sinnesorgane 115
  - Gesichtssinn 115
  - Gehör 115
  - Gleichgewichtssinn 116
  - Geschmackssinn 116
  - Tastsinn 116
- Gefieder 117
  - Konturfedern 117
  - Die Flugfedern 118
  - Daunen 118
  - Fadenfedern 119

Die Bürzeldrüse 119
Paddel 120
Bauplan 121
Bezeichnung der Körperteile 122

**Krankheiten** **123**

Allgemeine Bemerkungen 123
Wann zum Tierarzt 125
Was kann der Tierarzt unternehmen 126
Kotprobe 126
Schwächelnde Enten 127
Entenpsychologie 128
**Erste Hilfe** 129
Anzeichen für Trauma 129
Anzeichen für Schock 129
Was unternimmt man bei ... 130
Entwurmen 132
Präventiv 133
Bei Befall 133
Impfen 135
Häufige Erkrankungen 135
Erhöhte Temperatur 135
Zu niedrige Temperatur 136
Aspergillose 136
Bindehautentzündung (Konjunktivitis) 137
Botulismus 138
Durchfall 138
Flagellaten 139
Gicht 139
Geflügelcholera 139
Gelenk-Sehnenscheidenentzündung (Ansteckende -) 139
Kokzidiose 140
Leberentzündung (Hepatitis) 141
Legenot 141
Paratyphus – Salmonellose 144
Vogelkrankheit (Entenornithose) 144
(Ekto-) Parasiten 145
Knochenbrüche 146
Humpeln 146
Beinprobleme 146
Verletzungen der Ente durch Erpel im Hormonkoller 147
Mangelerscheinungen 148
Windeier 148
Mauserprobleme 150
Vergiftungsursachen 150

Allgemeine Vergiftungen 150
Bleivergiftung 150
Vergiftungen durch Mäuse- oder Rattengift 151
Risspilze 151
Giftpflanzen 152
Weitere Verdächtige 152
Federn fallen aus 152
Flügel pumpen 152
Wann trenne ich ein Tier von der Gruppe 153
Behandlungskosten 153
Wie gebe ich ein Medikament ein 154
Baytril 154
Zwangsernährung 155
Vitamine und Mineralien 156
Hausmittel und Kräuterapotheke 156
Präventive Mittel gegen Darmerreger und Darmparasiten 157
Präventive Mittel gegen äußerliche Parasiten 158
Förderung der Legeleistung 159
Stärkung des Immunsystems 159
Entgiftung - Leberkur 159
Beinprobleme 159
Blutergüsse, Quetschungen, Wunden 160
Durchfall 160
Atemwegsprobleme 161

**Behördenwahnsinn Vogelgrippe 163**

Aufstallung 163
Was genau ist Aufstallung, was muss man beachten 164
Wie hoch ist das Infektionsrisiko für Laufenten 165
Kann man sich selber auch infizieren 165
Was passiert bei einem Ausbruch 166
Gibt es Impfstoffe 166
Weitere Informationsquellen 167
Sonst noch Fragen? 167

**Das traurigste Kapitel 169**

Ente tot: Veterinäruntersuchungsämter 169

**Geschichten, nicht nur für Kinder:**

**Wie die Laufenten entstanden sind** **171**
**McEntosh & die Duckess von Enterness** **176**

**Anhang** **181**

Staatliche Veterinär- und Lebensmitteluntersuchungsämter 181
Links und Adressen 186
Weblinks 186
Adressen 187
Literaturhinweise 187
Farbschläge 188
Weitere (im Ausland gebräuchliche) Farbschläge: 192
Enten - Sounds 192
Mein Entenbestand (Geflügelregister) 193

**Impressum** **195**

**Fotos und Abbildungen** **197**

**Glossar** **199**

© B. Clauss 2006

# Vorwort: Entenwetter

**Ende März, ein Tag zum Abgewöhnen. Draußen regnet es in Strömen, dazu ekelhafte Windböen. Mich schaudert, wenn ich nur aus dem Fenster sehe. Das Gras auf der Wiese vor dem Haus, das in den letzten Tagen gerade zaghaft die ersten Testhalme nach oben geschickt hat, ist wieder zur Winterruhe übergegangen.**

**Mit wenig Begeisterung mogle ich mich gegen Regenschauer und Wind die paar Meter zum Stall hin. Schon aus einiger Entfernung sind laute Diskussionen zu hören, eine hitzige Debatte scheint hin und her zu wogen.**

Als ich den Riegel der Stalltür zurück schiebe, ist für ein paar Millisekunden Ruhe, dann setzt das Gequake mit verdoppelter Lautstärke erneut ein. Jetzt nur keinen Fehler machen! Ich ziehe mich seitlich neben die Tür zurück und schubse sie mit ausgestrecktem Arm auf. And here we go - wie aus dem Schrotgewehr abgefeuert, schießt eine Garbe Enten ins Freie, schnatternd, rennend, quakend: Es ist Entenwetter!
Meine Entenbande, es sind neun an der Zahl, verliert nach einigen Metern den ersten Schwung, orientiert sich kurz und scheint die Aufgabenverteilung für die ersten Aktionen zu planen. Sonst geht's immer erst mal ohne große Diskussionen schnurstracks zum Bach, heute liegt der Fall jedoch anders. Eine durchgeweichte Wiese gehört schon zu den größeren Verlockungen für eine Ente, deshalb beschließt die Bande auszuschwärmen, eine Reihe, Abstand drei Flügellängen, Wiese sorgfältig und planmäßig durchschnabeln. Was die Quaker finden, bleibt ihr Geheimnis. Viel zu schnell, um mir eine Chance zur Identifikation zu geben, wird alles weg geschluckt. Aber es müssen Köstlichkeiten sein, die da zwischen Graswurzeln und Kies verborgen liegen, nur so kann ich mir die Begeisterung erklären, mit der da gebohrt und gebuddelt, geschnabelt und gezerrt wird. In diese Betrachtungen versunken, beginne ich darüber nachzugrübeln, was eigentlich diese Faszination ausmacht, die für mich von den Laufenten ausgeht.
Einerseits sind Laufenten robuste Tiere, bei -20°C so quicklebendig wie bei +30°C, in der Lage, sich von erstaunlichen Verletzungen wieder zu erholen. Andererseits kann es vorkommen, dass eine Ente einen Tag müde herum sitzt, am nächsten Tag schon tot ist, wenn man nicht rechtzeitig eingreift, um ihr zu helfen.

Manchmal sind Laufis zu erstaunlichen Leistungen fähig und handeln im gewohnten Umfeld oft sehr überlegt und professionell, ein anders Mal reagieren sie panisch und stur, wenn man sie überfordert.
Zuweilen sind Enten todesmutige Kämpfer und schrecken auch nicht davor zurück, Tiere von der Größe eines Ponys zurück zu schlagen und zu verfolgen.
Andererseits hat eine Ente keine wirklichen Mittel, sich gegen Feinde zu wehren und ist deshalb ein leichtes Opfer für alle möglichen Angreifer.
Meist sind es wirklich liebenswerte Geschöpfe, treu sorgende, aufopferungsvolle und jeder Gefahr furchtlos gegenübertretende Erpel, liebe- und verständnisvolle Entenmütter, schüchtern-furchtsame Jungtiere und neugierige, umtriebige Entengruppen.
Aber man trifft auch marodierende Erpelbanden, die wehrlose Entendamen bis hin zum Ersaufen vergewaltigen, Entenväter und Tanten, die Küken zu Tode schütteln oder ertränken, erbitterte Rivalitäten, die im Extremfall bis zum traurigen Ende ausgetragen werden, Mobbing und Bandenkriege.
Man macht es sich zu einfach, wenn man sagt, dass dieses Verhalten nicht unter menschlichen Maßstäben beurteilt werden sollte. Bei genauerer Betrachtung blickt man nämlich in einen Spiegel des eigenen Charakters, und oft muss man konstatieren, dass dieses Spiegelbild uns ähnlicher und näher ist, als wir gemeinhin wahrhaben wollen.
Das legt bei mir den Schluss nahe, dass genau hier die Faszination begründet liegt; der Mikrokosmos der Laufentenwelt umschließt viele Facetten und Widersprüchlichkeiten des Lebens in unserer eigenen Menschenwelt.
Und er hat den Vorteil einer gewissen Überschaubarkeit. Wo wir in unserer realen Umwelt oft Zusammenhänge nicht mehr erkennen, uns nicht mehr richtig orientieren können, führt uns die Welt der Enten wieder auf die simplen, aber lebenswichtigen Grundlagen unseres Daseins zurück.

Entenwetter Bild: Jens

## Genießen Sie dieses Buch, aber mit Vorsicht!

**Für alle Geflügelrassen gilt, dass ihre einzelnen Vertreter sich im Charakter mindestens ebenso unterscheiden können wie dies bei uns Menschen der Fall ist. Das Verhalten verschiedener Enten in ähnlichen Situationen kann also durchaus sehr unterschiedlich sein und hängt außerdem stark von Faktoren wie zum Beispiel Alter, Gruppenzusammensetzung oder Jahreszeit ab.**

Dennoch gibt es natürlich einerseits Verhaltensmuster, die allen Enten gemeinsam sind, andererseits Anzeichen oder Abweichungen im Verhalten, die auf Krankheiten oder Haltungsprobleme hinweisen.
Wenn Ihnen eines Tages also plötzlich ein sonst eher scheuer und zurückhaltender Erpel beim Betreten des Gartens wie eine wild gewordene Wäscheklammer am Hosenbein hängt, so begründet dies nicht unbedingt gleich einen Tollwutverdacht. Er ist auch nicht anderweitig krank oder durchgedreht, er hat nur jahreszeitlich bedingt seinen Hormonhaushalt umgestellt. Die Verhaltensänderungen können natürlich auch viel subtiler sein, und ob sie "normal" sind oder auf eine vorhandene oder heraufziehende Krankheit hindeuten, kann man meist nur nach viel Erfahrung mit den Tieren feststellen. Wie unter uns Menschen gibt es auch im Tierreich Mutige und Angsthasen, Kluge und Dumme, Sympathische und Stänkerer. Es kann also durchaus sein, dass sich zwei Tiere in ein- und derselben Situation völlig unterschiedlich verhalten, und beide sind trotzdem perfekt "normal".
In Standardsituationen sollte Ihnen das vorliegende Buch eine gute Hilfe und Orientierung geben. Was darüber hinaus geht, kann man (bei speziellen Fragen) bei einem wassergeflügelerfahrenen Tierarzt oder (bei allgemeineren Themen) im Internet in Erfahrung bringen.
Viele der in diesem Buch verarbeiteten Informationen stammen aus Beiträgen des Internet-Laufentenforums. Dieses von Bruno Stubenrauch initiierte Forum hat sich im Laufe der Jahre zu einer großen und herzlichen Gemeinschaft der Laufentenhalter entwickelt. Wegen der vielfältigen unterschiedlichen beruflichen Hintergründe der Forumsmitglieder finden sich oft Beiträge auf fachlich hohem Niveau, auf die ich bei der Zusammenstellung dieses Buches gerne zurückgegriffen habe. Meist wurde der jeweilige Beitrag wörtlich übernommen (das sind die in farblich hervorgehobenen Kästchen abgedruckten Absätze).

## Entstehung des Buches und Dank

Das vorliegende Buch ist im Wesentlichen die Überarbeitung und Erweiterung der Broschüre „Laufenten halten, ein kleiner Ratgeber für alle Fälle“.
Der Text dieses Buches entspringt nicht nur meiner Erfahrung als Halter von allerlei Geflügel, sondern vor allem auch den gesammelten Erlebnissen, die Laufentenhalter über viele Jahre im Laufentenforum im Internet berichtet haben. Wo diese Berichte wörtlich wiedergegeben werden, ist der Text braun hinterlegt. Viele Bilder stammen auch von Entenhaltern, die ich im Laufe der Zeit über dieses Forum kennen lernen durfte.

Leider hat sich die Erstellung des Buches über einen langen Zeitraum hingezogen, so dass ich bei einzelnen Bildern nicht mehr 100% sicher bin, sie dem richtigen Fotografen zugeordnet zu haben. Sollte jemand betroffen sein, so bitte ich um Nachsicht (und um Nachricht, um dies zu korrigieren).
Von den vielen klugen Forumsteilnehmern, von deren Wissen dieses Buch profitiert, möchte ich besonders **Alexandra Vogel-Reich** („Lexx“) hervorheben, ohne deren Hilfe ich mir nicht zugetraut hätte, diese Arbeit anzugehen. Die Texte zu den Hausmitteln und der Kräuterapotheke, sowie die Seiten über die natürlichen Feinde stammen von ihr, und ich schulde ihr Dank fürs Korrekturlesen und für viele gute Tipps.
Von **Dieter Gehlhaar** stammt der Text zu den „älteren Semestern“.
Die beiden seien stellvertretend auch für die vielen Anderen genannt, die mir mit Texten, Bildern und guten Ratschlägen ausgeholfen haben.

Das vorliegende Buch entstand von der Texteingabe über die Bearbeitung der Bilder bis hin zum druckfähigen Layout auf meinem heimischen PC. Ich hoffe, ich habe trotzdem einigermaßen professionelle Arbeit geleistet und man merkt das dem fertigen Produkt nicht an.

# Rassemerkmale

## Rasse

**Unabhängig von den verschiedenen Farbschlägen gibt es nur eine Laufentenrasse, nämlich "Die Laufente". Chinesische, japanische, indonesische oder indische Laufente sind alles Synonyme für das gleiche Tier. Die verschiedenen Bezeichnungen sind wahrscheinlich durch die verschiedenen Importwege aus den ehemaligen britischen bzw. holländischen Kolonien entstanden. Englisch heißen sie übrigens "Indian Runners", französisch „Coureur Indien", italienisch „Corritrice Indiana" und niederländisch „Indische Loopeend".**

Die meisten Farbschläge sind durch Einkreuzung anderer Entenrassen entstanden. So wird zum Beispiel zum Erhalt des rein schwarzen Farbschlages noch heute regelmäßig von erfahrenen Züchtern die Cayugaente aus Nordamerika eingekreuzt. Das ist möglich, weil der aufrechte Gang der Laufente dominant ist. Die Laufente ist in ihrem heutigen Erscheinungsbild allein das Ergebnis menschlicher Zucht und nicht in freier Wildbahn entstanden. Sie wäre auch in Freiheit kaum oder nur sehr bedingt überlebensfähig. In idealen Entenbiotopen mit großen Wasserflächen und guter Deckung übersteht sie durchaus einige Jahre, wird aber dann früher oder später von anderen Wasservögeln verdrängt oder vom Raubwild ausgerottet.

## Herkunft

Als Stammform der Laufente gilt die Pinguinente (wenn es sich nicht ohnehin um die selbe Rasse handelt). Erste Erwähnungen von Vorkommen der Pinguinente finden sich bei Darwin (1868) und zum Beispiel im Inventar des Londoner Zoos um 1835. Aus Südostasien, insbesondere aus dem malayischen Archipel, wurde sie nach China und Japan gebracht. Von dort gelangte sie im 19. Jahrhundert mehrfach über den Seeweg nach England und andere Teile Europas, starb dort aber wieder aus. Vermutlich entstanden die Enten mit der aufrechten Haltung schon vor einigen Jahrhunderten unter den besonderen Bedingungen der asiatischen Entenhaltung, bei der die Tiere in Herden zur Weide getrieben werden und viel laufen müssen. Der Durchbruch kam, als die Rasse unter dem Namen "Indian Runner" 1890 erneut nach England importiert wurde, angekündigt als Rasse mit märchenhafter Legeleistung. Das Wort "Indian": "indisch" war zu dieser Zeit ein Oberbegriff, der einen großen Subkontinent sowie eine ganze Menge anhängender Inseln umschrieb, die "ostindischen Inseln" . Der wahrscheinliche Ursprung der Laufenten liegt auf einer oder mehreren Inseln im malayischen Archipel, die Hauptverdächtigen sind Lombok und Bali.

Für den Monat Juni kostet die zweimal wöchentlich erscheinende „Geflügel-Welt" außer Bestellgeld 34 Pfg., mit Bestellgeld 40 Pfg. Bestellungen nehmen alle Postanstalten und deren Briefträger entgegen.

Zu beziehen durch jede Postanstalt für 1 Mk. vierteljährlich, Zustellungsgebühr 18 Pfg. In Oesterreich-Ungarn 1 Krone 80 Heller. — Vom Verlage bezogen in Deutschland, Oesterreich-Ungarn und Luxemburg vierteljährlich 3.50 Mk., in allen übrigen Ländern 5 Mk. Einzelne Nummern 25 Pfg. Inserate netto 55 mm Breite 20 Pfg. Inseratenschluß Montag oder Donnerstag früh 8 Uhr.

# GEFLÜGEL-WELT.

Illustrierte Zeitschrift für das gesamte Gebiet der Geflügel-, Singvögel-, Hunde-, Kaninchen- und Kleintierzucht.

Erscheint wöchentlich zweimal.

Postadresse: Verlag der „Geflügel-Welt" Chemnitz. Fernsprecher: Nr. 2113

Herausgeber und Verleger: Dr. Paul Trübenbach, Chemnitz.

Nr. 42. — 8. Jahrgang. Nachdruck aller Artikel und Abbildungen verboten. Chemnitz, den 23. Mai 1916.

## Die Laufente.

Auch sie gehört zu den Rassen, die wir vom Ausland bekommen haben, die aber erst in Deutschland den höchsten Grad der Vollkommenheit erreichten. Sie fanden hier geradezu begeisterte Aufnahme, die anfangs allerdings meist auf die ihnen nachgesagte Nützlichkeit zurückzuführen ist; sollte doch ihre Legetätigkeit unerreicht dastehen. In der Tat war diese auch bedeutend, wenn auch bei weitem nicht so hervorragend, wie ihnen nachgesagt wurde. Alles in allem genommen war und ist aber ihre Nutzfähigkeit beachtenswert,

ihm. Er zeigt uns nur scharfe Ecken und glatte Flächen, wie ja auch der ganze Eindruck des Tieres ein starrer ist. Vom fast kantig angesetzten Genick verläuft die Stirn in gerader Linie bis in die Schnabelspitze. Diese Linie darf weder durch Ein- noch Ausbuchtungen unterbrochen werden. Alle Fehler am Kopf wiegen sehr schwer. Auf scharfen Schnitt der Kehle wird ebenfalls großer Wert gelegt. Jeder, der etwas Auge für harmonische Formen hat, wird erkennen, daß eine Wamme bei einer Laufente ein Unding wäre. Infolge-

Bild: Clemens

Obwohl keine handfesten Beweise existieren, so gibt es doch eine ganze Menge starker Indizien, dass Laufis vor dem 19. Jahrhundert nach Europa eingeführt und auch gehalten wurden. Aufzeichnungen aus dem späten 16. Jahrhundert sprechen von Schiffsfrachten "gepökelte Pinguinenten". Außerdem gibt es gewisse Übereinstimmungen der Laufis mit sogenannten "Hook-Bills", die schriftlich um 1678 erwähnt sind. Doch kommen wir zu besser belegten Quellen: "Ein Erpel und drei Enten wurden aus Indien von einem Kapitän mitgebracht, und einem Halter in Dumfriesshire sowie einigen Farmern in West Cumberland übergeben." Das muss etwa um 1830 gewesen sein. Einige Jahre später brachte der gleiche Kapitän noch eine Portion mit, und diese beiden Gruppen sind wohl die Urväter und -Mütter aller heutigen europäischen Laufis. Die Farbe der Dumfriesshire Tiere war rehbraun, die der anderen braunweiss und reinweiss.

Dazu ist zu sagen, dass es sich hierbei um Erinnerungen alter Leute handelt, die über 50 Jahre nach dem Import der ersten Enten befragt wurden. Mit diesen ersten Enten wurde nicht systematisch gezüchtet. Wie es die Art potenter Laufentenerpel ist, haben sie sich mit allem vermischt, was nicht schnell genug auf den Bäumen war. Aber es gibt Übereinstimmungen, dass die schönsten und sortenreinsten Tiere die mit der rehbraunen Farbe waren.

Es hat über 50 Jahre gedauert, bis die Tiere "professionellen" Züchtern auffielen. Damals muss es schon kaum bis gar keine rassereinen Tiere mehr gegeben haben. Um 1908 wurde erstmals versucht, einen Rassestandard festzulegen, die Streitereien darüber zogen sich bis etwa 1930 hin. Einzelne Züchter bemühten sich, frische Tiere zu importieren, was erstmals 1909 gelang (aus Mataram auf Lombok und aus Bali), sowie im gleichen Jahr eine Portion aus Ost-Java.
In dieser Zeit wogte ein (ziemlich verkniffener) Streit unter den Züchtern, eine Fraktion legte mehr Wert auf das Erscheinungsbild der Enten, die andere Fraktion wollte sie nach der Legeleistung beurteilt wissen.
Erste Erwähnungen in deutschen Geflügelzeitschriften finden sich ab 1893, es muss aber schon früher ein Bestand im Berliner Zoo existiert haben. Die ersten Importe für eine eigenständige Zucht sollen 1896 erfolgt sein. In der „Geflügel-Börse" vom 20. Februar 1903 findet sich eine ausführliche Beschreibung der „Indischen Laufenten". Im Februar 1908 kam es dann zur Gründung der „Vereinigung der Laufentenzüchter", die bis heute (als „Sonderverein der Laufentenzüchter Deutschlands") existiert. Wie es sich für deutsche Vereine gehört, wurde und wird das Thema „Laufentenzucht" sehr ernst genommen, die Diskussionen über den richtigen „Typ" und das korrekte Aussehen der Enten sind schier endlos. Schließlich setzte sich in Deutschland der schnittigere Typ gegen den massigeren durch.

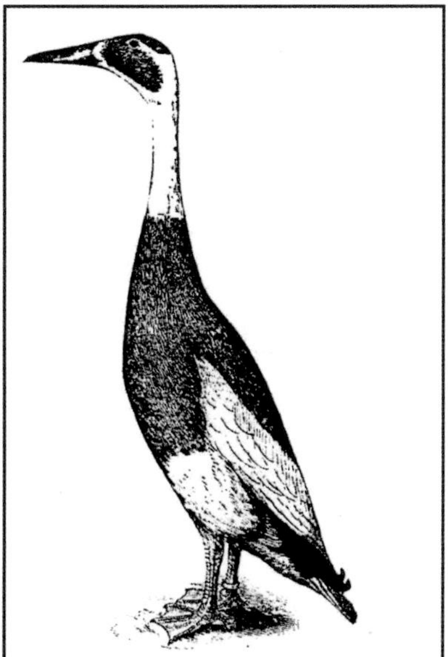

Indische Laufente. (Erpel.)

links: „Indische Lauf-Enten", Geflügel-Börse, 7. Dezember 1887
rechts: Handbuch der Geflügelzucht, Bruno Dürigen, 1910

Informationen über Geschichte der Laufentenzucht in Deutschland findet man in der Festschrift „100 Jahre Sonderverein der Laufentenzüchter Deutschlands“ (Bezugsadresse siehe Anhang).
Wer des Englischen mächtig ist, kann in „The Indian Runner Duck“ von C.&M. Ashton die Historie der Laufis in England nachlesen.

## Zuchtidee

Die folgenden Absätze beschreiben, wie sich die Züchter das Aussehen einer Laufente vorstellen. Diese Vorstellungen sind im Laufe der Zeit gewissen Änderungen unterworfen und werden im sogenannten “Geflügelstandard” festgeschrieben.
Bei den nachfolgenden Beschreibungen handelt es sich also um Idealformen, die im privaten Liebhaberbereich unter Umständen wenig Bedeutung besitzen. Von uns Hobbyhaltern grämt sich niemand, wenn seine Lieblingsente nicht präzise aussieht wie im Standard beschrieben!
In den deutschen Standards wird die Laufente als: “Aufrecht stehende, auf den Zehenspitzen tänzelnde, elegante, schlanke, raschwüchsige, frühreife, temperamentvolle Ente mit beachtlicher Legeleistung” beschrieben. Nun, das mit den Zehenspitzen ist offenbar eine deutsche Erfindung; in den englischen Standards ist davon nichts zu lesen. Keine der alten Abbildungen zeigt dieses Merkmal; auch in Bezug auf das Tierschutzgesetz kann diese Fußhaltung fragwürdig sein.

## Wie soll die Ente aussehen?

Aufrechte Haltung, gute Rumpfrundungen, freier Stand, Keilkopf mit langem Gesicht und scharfem Nackenbogen. Kopf und Hals machen etwa 2 Fünftel, Rumpf mit Schwanz etwa drei Fünftel der Gesamtlänge aus. Die gedachte Linie vom Auge bis zur Schwanzspitze soll zwei annähernd gleiche Teile erkennen lassen.

## Was ist unschön?

Langes, spitzes Hinterteil, schlecht eingebaute Schultern, tiefer Stand, Schnabeldruck oder ramsender Schnabel, angezogener Schwanz, schlechte Flügelhaltung, fehlende Eleganz.

## Beschreibung

Hier eine Beschreibung der wichtigsten Merkmale der Ente:

| | |
|---|---|
| Rumpf: | Walzenförmig und lang gestreckt |
| Rücken: | Gewölbt, seitlich gerundet |
| Brust: | Abgerundet |
| Bauch: | Nicht hervortretend, glatt und voll, tulpenförmig auslaufend |
| Kopf: | Stirn flach, Backen nicht hervortretend, Hinterkopf scharf gebogen |
| Schnabel: | Gerade, keilförmig, nicht wesentlich länger als der Kopf, Schnabel und Kopf bilden eine längliche Keilform |
| Farbe: | Siehe Farbschläge |
| Augen: | Sehr hoch unter der Schädeldecke liegend, braun bis dunkelbraun |
| Hals: | Lang und gerade, im unteren Drittel gleichmäßig verbreiternd in den walzenförmigen Rumpf übergehend, Kehle scharf ausgeschnitten |
| Flügel: | Mittellang, gut eingebaut und fest anliegend |
| Schwanz: | Abgesetzt, keilförmig, kurz, den Boden nicht berührend |
| Schenkel: | Lang und weitgehend sichtbar |
| Läufe: | Lang, feinknochig und gerade, Farbe: siehe Farbschläge |
| Gefieder: | Fest anliegend |

## Grobe Fehler

Plumpe oder spindelige Figur, grober, runder Kopf, Spaltbrust, Kielbildung, stark angezogener oder durchgedrückter Schwanz, stark hervortretende Schultern und stark kreuzende Flügel, stark abweichende Farbe und fehlerhafte Zeichnung.

## Gewicht eines ausgewachsenen Tieres:

| | |
|---|---|
| Erpel | 2,00 kg |
| Ente | 1,75 kg |

## Eier

Zumeist weiss, bei dunkleren Farbschlägen etwas grünlich getönt.
Bruteier-Mindestgewicht: 65 g

## Ringgrössen

Ente und Erpel 13mm.

Prinz Eisenherz - ein stolzer Erpel!

# Voraussetzungen zur Anschaffung

**Bevor die Anschaffung von Enten in Frage kommt, müssen gewisse Voraussetzungen erfüllt sein, um eine art- und tierschutzgerechte Haltung zu gewährleisten. Das sind:**

- Ein Auslauf in ausreichender Größe (mindestens 500qm unverbaut) für 2 Enten
- Eine Schwimmgelegenheit siehe dazu das Kapitel "Haltung - Teich")
- Ein mardersicherer Stall (siehe Kapitel "Haltung - Stall")
- Ein dicht umzäuntes Grundstück *
- Das Grundstück darf in letzter Zeit nicht mit Dünger/Kalk/Schneckenkorn behandelt worden sein
- Die Enten müssen zuverlässig abends in den Stall gebracht werden
- Und natürlich muss der Stall auch zuverlässig verschlossen werden
- Eine Entsorgungsmöglichkeit für anfallenden Mist, bzw. Einstreu

* Da es immer wieder vorkommt, dass streunende Hunde über den Zaun springen und Enten töten, geht man erst ab 1,8m Zaunhöhe wirklich auf Nummer Sicher! In Gebieten, für die ein Bebauungsplan existiert, kann dies unter Umständen zu Problemen führen.

## Ausschlussliste

**Weil es so wichtig ist, vor Anschaffung von Enten das Hirn einzuschalten, nachfolgend nochmals eine Checkliste.**

**Sollten Sie auch nur eine Checkbox angekreuzt haben, dann ist es besser für Mensch und Ente, wenn Sie von einer Anschaffung absehen.**

[ ] **Ich habe keinen Garten.**
Laufenten brauchen Auslauf. Mindestens 500qm pro Paar.

[ ] **Ich möchte nur eine Ente.**
Enten sollten mindestens zu zweit sein (Männlein und Weiblein!).

[ ] **Ich habe keine abgeschlossene Übernachtungsmöglichkeit.**
Laufenten müssen nachts in eine Unterkunft, da sonst Beutegreifer leichtes Spiel haben. Und seit aufgestallt wird, benötigt man auch eine größere Bleibe.

[ ] **Ich habe keinen Bock oder keine Zeit, mich jeden Tag zu kümmern.**
Minimum ist abends rein in den Stall und morgens wieder herauslassen. Im Winter und in der Aufstallungsphase täglich füttern - und das bei Wind und Wetter!

[ ] **Mein Staudenbeet / mein englischer Rasen ist mein Ein und Alles.**
Spätestens wenn es regnet, bohren die Enten überall ihren Schnabel hinein, das sieht zum Teil schnell wüst aus, es entstehen tiefe Löcher.

[ ] **Ich dulde keine Wasserstelle in meinem Garten.**
Wenn schon kein Teich, dann muss zumindest eine eingegrabene Badewanne oder Sandmuschel zum Trinken und zur Gefiederpflege da sein. Die Ente ist ein Wasservogel!

[] **Ich finde Entenscheiße eklig / habe keinen Misthaufen / weiß nicht wohin mit der Scheiße.**
Der Stall wird mit Stroh oder Sägespänen eingestreut und muss auch ausgemistet werden. Bei Hundehüttengröße mindestens 1x pro Woche! Und spätestens wenn die Ente da Eier hinein legt, muss man die auch irgendwann anfassen (wenn auch mit Handschuhen), ob Kacke dranklebt oder nicht.

[ ] **Ich habe keine Urlaubs-/latenight - Vertretung.**
Morgens aus dem Stall, abends in den Stall, das muss zuverlässig geregelt sein. Und abends ist die korrekte Uhrzeit wichtig.

[ ] **Ich schlaf gerne jeden Tag bis 11:00.**
Zumindest wenn die Enten nur ein Hüttchen zum Übernachten haben, muss man sie morgens früh rauslassen. Wer will schon 12 Stunden oder mehr in einem Hüttchen verbringen?

[ ] **Ich möchte es finanziell bei der einmaligen Anschaffung belassen und habe kein Geld übrig für weitere Ausgaben.**
Zumindest im Winter muss zugefüttert werden, dazu kommen Kosten für Einstreu, Aufstallung, Tierarzt bei Krankheit und vieles mehr.

[ ] **Ich möchte mir mit der Entenzucht oder mit dem Eierverkauf etwas dazuverdienen.**
Vergessen Sie's. Es rentiert sich nicht.

[ ] **Ich möchte die Enten zur Schneckenbekämpfung vermieten.**
Vergessen Sie's. Es ist nicht artgerecht und rentiert sich nicht.

[ ] **Ich möchte mit meinen Tieren schmusen, möchte, dass sie auf meinem Schoß sitzen.**
Das ist nicht Entenart! Die Tiere wollen keinen Körperkontakt.

# Anschaffung von Enten

**Die Entscheidung ist gefallen, Enten sollen angeschafft werden? Meine Gratulation, Sie haben sich für ein Abenteuer entschieden, bei dem zwei Dinge sicher sind: Sie werden jede Menge Arbeit, aber noch wesentlich mehr Spass haben!. Um den Spassanteil möglichst groß zu halten, können Sie bereits bei der Anschaffung einige wichtige Dinge berücksichtigen:**

- Enten nur als Paar (Ente und Erpel) halten
- Keine Küken kaufen, erst im Alter von ca. 8 Wochen ist das Geschlecht erkennbar
- Keine Küken kaufen, sie sollten nicht von der Mutter getrennt werden
- Sicherstellen, dass keine Geschwister gekauft werden (Inzucht!)
- Vorteilhaftester Zeitpunkt zum Entenkauf ist der Herbst
- Nur Tiere aus guten Haltungsbedingungen kaufen (Augenschein, siehe unter "Haltung")
- Wenn möglich, reinrassige Enten eines Farbschlags kaufen
- Informationen über die Vorgeschichte einholen:
    - Wie alt sind die Enten (Kontrolle des Rings)
    - Wurden Impfungen durchgeführt (wann, womit, wogegen)?
    - Eventuelle Entwurmungen (wann, womit, wogegen)?
    - Womit wurden die Enten bisher gefüttert?
    - Gibt es etwas, was sie speziell gerne mögen?
    - Wie waren sie bisher untergebracht?
    - Von der Mutter aufgezogen oder aus Kunstbrut?
- Transport der Ente in einem nicht zu großen, gut gepolsterten Karton mit sehr guter Luftzufuhr
- Längere Transportfahrten unterbrechen, Wasser anbieten

Was von den häufig im zeitigen Frühjahr angebotenen Eintagsküken aus Kunstbrut zu halten ist, sollte eigentlich nach den oben aufgeführten Stichpunkten klar sein. Ein verantwortungsvoller Laufentenzüchter wird seine Enten aus oben genannten Gründen nicht als Eintagsküken abgeben, die ersten 6 Wochen sollten die Kleinen bei der Mutter bleiben.

Vereinzelt ist zu hören, dass dunklere Enten sich vor hellen oder weißen Neuzugängen fürchten. Das kann man bei der Auswahl schon mit berücksichtigen, denn es verlängert unter Umständen die Eingliederung.

# Preise

**Für reinrassige, beringte Enten werden in etwa folgende Preise verlangt:**

| | |
|---|---|
| Erpel einjährig | 10 Euro |
| Ente einjährig | 15 Euro |

Das sind natürlich nur grobe Anhaltswerte, je nach Region, Nachfrage und Jahreszeit kann der Preis nach oben oder unten abweichen. Züchter verlangen derzeit etwa 18 bis 25 Euro für beringte Tiere ohne besondere Bewertung.
Für viele Halter ist der Abgabepreis ihrer Enten auch von geringem Interesse, ihnen ist es viel wichtiger, dass die Tiere in gute Hände weitergegeben werden. Deshalb ist der Preis oft ein symbolischer, bei uns in Bayern sagt man: „Was nix kost is nix“. Ein Abgabepreis unter 5 Euro ist sinnfrei, denn der Kilopreis für Schlachtente liegt bei 8 bis 9 Euro.
Und man kann erkennen, dass die Entenzucht in kleinem Maßstab keinen wirtschaftlichen Sinn macht, rechnet man die Kosten für Unterbringung, Arbeitszeit und Futter gegen den Verkaufspreis einer Ente auf, bleibt unter dem Strich normalerweise ein dickes Minus.

## Auf was achtet man beim Kauf

**Um Enttäuschungen zu vermeiden und späteren Problemen vorzubeugen, kann man schon beim Entenkauf jede Menge tun. Hier eine kleine Checkliste:**

- Enten selbst abholen und kein Tier annehmen, das tränende oder nicht ganz geöffnete Augen hat.
- Darauf achten, ob die Nasenlöcher frei sind und das Tier unbeschwert atmet.
- Kloake untersuchen (das ist hinten, wo die Sch....e raus kommt) und auch an dem Tier riechen (Kokzidiose kann man riechen). Ein gesundes Küken ist hinten sauber und ohne Ungeziefer und riecht zumindest neutral (oder gut, je nach Nase).
- Die Tiere erst im Auslauf beobachten und (wer sich ein wenig damit auskennt) nach Farbe und Zustand des Kots schauen.
- In den Stall schauen und schnuppern (Ist die Einstreu frisch und sauber? Ist es dort feucht? Riecht es schimmelig?) und auch die anderen Tiere anschauen.

Es liegt auf der Hand, dass man all diese Dinge nicht feststellen kann, wenn man sich die Tiere aus unbekannter Quelle schicken lässt.
Also: Hände weg vom Tierversand!
Für die Anschaffung einer kleinen Ente für ein ganzes Entenleben sollte man sich schon ein wenig Zeit nehmen. Das gewohnte Futter für die erste Woche nimmt man möglichst mit.

## 1,2 Laufenten ??

**In Tiermarkt-Anzeigen ist oft zu lesen: Gebe ab 1,2 Laufenten, wildfarben.**

Wer diese Schreibweise nicht gewohnt ist, der wundert sich erst mal. Dabei ist es ganz einfach - die erste Zahl bezeichnet die Anzahl der Erpel, die zweite Zahl die der Enten und die dritte (falls vorhanden, eigentlich regelwidrig) die Anzahl der Küken.

# Züchter

Nicht jeder, der Laufenten inseriert oder anbietet, ist ein Züchter. Meine Definition des Züchters ist folgende:

**Ein Mensch mit Sachverstand und Weitblick, der nur mit gesunden, arttypischen Elterntieren unter möglichst artgerechten Bedingungen so vermehrt, dass die Nachzucht gesund und absolut lebensfähig, mit den bestmöglichen Futtermitteln und unter optimalen Haltungsbedingungen aufwachsen kann. Haltung, Fütterung und Zuchtbuch sind jederzeit überprüfbar. Die Abgabe von Jungtieren erfolgt nur nach Prüfung des Käufers und nur ab Stall.**

Wer diese Kriterien nicht erfüllt, kann sich bestenfalls als Halter bezeichnen, was ja auch nicht unehrenhaft ist. Wenn dann zusätzlich noch jemand mehrmals im Jahr Nachwuchs anbietet oder die Haltung erkennbar aus finanziellem Interesse betreibt, dann würde ich ihn als „Vermehrer“ bezeichnen.

# Warum reinrassige Tiere

Für einen Hobbyhalter macht es vom Aufwand her keinen großen Unterschied, ob er Tiere einer bestimmten Rasse oder Feld- Wald- und Wiesentiere hält. Aber mit ein klein wenig mehr an Engagement kann man eine Riesenportion mehr an Verantwortung für unsere Umwelt übernehmen, denn es macht definitiv einen Unterschied, ob eine eher seltene Art erhalten bleibt oder nicht, das trifft auf Haustierrassen genau so zu wie auf die Natur im Allgemeinen.

Als ich mit der Entenhaltung begonnen habe, war mir relativ egal, ob meine Tiere „reinrassig“ waren. „Freier Sex für freie Enten“ war die Devise, grade die „bunten Mischungen“ wachsen einem oft schnell ans Herz und sind meist robuste und freundliche Tiere.

Im Laufe der Zeit hat sich meine Einstellung aber gewandelt, und zwar aus zwei Gründen:

Zum Einen sind die Tiere in menschlicher Obhut kaum noch Selektionsdruck wie unter natürlichen Bedingungen ausgesetzt. Auch alle weniger lebenstüchtigen Exemplare können sich weitervermehren. Es macht also Sinn, bei der Nachzucht eine gewisse Auswahl und Steuerung zu betreiben.

Zweitens werden Tiere seit Jahrhunderten vom Menschen gezüchtet, die jeweiligen Rassen sind ein Kunstprodukt mit ganz bestimmten, sorgfältig ausgewählten Eigenschaften. Das bezieht sich einerseits auf wirtschaftliche Faktoren wie Nahrungsverwertung, Schädlingsvernichtung, Legeleistung oder Fleischansatz. Auch Robustheit, Anpassung an das jeweilige Klima und die landschaftlichen Verhältnisse waren wichtige Kriterien. Heutzutage kommen Ästhetik und Unterhaltungswert der Tiere hinzu.

Leider verlieren sich die in langer Zeit erzüchteten speziellen Merkmale einer Rasse, wenn man wahllos und beliebig Vertreter anderer Rassen einkreuzt oder verschiedene Farbschläge verpaart. Nach ein paar Generationen gibt es dann nur noch einen Mischmasch, die Bemühungen von Jahrhunderten waren umsonst.

## Bezugsquellen

Es gibt viele Wege, an Laufenten zu kommen. Wer sich für reinrassige Tiere entscheidet, findet Züchteradressen bei http://www.laufenten-sv.de.
Wem es weniger wichtig ist, nachgewiesen rassereine Tiere zu erhalten, der wird sicher bei den Kleinanzeigen des Laufentenforums unter der Webadresse
http://www.edmuehle.de/markt/start.html fündig.

# Geflügel-Börse.

Wochenblatt

für Geflügel- Singvögel- und Kaninchenzucht, Brieftauben-, Hunde- und Jagdsport.

| Inserate die viergespaltene Zeile oder deren Raum 20 Pfennige. | Ausgabe für das Königreich Sachsen. | Inserate die viergespaltene Zeile oder deren Raum 20 Pfennige. |
|---|---|---|

Die „Geflügel-Börse" erscheint jeden Dienstag und Freitag und ist durch sämmtliche Postanstalten zu beziehen. Vierteljährlicher Abonnementspreis 75 ₰. Einzelne Nummern 15 ₰.

No. 98. — Leipzig, den 7. Dezember 1897. — 18. Jahrgang.

**Inhalt:** Indische Laufenten. — Der Standard der Natur und der Standard des Sports. (Schluß.) — Vereinsangelegenheiten. — Bevorstehende Ausstellungen. — Briefkasten.

Die Beilagen enthalten Anzeigen.

### Indische Laufenten (Indian Runners).

(Nachdruck verboten.)

In letzter Zeit machte ein Entenschlag viel von sich reden, der bis jetzt wenig bekannt und verbreitet war und, nach dem Urtheile von Züchtern, reicher an wirthschaftlichen Eigenschaften sein soll als irgend eine andere Entenrasse; es sind dies indische Laufenten (Runners). Ob die Laufente aus Indien stammt, weiß man nicht bestimmt, vermuthlich ist sie durch Kreuzung mit der sog. Pinguin-Ente entstanden, einer im Südosten Asiens vielfach vorkommenden hochgereckten Varietät der Hausente. Diese fast senkrecht auf den weit nach hinten angesetzten Beinen stehende Ente mit dünnem, langem Hals, mittellangem Schnabel, kleinen anliegenden Flügeln, welche in Weiß und Bunt vorkommt, gelangte sehr früh nach China und Japan und wurde im Laufe dieses Jahrhunderts auch mehrmals nach England und von da nach Deutschland eingeführt. Erfahrene Kenner betrachten noch heute die Pinguin-Ente als die Stammrasse, aus der die Peking-Ente von den Chinesen herausgezüchtet wurde. Eine den Laufenten ähnliche Art erschien als japanische Ente Mitte der siebziger Jahre [...] die Welt hinausposaunt werden, lassen allerdings die indische Laufente als Zukunftsente für den Landwirth erscheinen, wenn anders man nicht an eine Art von Speculation zu glauben gewillt ist. — Jedenfalls darf in unserem rauhen norddeutschen Klima nicht auf ein so beständiges Legen dieser Enten im Winter gerechnet werden.

Als Rassenmerkmale, obgleich eine anerkannte Musterbeschreibung unseres Wissens bis jetzt nicht existirt, werden bezeichnet: Hochgereckte, aufrechte Figur und Haltung, lebhaftes munteres Wesen, Hals lang und dünn, Kopf fein und lang, Schnabel verhältnißmäßig lang und je nach der Gefiederfarbe gelb bis grüngelb, Rücken ziemlich steil abfallend, was durch die aufrechte Stellung bedingt wird, Füße kurz, von gelblicher Farbe. Gewicht ungemästet 2 bis $2^1/_2$ kg. Unser Bild ist nach einem Entenpaar gezeichnet, das als besonders hervorragend geschildert wird und zeigt uns die indischen Laufenten, wie sie sein sollen.

Was die Färbung und Zeichnung des Gefieders anbelangt, so ist dieselbe sehr mannigfaltig und verschieden. Die am meisten vorkommende Farbe ist Braun und Weiß. Manche Exemplare sind über den ganzen Körper braun und weiß gesprenkelt, aber die am schönsten gezeichneten haben einen braunen Kopf und weißen Hals. Meistens ist der obere Theil des Körpers braun, während der untere weiß ist. Auch giebt es reinweiße, schwarze mit weißer Zeichnung, rehfarbig-weiße u. s. w., somit keine feststehende Farbenconstanz. Die Zeichnung des Erpels ist gewöhnlich heller als die der Ente, enthält mehr weiß, ist aber im Uebrigen ebenso dunkel, [...]

[...] vollkommen richtig in die Erscheinung treten, bei der Uebertragung auf die nächste Generation fast stets unerwünschte Veränderungen erleiden. In dem einen Falle verblaßt eine Farbe, in dem anderen Falle wird eine Farbe zu dunkel oder geht in eine andere Farbe über, die gemischte Farbe fällt auseinander, wie ein schlecht geflicktes Kleid, eine Zeichnung wird zu matt, eine andere zu unregelmäßig rc. — Und solche Umwandelungen vom Richtigen zum Fehlerhaften auf dem Wege zur nächsten Generation werden in vielen Fällen, besonders bei den Rassen und Farbenschlägen, bei denen die Färbung und Zeichnung von Hahn und Henne eine verschiedene ist, andere sein bei den Hähnen als bei den Hennen. —

Gegen solche Umwandelungen vermag nur der Züchter zu wirken, der viel Geschick besitzt, und dem eine langjährige Erfahrung zur Seite steht, denn nur solcher Züchter vermag die wahrscheinlichen Umwandelungen richtig vorauszusehen, und nur wenn er sie richtig voraussieht, kann er ihnen vorbeugen. — Und das Verfahren, um solchen Umwandelungen vorzubeugen, besteht darin, daß der Züchter das, was erfahrungsmäßig sich ändern wird, in dem einen Elternthiere zum stärkeren Ausdruck bringt, als der Standard vorschreibt. Es tritt also hier der auffallende Fall ein, daß nicht das Thier, welches dem Standard am nächsten kommt, auch das beste ist, um wieder standardmäßige Thiere zu züchten: sondern daß ein Thier, welches sich vom Standard, in manchen Fällen sogar recht weit entfernt, für die Erreichung des Zieles geeigneter ist, als das standardmäßig gefärbte und ge-

Bild: Clemens

# Eingliederung eines neuen Tieres

## Erpel

Optimal ist die Eingliederung eines neuen Erpels im August, weil sich die Paare für das Folgejahr im September bilden und dann auch zusammen bleiben. In dieser Zeit sind die Tiere durchgemausert und Jungtiere (zur richtigen Zeit gebrütet, siehe Kapitel "Haltung – Brut und Kükenaufzucht"!) voll entwickelt und der Balztrieb ist nicht mehr so stark, es gibt dann weniger Konflikte zwischen den Tieren.

## Enten und Jungtiere

Die Eingliederung von Enten und Jungtieren verläuft meist mit weniger Problemen, aber es kann immer mal zu Eifersüchteleien und Mobbing kommen. Wenn nötig, trennt man anfangs die Tiere durch einen Zaun, so dass sie Sichtkontakt haben können. So haben sie Gelegenheit, sich aneinander zu gewöhnen.

von Wad.beisser: neuer Erpel

"Äääänte!!!" Augenblicklich bin ich wach. Schnatter laut los.
"Äääääänte!!!!" Ja, ich beeil mich. Mein Mensch. Den soll man nicht warten lassen.
Komme angerannt. Er hat den großen blau-weißen Käfig in der Hand. Scheiße, Tierarzt!
Gerade will ich flüchten. Was ist das? Was lugt da durch die Gitterstäbe?
Ein Erpel, ein Erpel ... Ich brech in die Schnecke ...!
Er setzt ihn auf dem Boden ab. Macht die Tür auf.
Boah, der Typ kommt sofort auf mich zugerannt. Ich puschel ihn an.
Zeige ihm gleich die Treppe in den unteren Garten. Kommt mit.
Ich drehe um. Sofort hinterher. Sucht Anschluss.
Schöner junger Kerl.
Aus dem August. Noch ganz grün hinter den Federn. Quatsch, genau das Gegenteil, *ggg*.
Schlabber Wasser. Er auch. Scheißt mitten auf den Weg. Sehr sympathisch!
Wie er heißt? Keine Ahnung. "Fünf Euro" glaub ich. Komischer Name für nen Erpel.
Ach ich bin so verlieeeebt...!!!

**Indiska löpankan**

Aus dem Entenmuseeum von P.E. Oswald, Gimbsheim

# Haltung

## Ideale Gruppenzusammensetzung

Enten sind Gruppentiere, sollten also nicht alleine gehalten werden. Hält man ein Paar, dann sollte es nicht gleichgeschlechtlich sein, da es sonst zu Verhaltensauffälligkeiten kommen kann. Und auch wenn man dies nicht als Verhaltensstörung ansieht, so können zwei weibliche Enten ohne Erpel ganz schön laut werden.
Will man mehrere Tiere halten, so sollte das Verhältnis Erpel zu Enten 1:2 bis 1:3 sein. Auch wird berichtet, dass eine Gruppe mit drei Erpeln ruhiger ist als eine mit nur zwei Erpeln. Ein Überschuss an Erpeln ist für die Enten wenig amüsant, da die Herren bei der Behandlung ihrer Damen nicht gerade zimperlich vorgehen. Besteigt ein Erpel eine Ente (das tut er vorzugsweise im Wasser), dann animiert das alle anderen vorhandenen Erpel, es ihm gleichzutun, und zwar mit derselben Dame. Da diese bei der Begattung oft eine Zeit lang mit dem Kopf unter Wasser gerät, reicht ihre Luft manchmal nicht für mehrere Erpel hintereinander, und sie ersäuft.

## Erpelgruppen

Immer wieder ist von „Erpelgruppen" die Rede, die (vermeintlichen) Vorteile liegen auf der Hand: Man hat keine Probleme mit der Geburtenkontrolle, Erpel sind nicht so laut wie Enten und ohne einen triftigen Grund, nämlich Frauen, streiten sie selten. Der wahre Grund ist jedoch oft, dass bei der Entenhaltung mehr Erpel als Enten entstehen, und irgendwo muss der Überschuss ja hin, wenn er nicht im Bratrohr landet. Also redet man sich seine „Erpelgruppe“ schön. Ich sehe das anders. In einer Hobbyhaltung sollte man einem Tier schon die Befriedigung seiner Grundbedürfnisse gönnen, und da gehört treten (umgangssprachlich: poppen) sicher dazu.

## Auslauf

Nicht umsonst heißt die Rasse „Laufente“. Die Tiere sind sehr aktiv, wollen laufen und brauchen Beschäftigung. Je mehr Abwechslung die Watschler vorfinden, desto besser, nicht ohne Grund haben sie den Begriff „Enter-tainment“ geprägt ☺
Wir behaupten jetzt einfach mal, auf weniger als 500qm unverbauter Fläche ist ein Entenpaar unterfordert.
Und es müssen Plätze vorhanden sein, wo sich die Tiere bei warmem Wetter in den Schatten zurückziehen können.

Bild: Dieter

## Zaun

Das ganze Areal muss von einem dichten Zaun mit genügend kleiner Maschenweite (etwa 4cm) umschlossen sein. Viele Leute glauben, Laufenten könnten nicht fliegen. Leider wissen die Enten das nicht und überwinden in Momenten der Panik problemlos Zäune in Meterhöhe und darüber. Und eine Hecke ist kein Zaun, deshalb für eine Ente kein Hindernis. Da der Zaun nicht nur die Enten drinnen, sondern auch andere Tiere draußen halten soll, wäre eine Höhe von 1,8m angebracht, niedrigere Zäune überwinden in Panik auf flatternde Laufenten ebenso wie wildernde Hunde. Bleiben die Enten tagsüber längere Zeit ohne Aufsicht, ist auch ein Fundament, das den Zaun gegen Untergraben (Füchse!) schützt, nicht verkehrt. Wenn man einen mobilen Zaun benötigt, eignet sich am besten Elektro-Geflügelzaun. Enten bleiben meist auch ohne Strom zuverlässig innerhalb des Zauns, mit Energie versorgt muss er nur werden, wenn er Feinde von außen abhalten soll.

Um Küken einzuzäunen, eignet sich am besten sogenanntes Kotgrubengitter. Dies ist ein stabiles, im Landhandel erhältliches, punktgeschweißtes Gitter (25m-Rollen, 100 cm hoch), das sich gut aufrollen lässt, Jahrzehnte überdauert und von selbst steht. Ein Paar Rundeisen aus Baustahl geben dem Ganzen noch den nötigen Halt. Gegen Feinde von oben sichert man dann zusätzlich mit Vogelschutznetz.
Von der ausschließlichen Verwendung von Vogelschutznetz zum Zaunbau ist abzuraten; abgesehen davon, dass es Feinde von draußen nicht zuverlässig abhalten kann, besteht die Gefahr dass sich Enten, aber besonders Küken und auch andere Kleintiere wie zum Beispiel Igel oder Kröten, darin lebensgefährdend verheddern.
Nicht ganz unwichtig ist auch, dass sich der Eingang zum Entenbereich fest verschließen lässt. Im Forum wurde von einem Fall berichtet, wie Spaziergänger eine Gartentür öffneten, so schnell konnte der verblüffte Entenhalter gar nicht aus dem Haus rennen. Die netten Mitmenschen gaben auf die fassungslosen Fragen der Entenbesitzer an, sie hätten geglaubt, die Enten hätten sich verflogen. Da in verlockender Nähe ein See lag, waren die Tiere nicht mehr einzufangen.

## Stall

Der Stall muss gross genug sein (mindestens $1m^2$ für ein Entenpaar), trocken und zugfrei. Eine große Hundehütte eignet sich nur bedingt, denn sie lässt sich schwer reinigen und der Boden ist normalerweise nicht für andauernde Feuchtigkeit ausgelegt.
Beim Selbstbau eines einfachen, kleinen Stalls geht man am Besten von einer genügend großen Kistenform aus, je nach Standort wird ausreichend isoliert und der Fußboden aus einem wasserdichten Material hergestellt. Eine detaillierte Bauanleitung würde den Rahmen dieses Buches sprengen, auch sind die Verhältnisse und Anforderungen oft sehr unterschiedlich. Deshalb nur ein paar Tips: Als Grundplatte zum Aufbau von kleinen Ställen habe ich schon öfter alte Europaletten verwendet. Eine clevere Idee ist ein Dach zum Hochklappen, das erleichtert die Reinigung ungemein. Der Stall soll gut belüftet sein, also habe ich ausreichend Belüftungsöffnungen vorgesehen, die mit engmaschigem, stabilem Gitter gegen Marder gesichert werden. Auch die übrigen Wände und die Tür müssen Angriffen von Marder und Nagern standhalten, hier sollte auch eine regelmäßige Kontrolle stattfinden. Außer bei sehr starker Kälte (unter -15°C und abhängig von der Isolierung) muss nicht geheizt werden.

Als Einstreu eignen sich alle natürlichen, gut saugenden Materialien. Beispiele: Stroh, Sägemehl. Eine feine und saubere Sache ist auch sog. Strohmehl, Bezugsnachweis unter info@cordes-grasberg.de.
Der Stall muss abends zuverlässig sicher verschlossen werden und natürlich muss regelmäßig ausgemistet und die Einstreu getauscht werden!

### Stalltür

Mit einer Tür von 45 - 50 cm Höhe und 25 cm Breite kommen die Tiere gut zurecht.

# Teich

**Immer wieder gern gestellt wird die Frage: Brauchen Enten einen Teich?
Die Antwort lautet einfach: Ja, klar!**

Enten sind Wasservögel. Wer Laufenten einmal auf einem größeren Gewässer beobachtet hat, der weiss, mit welcher Begeisterung sie schwimmen, plantschen und tauchen.
Wasser in Teichen muss geklärt oder regelmäßig gewechselt werden. Ein Biotop ist in Kombination mit Enten nicht lange ein Biotop. Tiere und Pflanzen werden weggeputzt, das einst schön saubere Wasser verwandelt sich mit ungeahnter Geschwindigkeit in eine trübe, stinkende Kloake. So eine Ente hat nun mal einen enormen Durchsatz, und geschissen wird immer dort, wo man sich gerade befindet. Die Vegetation am Teichrand wird in der Regel ratzfatz ausgerupft, Erdreich vom Teichrand ins Wasser eingebracht.

Wie man fachmännisch einen Ententeich anlegt, habe ich in meinem Buch "Ente, Gans & Co." detailliert beschrieben. In Kurzform kann man sagen: Eine Klärung ist unbedingt nötig, handelsübliche Teichfilteranlagen sind leider absolut ungeeignet, Eigenbau ist angesagt.
Eine Umrandung des Teiches aus grobem Kies ist eine gute Idee (bisweilen wird auch Kunstrasen verwendet), weil sich der Teichrand dann nicht so schnell in eine Matschlandschaft verwandelt. Der Rand muss an allen Seiten so beschaffen sein, dass ein Ausstieg auch und gerade für Küken problemlos möglich ist (Ertrinkungsgefahr!).

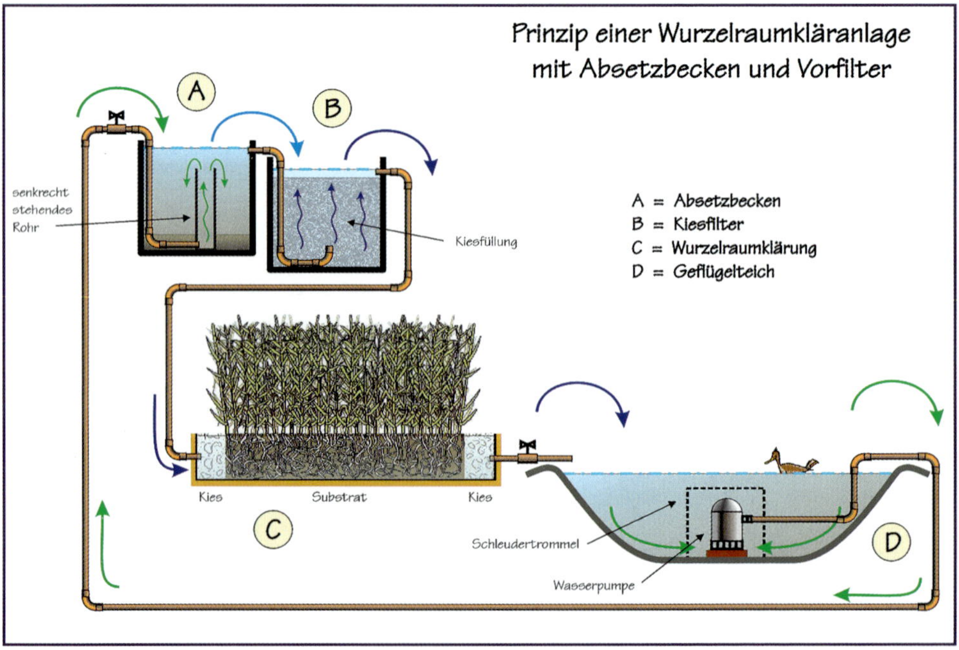

Hat man vorläufig noch keinen Teich angelegt, muss man dennoch stets für ausreichend frisches Wasser sorgen; die Enten brauchen es zur Nahrungsaufnahme (Schnecken!) und zur Gefiederpflege.
Auch für die Gesundheit des Schnabels ist sauberes Wasser unbedingt nötig. Er ist (mit Ausnahme der harten Schnabelspitze) mit einer weichen Haut überzogen. Nur in Verbindung mit Wasser kann die Ente alte Hautschichten abstoßen.

## Lucy´s erste Woche - von Lexx

Ich schreib Euch meine Erlebnisse der letzten Woche, weil es mich doch recht berührt hat, wie sich meine Lucy innerhalb weniger Tage gewandelt hat. Und vielleicht kann ich Laufineubesitzern damit etwas helfen, wer weiss?
Letzten Freitag haben mein Mann und ich sie abends bei einem Züchter in unserer Nähe abgeholt. Vor lauter Freude eine Ente gefunden zu haben (wer im Frühling schon selbst gesucht hat weiß was ich mein), hab ich einen kleinen (?) Fehler gemacht, ich hab mich nicht nach den bisherigen Haltungsbedingungen erkundigt. Das ist etwas was ich das nächste Mal sicher tun werde, das dürfte einige Fragezeichen ersparen.
Den ersten Tag hat Lucy in ihrem Stall verbracht, eine Tür war zu, die zweite haben wir von außen mit Hasengitter dicht gemacht und sie konnte sich mit Mulder und Scully unterhalten. Am Sonntag dann der große Moment, Stall auf und warten. Lucy wollte nicht raus und Mulder hat die Sache in die Hand genommen. Anlauf, rein und der Ente mal zeigen wo der Erpel die Locken hat ☺. Hat nach dem dritten Mal in 10 min. geklappt, Lucy kam raus.
Damit sie nicht verloren geht, blieb erstmal der Garten dicht (was zu zwei beleidigten Alten geführt hat) und der erste Schock kam. Lucy wollte nicht laufen, nach drei Metern ging ihr die Puste aus, sie saß im Gras und trötete den anderen hinterher. Außerdem lief sie nur auf dem festen Gartenweg sicher, auf Gras war sie sehr wackelig und unsicher. Im Laufe des Tages legte das sich dann, was wohl am Konditionstraining unseres Erpels lag. Er hat sich an ihrem Nacken angeheftet und den Größenunterschied via Umwerfen wett zumachen versucht. Sie hatte allerdings von l'amour den Schnabel voll und gab Gas. Dadurch kannte sie dann unseren Garten und wir wussten wie lustig ein hoppelnder Stock- Laufentenerpel aussieht. Und kamen dahinter, das ihr Auslauf wohl vorher nicht sonderlich gross und ohne Gras gewesen war. Außerdem war sie fast mager, sie fraß nur etwas Nudeln und das war's. Erst dachte ich das ich mich evtl. täusche, hab mir dann nochmal die Bilder von Björns Homepage und anderer Laufis hier im Forum angeschaut und war mir sicher, sie ist mager. Durchfall hatte sie keinen, nur eben keinen Appetit und irgendwie keine Muskelmasse. Als nächstes fiel mir auf, wie schlecht ihr Gefieder im Vergleich zu den Anderen aussah, matt und verklebt. Gut, schließlich war sie etwa 36 Stunden im Stall gewesen und ihr Wassernapf war nicht groß genug um drin zu baden. Am Montag ging mir dann auf, das Lucy überhaupt nicht baden wollte. Ihre Federn reinigte sie nur via Schnabel ins Plantschbecken und bisserl nass machen. Ihre Füße und ihr Schnabel waren auch ständig dreckverklebt. Wenn die anderen am Planschen waren stand sie nur daneben und tippelte nervös von einem Platschfuß auf den anderen.

Erst am Dienstag saß sie mal kurz in der Wanne und hüpfte nach einer Minute wieder raus. Mittags hab ich dann beschlossen, das sie mal den Bach kennen lernen muss, also Gartentür auf und warten. Nach drei Stunden musste ich feststellen, das Mulder und Scully wohl den Weg vergessen hatten, und mein Mann und ich haben die drei vorsichtig aus dem Garten getrieben. Etwas schwierig, weil Lucy da noch fast panische Angst vor Menschen hatte.

Am Bach dann das Erlebnis!!!

Erst stand sie wieder tippelnd und ängstlich trötend da (wir waren im Hintergrund), während die anderen Gas gaben. Sie wollte einfach nicht ins Wasser. Wieder war es Mulder, der Abhilfe schuf. Er erwischte sie am Flügel und - PLATSCH!!!

Ich schwöre, es gibt nichts Schöneres als wenn einer Ente auffällt das sie a) ein Wasservogel ist und b) SCHWIMMEN kann!

Von Minute zu Minute hat sie mehr aufgedreht. Erst etwas Paddeln, dann im Schlamm gründeln und die ersten Tauchversuche. Echt ein toller Anblick. Von ihren ersten Bachbesuchen kam sie patschnass zurück, Baden und Einfetten will halt gelernt sein.

Jetzt, nach einer Woche, rennt sie vor den anderen her (ohne schnaufen), badet für ihr Leben gern (auch im Plantschbecken), putzt sich richtig, frisst wie ein Scheunendrescher (nicht nur Nudeln) und lässt mich schon auf einen Meter an sich ran, ohne ängstlich zu tröten (am Anfang ging bei 5 Metern das Geschrei los), vermutlich weil ich sie in Ruhe lass und sie sieht, das Mulder und Scully mir vertrauen. Sie hat jetzt schon etwas zugenommen und ihr Gefieder glänzt. Dreckiger Schnabel und Füße gehören auch der Vergangenheit an.

Am meisten haben dazu wohl meine zwei Alten beigetragen, mit Scully durchwühlt sie jedes Eck im Garten, lässt sich von ihr die besten Leckereien zeigen, und Mulder wartet jetzt immer auf sie, wenn sie mal den Anschluss verliert (Dienstag ist sie noch zweimal im Bach vergessen worden und ich hab sie mit den beiden anderen abgeholt). Sie geht auch schon allein in ihren Stall und Mulder schläft heute das erste Mal bei ihr (Scully steht, glaub ich, kurz vor Brutbeginn), jedenfalls saß er vorhin von selbst bei ihr drin.

Nichts erinnert mehr an das Häufchen Ente, das Sonntag zum ersten Mal unsicher durch unseren Garten gewackelt ist.

Diese Erfahrung wollt ich einfach mit Euch teilen, auch wenn es geschrieben nicht so toll klingt wie es anzuschauen war.

Liebe Grüsslis... Lexx

# Natürliche Feinde

Leider werden Enten manchmal Opfer von natürlichen Feinden. Da kann der Auslauf dicht geschlossen sein und für Hunde unüberwindbar, trotzdem finden Fuchs, Marder, Greifvögel und Co. ihren Weg hinein. Auch in der Großstadt ist man davor nicht gefeit. So sind zum Beispiel starke Populationen von Füchsen in Berlin und von Waschbären in Kassel bekannt.

Hat man so ein Problem einmal am Hals, kann das schon Grund für einige Verzweiflung sein. Eine Ente nach der anderen wird gerissen oder verschwindet spurlos. Deshalb ist diesen Störenfrieden ein ganzer, umfangreicher Abschnitt gewidmet, denn man kann sich mit einigen Tricks wappnen. Ein 100%iger Schutz wird aber in vielen Fällen nicht möglich sein.
Bei Füchsen, Mardern und Waschbären, die sich durch nichts schrecken lassen, bleibt in letzter Instanz oftmals nur der Gang zum zuständigen Forst- oder Ordnungsamt, bzw. zum zuständigen Jagdpächter.

Auch den Hygieneaspekt sollte man nicht außer Acht lassen, man denke nur an die Übetragungsgefahren bei Tollwut oder Fuchsbandwurm, Ratten übertragen zwar heute nicht mehr die Pest, aber dafür kommen etliche andere Krankheiten sowie Parasiten in Betracht.

Und wenn man einen solchen Übeltäter in flagranti erwischt, dann sollte man gut überlegen ob und wie man ihn verjagt. Ein in die Enge getriebenes Wildtier wird sich mit Bissen wehren, und das bedeutet in jedem Fall Arztbesuch oder Krankenhaus, Tollwutimpfung und Antibiotika abholen. Aber das ist dann schon der allerschlimmste Fall, viele Räuber lassen sich tatsächlich mit einfachen Tricks abschrecken.

## Rotfuchs (Vulpes vulpes)

Der Lebensraum des Fuchses ist mittlerweile nicht mehr auf die freie Natur beschränkt, in den Außenbezirken der Städte wird er immer häufiger und ist gerade dabei, sich auch die Stadtkerne zu erobern. Das bedeutet, dass es fast keine Wohnlage mehr gibt, die vor Meister Reinicke sicher ist.
Füchse sind normalerweise dämmerungsaktiv. Ausgehungerte oder kranke Tiere und Fähen während der Welpenaufzucht jagen aber durchaus auch tagsüber. Das trifft auch auf viele Füchse zu, die in Ballungsräumen oder gar Großstädten leben. Sie haben ihre Scheu vor Menschen nahezu verloren und reagieren auf fast kein Repellent (Vergrämungsmittel) mehr.
Füchse sind gute Kletterer. Sie überklettern Zäune direkt oder benutzen dort wachsende Gehölze mit niedrigen Ästen als Aufstiegshilfe. Wenn sie nicht über den Zaun klettern, dann graben sie sich unten durch. Manchmal schlagen sie sämtliche Enten und bringen die Beute in Sicherheit, sofern sie nicht dabei gestört werden.
Oftmals findet man anschließend weder Kampfspuren, noch zurückgebliebene Federn. Viele können sich auch nicht vorstellen, welch hervorragender Schwimmer so ein Fuchs ist. Deswegen bieten Schwimminseln oder offene Entenhäuschen auf Teichen keinen ausreichenden Schutz.

Füchse haben ihr Revier, das sie gegen Eindringlinge verteidigen. Fängt oder schießt man einen Fuchs weg, wird ein anderer in das frei gewordene Revier nachrücken, das dauert nie lange. Der springende Punkt ist, hat der ortsansässige Fuchs Enten auf dem Speiseplan? Ich selbst wohne mitten im Wald, ich weiss, dass Füchse stets in der Nähe sind. Aber bei weitem nicht jeder Fuchs frisst Enten! Obwohl meine Tiere frei laufen, habe ich in der Regel Perioden von mehreren Jahren, in denen es keinerlei Probleme gibt. Dann wandert ein Problemfuchs zu, das Nahrungsangebot ist schlecht, der „Ortsfuchs" wird alt, eine Fähe hat zu viel Nachwuchs oder ein Halbstarker wandert auf Reviersuche durch und eine Ente wird gerissen. Erwischt man den Übeltäter nicht gleich, dann wird er weiter morden. Und man sollte sich keinen Illusionen hingeben – es ist ihm egal, welche Tageszeit gerade ist und ob Hunde oder Menschen in der Nähe sind.

Was helfen würde, wäre ein absolut dichter Zaun, Höhe mindestens 1,8m, nach außen überhängend und mit einem untergrabungssicheren Fundament (mindestens 50cm). Leider kann sich das nicht jeder leisten, nicht jedes Gelände lässt so ein Bollwerk zu.
Im Fall der Fälle sollte zuerst immer einmal der vorhandene Zaun kontrolliert werden, hat er Löcher, ist er untergraben worden? Kann man den vorhandenen Zaun mit Überhängen versehen? Lässt sich die Wirkung mit unter Spannung stehenden Drähten (Elektrozaun) verstärken?
Dann informiert man den zuständigen Revierjäger, wenn man Glück hat, dann nimmt er sich des Problems an. Leider sind Tod oder die Vertreibung eines Fuchses keine Garantie für Ruhe, denn in der Regel wird ein leerstehendes Revier mit Bau schnell wieder von einem neuen, nachrückenden Fuchs besetzt.

Was man versuchen kann, sind präventive Hausmittelchen:

**Abschreckung:**

- Stinkesocken mit Menschenhaar.
  Füchse mit natürlicher Scheu schreckt menschlicher Geruch ab. Dazu fragt man beim Friseur seines Vertrauens nach Schnitthaar. Dieses wird in benutzte Seidenstrumpfhosen oder auch mächtig müffelnde Socken gestopft und in 2-3 Meter Abstand an den Zaun gehängt. Man kann es auch (wenn verfügbar) mit Hundehaaren versuchen. Die Duftsäckchen muss man alle 3 bis 4 Wochen erneuern.
- Reviermarkierung.
  Wenn man nicht gerade Skrupel hat oder Repressalien des Nachbarn fürchten muss, dann kann man sein Revier markieren. Dazu Männer der Familie je nach Alter gut mit Bier oder Cola abfüllen, bis das Bläschen voll ist. Dann zum kollektiven Pinkeln an strategisch wichtigen Stellen (Ställe, Rückzugspunkte vom Federvieh, alle 5 Meter am Zaun) in den Garten schicken. Muss öfters wiederholt werden, aber es wirkt (manchmal ☺)

- Böller und Wunderkerzen.
  Füchse empfinden den Geruch von verbranntem Schwarzpulver und auch von abgebrannten Wunderkerzen als beißend und unangenehm. Allerdings ist der Kostenfaktor recht hoch und rechtlich dürfen Böller nur vom 31.12 bis 01.01 gezündet werden. Die Wunderkerzenreste lässt man am Zaun hängen, Böllerreste aus Plastik werden weggeworfen, aus Papier und Pappe am Zaun eingegraben.

100% sicher ist natürlich keines dieser Mittel.

**Bauliche Maßnahmen:**

- Zaun
  Idealerweise sollte der Zaun um den Auslauf herum ein Fundament haben und einen Überhang, so dass überklettern und untergraben erschwert wird oder ausgeschlossen ist. Ein Fuchs wird versuchen sich direkt zwischen Zaun und Erdboden durchzugraben, ein Fundament von 50 cm kann ihn dann schon aufhalten. Ist dies nicht möglich, kann man auf einen Elektrozaun zurückgreifen.
- feste Riegel am Stall.
  Einfache Schnappriegel kann ein Fuchs aufschieben.
- schwere Geflügeltürchen oder Klappdächer.
  Füchse können sich mit viel Anstrengung auch unter Falltüren und Klappdächern durchschieben. Als Regel gilt, kann ein kleines Kind die Türe oder das Dach anheben, dann schafft ein Fuchs das auch.
- fester Boden im Stall.
  Naturböden und kein Fundament bieten dem Fuchs leichte Gelegenheit einzudringen.

## Marderartige (Mustelidae)

**Marder** (*Martes*)**; Mauswiesel/Hermelin** (*Mustela*)**; Iltis/Frettchen** (*Mustela putorius*)**; Nerz/Mink** (*Mustela lutreola*/*Mustela vison*) **und Dachs** (*Meles meles*)

Bis auf den Dachs sind alle Marderartigen reine Fleischfresser. Bislang sind auch noch keine Berichte belegt, dass Dachse Enten, Küken oder Eier geraubt hätten. Von den Anderen sind hauptsächlich Marder problematisch. Einerseits können sie jahrelang in der Nähe leben und dabei weder Enten noch Auto etwas zuleide tun, andererseits können sie auch schnell auf den Geschmack kommen.
Während Mauswiesel, Hermelin und Iltis/Frettchen hauptsächlich Küken und Eier als Beute ansehen, können Marder und Nerz auch Enten töten. Von Marderattacken wird berichtet, dass oftmals Kampfspuren zu sehen waren und die Tiere im Beuterausch alle erreichbaren Enten oder Hühner getötet oder schwer verletzt haben. Meist werden aber nur 1-2 Beutetiere weggebracht, der Rest bleibt zurück. Marder beißen oft in den Hals oder den ganzen Kopf ab, um zu töten.

Nerze sind im Beuteschema ähnlich. Hauptsächlich hat man es mit dem amerikanischen Nerz oder auch Mink zu tun. Diese Nerze wurden ursprünglich auf Pelzfarmen gehalten und sind dort entlaufen oder freigelassen worden. Der größere Mink hat den europäischen Nerz mittlerweile nahezu verdrängt und stabile Populationen gebildet. Nerze benötigen ein Gewässer als Lebensraum, sind also an natürlichen Gewässern anzutreffen. Ähnlich wie den Stadtfüchsen fehlt ihnen die instinktive Scheu vor Menschen fast gänzlich.
Marder, Wiesel und Iltisse suchen teilweise die Nähe zum Menschen und jagen die dort lebenden Nager. Von Holzstapeln über verlassene Mäusenester und Rattenbauten bis zum Scheunenboden wird jeder ruhige, Versteck bietende Winkel als Behausung genutzt.

Steinmarder

Abschreckungs- und bauliche Maßnahmen sind bei den Marderartigen nahezu die gleichen wie bei Füchsen. Es reicht nicht, Lüftungsöffnungen mit Hasendraht zu sichern, hier muss man stabiles Lochblech oder festes Drahtgeflecht verwenden. Marder können Hasendraht mit Leichtigkeit durchbeißen. Marderartige sind wahre Artisten, wenn es darum geht, durch schmalste Spalten zu schlüpfen und können extrem gut klettern. Deshalb darf man auch keinerlei unverschlossene Lüftungsöffnungen am Stall lassen. Mauswiesel sind zum Beispiel nur 11-26 cm lang und zierlich gebaut. Die quetschen sich durch das kleinste Mauseloch, 5 cm Lochdurchmesser sind keinerlei Problem. Bei manchen Mardern greifen Abschreckungsmaßnahmen überhaupt nicht. Da hilft dann tatsächlich nur noch der Gang zum zuständigen Jagdpächter, den man bittet, den Marder mit einer Lebendfalle einzufangen.

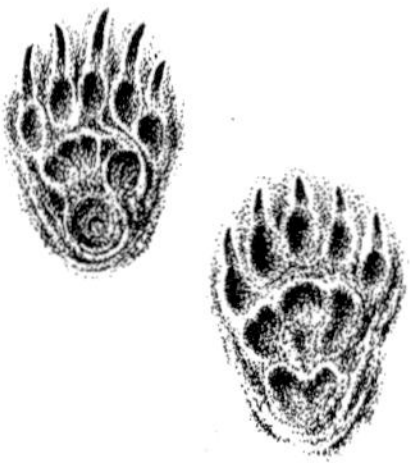

Dachs

**Zusätzliche Abschreckung:**

- Hölleneier.
  Werden Eier von Marder und Co. oder auch Ratten geholt, dann kann man sie mit dieser Methode abschrecken. Man bläst dazu ein Ei aus (möglichst wenig mit der bloßen Hand berühren, am besten Handschuhe tragen) und füllt dieses mit scharfen Zutaten. Von Feuersenf über Chiliflocken bis hin zu Wasabi ist alles erlaubt was Spass macht, je schärfer desto besser. Die Öffnung verschließt man mit Klebeband und legt das Ei wieder ins Nest oder in Stallnähe ab.

**Bauliche Maßnahmen:**

- sind Drahtgflechte am Stall verbaut, kann man an diese Strom anschließen.

## Waschbär (Procyon Lotor)

Waschbären sind vor allem in und um Kassel und im Berliner Umland anzutreffen, vereinzelte Gruppen sind aber in ganz Deutschland verbreitet. Durch Pelztierhaltung, private Haltungen und Zoobestände haben freigelassene oder entlaufene Waschbären ihren Lebensraum von Amerika nach Europa erweitert. Sie leben in losen Gruppen und besitzen so gut wie gar keine Scheu vor Menschen mehr. Sie sind regelrechte Kulturfolger und suchen die Nähe von Menschen. Waschbären verfügen über eine sehr hohe Intelligenz und Lernfähigkeit (vergleichbar mit Rhesusaffen) und sind extrem geschickt. Leichtgängige Riegel, Fenstergriffe und Türklinken am Stall stellen für sie kein Problem dar. Da helfen nur abschließbare Türen und die Fenstergriffe muss man entfernen. Überhänge an Zäunen können sie überklettern, selbst Stacheldraht wird leicht überwunden. Nur Strom auf dem Zaun hält sie auf. In das Beuteschema dieser Allesfresser fallen Eier, Küken und erwachsene Enten. Sie sind dämmerungs- und nachtaktiv und beziehen Baumhöhlen oder Gebäude als Tagquartiere. Man sollte auch ihnen das Eier stehlen durch Hölleneier vergällen und den Stall genauso gegen nächtliche Übergriffe absichern wie gegen Füchse und Marder. Weil Waschbären zudem ziemlich lärmende Untermieter sein können, sollte man zur Not auch hier den zuständigen Jagdpächter zu Rate ziehen.

## Wanderratte (Rattus norvegicus)

Ratten sind ein etwas weitläufigeres Problem als reine Fressfeinde. Sie stehlen auch Futter und können als Zwischenwirte für Krankheiten und Parasiten dienen und diese durch Kot in Auslauf und Stall übertragen. Hat man Ratten, dann handelt es sich meistens um Wanderratten und nicht um Hausratten (Rattus rattus). Letztere suchen die Nähe zu Menschen nur in kälteren Regionen mit geringem natürlichem Futterangebot und halten sich dann auch eher an das Futter der Enten, als an ihre Eier und Küken. Wanderratten sind die wohl bestangepassten Kulturfolger des Menschen. Wo es Menschen gibt, da sind auch Ratten, auch wenn man sie oft nicht bemerkt. Besonders in der Nähe von natürlichen Gewässern und Kanalisationen sind Ratten so sicher wie das Amen in der Kirche. Katzen sind keine Garantie, dass Ratten im Schach gehalten werden, denn die Tiere sind extrem wehrhaft und eine ausgewachsenen Ratte ist auch nicht gerade klein. Mit Schwanz erreicht sie leicht eine Länge von Fingerspitzen bis zum Ellenbogen eines erwachsenen Menschen! Auch wenn man die Ratten selbst tagsüber nur vereinzelt zu Gesicht bekommt, so kann man an Kot und Laufstraßen

doch erkennen, dass welche da sind. Und das sind dann oft nicht wenige, eine Rattengruppe umfasst ein Männchen mit mehreren Weibchen und deren Jungtieren und kann schnell eine Größe von 50-60 Tieren erreichen. Ein Weibchen wirft in ihrem Leben 6 bis 8 mal und hat pro Wurf etwa 5 bis 18 Junge, die dann mit 6 bis 8 Wochen selbstständig werden. Ratten sind hervorragende Kletterer, Schwimmer und Taucher. Sie können sehr schnell, gut und auch tief graben. Kleinste Risse im Mauerwerk oder Spalten in einer Holzwand werden innerhalb von Stunden passend genagt. Wanderratten sind sehr intelligent und man muss eventuell öfter die Bekämpfungsstrategie wechseln, um sie wirklich zu vertreiben. Fängt man eine Jungratte, bitte von Zähmungsversuchen Abstand nehmen! Im Gegensatz zu ihren Verwandten, den Farbratten, bleiben wilde Ratten immer wild. Ratten stehlen meist nur Futter und Eier, doch einige, die es Nachts in die Ställe schaffen, attackieren auch die Küken. Sie können die Küken schwerst verletzen und töten, auch die Alttiere sind gefährdet. Rattenverletzungen müssen unbedingt einem Tierarzt gezeigt und die Opfer sollten vorsorglich mit Antibiotika behandelt werden. Das Risiko einer Blutvergiftung bzw. einer Infektion durch Rattenspeichel ist extrem hoch.

**Vorbeugende Maßnahmen:**

- keine Futterreste über Nacht liegenlassen
- nicht im Stall füttern
- kommen Ratten tagsüber, verwendet man einen Futterautomat oder mischt angefeuchtete Chilliflocken unters Futter
- Futter rattensicher lagern, am besten in einer Metalltonne mit Deckel (Oskartonne)
- keine offenen Komposthäufen
- Kompostsilos auf Betonboden oder Gitter stellen, damit Ratten auch nicht durch graben hinein kommen
- keine Futterreste auf dem Misthaufen entsorgen
- regelmäßig den Stall auf Schwachstellen überprüfen
- Abends beim Einsperren noch kurz den Stall innen überprüfen

**Abschreckung:**

- Hölleneier.
  Anders als bei Marderartigen muss man hier öfter Eier befüllen und auslegen. Zum Einen kommt nicht jedes Mal die gleiche Ratte, zum Anderen sind Ratten stur. Ganz wichtig, nur Hölleneier im Stall belassen und keine Futterreste im oder um den Stall liegen lassen, um keine Alternativen zu bieten.

**Bekämpfung:**

- Lebend-, Tot- und Klebefalle.
  Welche man wählt, ist eine Sache der Belastbarkeit des eigenen Gewissens. Es kann sein, das man sowohl Fallenstandort als auch den Köder regelmäßig wechseln muss.

Ist eine Falle ausgelöst oder blockiert und der Köder weg, aber keine Ratte gefangen oder die Falle nach bisher guter Strecke unberührt, dann sollte man die Köderart und den Fallenstandort, vielleicht sogar den Fallentyp wechseln. Vor dem neu stellen sollte man eine Falle gut reinigen. Lebendige Ratten, bzw. Kadaver und geschnappte Fallen nie mit bloßen Händen berühren! Ratten können zahlreiche Krankheiten und Parasiten übertragen.

- Giftköder.
  Mittlerweile hat Cumarin das Strichnin im Rattengift ersetzt, und es ist überall frei erhältlich. Trotzdem gilt, dass man es nur innerhalb von Gebäuden verwenden darf, nicht im Freiland, auch nicht auf dem eigenen Grundstück! Das Gift lässt die Ratten langsam sterben, wodurch die „Vorkosterwarnung" ausgeschlossen wird. Innerhalb von drei Tagen verbluten die Tiere innerlich. Allerdings gibt es in Westdeutschland schon Populationen, die eine genetische Resistenz gegen diese Wafarinköder entwickelt haben. Manchmal kommt es vor, dass die Ratten trotzdem herausfinden, welches die Giftköder sind und sie nicht mehr annehmen. Also auch hier kann es sein, dass man wechseln muss. Nicht auszuschließen ist auch, dass Hunde, Katzen oder sogar die Enten vergiftete Ratten erlegen oder. die Kadaver fressen. Das kann auch mit schlampig ausgelegten Giftködern passieren!. Solche Vergiftungen sind zwar noch nicht sicher belegt, können aber auch nicht sicher ausgeschlossen werden.
- Ordnungsamt.
  Befindet sich ein öffentliches Gewässer, bzw. ein Kanalisationszugang in der Nähe, dann kann man versuchen das Ordnungsamt einzuschalten, denn das ist an solchen Stellen für die Bekämpfung zuständig.
- Kammerjäger.
  Wird man der Situation nicht Herr, dann ist es sinnvoller und sicherlich kein herausgeworfenes Geld, einen Kammerjäger zu engagieren.

## Beutegreifer

### Habicht (Accipiter gentilis) und Bussarde (Buteoninae)

Werden Enten durch einen Greifvogel geschlagen, so handelt es sich in den meisten Fällen um einen Habicht. Habichte schlagen ihre Beute aus dem Flug, bzw. auch vom Ansitz aus. Dabei fällt besonders die immense Wendigkeit auf, die es ihnen erlaubt, auch durch Baumbestand zu fliegen und nicht in Zweigen hängen zu bleiben. Deswegen bieten auch dichte Randbepflanzungen oder hohe Bäume für die Enten keinen wirklichen Schutz. Auch oben nicht völlig geschlossene Volieren sind für einen Habicht kein Hindernis. Im Gegensatz zum Bussard hat der Habicht auch ein ausgezeichnetes Gedächtnis. Hat er einmal erfolgreich Beute gemacht, wird er versuchen regelmäßig zuzuschlagen, vielleicht kommt er am nächsten Tag, möglicherweise aber auch erst nach Wochen wieder. Deutlich zu erkennen ist ein Habicht an seinem schwarz-gelb, im späteren Alter schwarz-weiß quergestreiften (gesperberten) Brust-

Habicht

gefieder. Junghabichte, sogenannte Rothabichte, können leicht mit Bussarden verwechselt werden. Ihr Brustgefieder ist hellgelblich mit brauner, unterbrochener Längsstreifung. Trotzdem ist davon auszugehen, dass die zahlreichen Forumsbeiträge, die von Bussardattacken berichten (auch aus Österreich und der Schweiz), nicht nur Verwechslungen zwischen Bussarden und Rothabichten waren. In Frage kommen der Mäusebussard (Buteo buteo) und der (meist nur als Wintergast vorkommende) Rauhfußbussard (Buteo lagopus). Für einen Laienbeobachter sind die Arten schwer zu unterscheiden, da beide das variabel weiß-gelb-braun gefleckte Gefieder haben können. Obwohl beide kleine Säuger als Beutetiere bevorzugen, ist zumindest vom Rauhfußbussard bekannt, dass Bodenvögel wie Schneehühner und Rebhühner geschlagen werden, sowie vom Mäusebussard, dass Kaninchen zum natürlichen Beuteschema gehören. Beide fliegen ihre Angriffe bevorzugt aus dem Ansitz, der Mäusebussard auch mal aus einem kurzen Rüttelflug heraus. Greife tragen Laufenten selten weg, meist wird begonnen die Beute an Ort und Stelle zu verzehren. Wenn der Räuber gestört wird, lässt er sein Opfer liegen.. Auffällig ist, dass das geschlagenen Tier gerupft wird. Vereinzelt tauchen im Internet Berichte auf, dass Geflügel durch Sperber (Accipiter nisus), Falken (Falco) und Rotmilan (Milus milus) gerissen worden wäre. Es existieren dazu allerdings weder Belege noch 100% sichere Sichtungen (meist wird erzählt, dass jemand erzählt hat, dass er jemand kennt und bei dem...). Man kann trotzdem diese Vertreter der Greifvogelfamilie nicht sicher als Räuber ausschließen.

Bussard

**Vorbeugende Maßnahmen und Abschreckung:**

- keine Ansitzmöglichkeiten bieten
- reflektierende Gegenstände (CDs, Alufolienstreifen usw.) im Garten aufhängen
- Vogelscheuche aufstellen
- Krähen und Elstern, die auf dem Grundstück Revier beziehen nicht verscheuchen. Sie vertreiben während der Brut und Jungtieraufzucht vehement jeden Greif, bzw. haben schon so manchen Geflügelhalter durch Warnschreie rechtzeitig alarmiert (zu Risiken und Nebenwirkungen bitte Absatz „Krähen und Elstern“ lesen)
- gestreiftes Absperrband kreuz und quer über den Auslauf spannen oder diesen mit Vogelschutznetz oder Teichschutznetzen überspannen.

Sinnfrei, weil wegen bei flächendeckender Bestückung viel zu hoher Kosten, sind die in vielen Gartenmärkten angebotenen Greifvogelabwehrkugeln.

**Krähen (Corvus) und Elstern (Pica pica)**

In erster Linie sind Krähenvögel und Elstern hervorragende Gartenwächter. Sie vertreiben lautstark und als Gruppe sämtliche Greifvögel und, wie ich selber einmal beobachten durfte, auch einen ausgewachsenen Graureiher. Im Gegenzug nutzen sie das Grundstück als Brut- und Aufzuchtort und stibitzen dann und wann etwas Entenfutter und auch mal Leckerlis („meine" Elstern lieben gekochte Kartoffeln). Und dann kann es trotz jahrelanger, friedlicher Symbiose passieren, dass sie Eier stehlen und sogar 1 bis 2 wöchige Küken töten. Vertreiben kann man sie nur durch konsequentes zerstören der Nester und stören der Brut (Vergrämen). Aus tierschützerischen Gründen sollte man allerdings davon absehen. Richtigen Schutz bieten nur das zeitige absammeln der Eier, sichere Brutplätze und oben geschlossenen Kükenausläufe. Dies ist ja auch nur während der ersten Wochen der Kükenaufzucht nötig.
Auch um die krächzenden Gesellen kursieren zahlreiche Gerüchte. Am häufigsten wird berichtet, dass Krähen erwachsene Enten oder halbwüchsige Küken angegriffen und tödlich verletzt hätten. Man kann hier aber davon ausgehen, dass die Krähen zwar das Aas für sich beansprucht haben, im Hauptanklagepunkt (Mord am Opfer) aber nicht der Täter waren. Häufig wird als Abschreckungsmaßnahme empfohlen, eine tote Krähe oder Elster im Garten aufzuhängen. Das wäre dann ein eindeutiger Verstoß gegen das Tierschutzgesetz und auch die Wirksamkeit eines solchen Exempels darf bezweifelt werden. Wer auf die Methode schwört, kann eine Plastikkrähe aus dem Baumarkt verwenden.

## Reine Kükenräuber

Auf sehr seltene Fälle von Kükenräubern stößt man manchmal an und in Naturgewässern. Als Kandidaten kommen in Frage:

- Hecht (Esox lucius), Zander (Sander liciopera) und äußerst selten, der Wels (Silurus glanis)
- amerikanischer Ochsenfrosch (Rana catesbeiana)
- Graureiher (Ardea cinerea)

Da nur sehr kleine Küken im Alter von 1 bis 12 Tagen ins Beuteschema fallen, empfiehlt es sich, diese die ersten beiden Lebenswochen nicht in größeren Naturgewässern schwimmen zu lassen. Immer wieder kursierende Gerüchte, auch Störche (Ciconia ciconia), Kormorane (Phalacrocorax carbo) und Schwäne (Cygnus) hätten Küken getötet, sind bislang nicht belegt worden.

## Reine Eierdiebe

Hier ist der Kreis der Verdächtigen recht klein und extrem niedlich. Es handelt sich nämlich um den Igel (Erinaceus europaeus) und das Eichhörnchen (Sciurus vulgaris). Beide wissen eine Vollwertproteinmahlzeit, sprich ein Ei, dann und wann zu schätzen. Das wird dann kurzerhand stibitzt, selten aus dem Stall, sondern eher aus freien Nestern im Garten. Allerdings bleibt es meistens bei Einzeltaten und nie wird ein größeres Brutgelege ganz geplündert. Trotz allem sollte man Küken, die jünger als 10 Tage sind, auch hinsichtlich dieser kleinen Pelzträger schützen. Zumindest von Igeln ist gesichert berichtet worden, dass versucht wurde ein Küken zu rauben. Bei Eichhörnchen lässt es sich nicht ausschließen.

Igel

## Mythen, Legenden und unwahrscheinlich?

Zu 100% als Mythos abtun kann man die immer wiederkehrenden Berichte, dass Bisamratten (Ondrata zibethicus) oder Biberratten/Nutrias (Myocastor coypus) Enten oder Küken geraubt hätten. Größe und die Ähnlichkeit zur Ratte legen dies zwar nahe, aber beide Arten sind nahezu Vegetarier, nur in vegetationsarmen Jahreszeiten werden kleine Muscheln, Schnecken, Fische und Amphibien verzehrt.
Ebenfalls ins Märchenland gehören Berichte von Übergriffen durch Fischotter (Lutra lutra), Luchs (Lynx lynx) und der einheimischen Wildkatze (Felis silvestris). Zwar sind vereinzelte Vorkommen bekannt, doch diese Populationen sind im Verhältnis zu den Reviergrößen so klein, dass die Tiere (noch) nicht in Menschennähe jagen müssen. Außerdem sind die Vertreter dieser Arten extrem scheu. Berichtete Übergriffe durch Wildkatzen auf Küken stellen sich nach Hinterfragung oft als Verwechslungen mit getigerten Hauskatzen heraus.
Als extrem unwahrscheinlich ist es anzusehen, dass aus Osteuropa eingewanderte Wölfe (Canis lupus) und Marderhunde (Nyctereteus procyonides) Hausgeflügel rauben. Zwar wurden vereinzelt Vertreter dieser Arten in der Nähe von Ortschaften gesichtet und der Marderhund gilt seit 1960 in Deutschland als heimisch, aber belegte Berichte von Übergriffen sind keine bekannt.
Bären (Ursus arctos) kann man in Deutschland (noch) als Täter ausschließen. Zwar ist eine „erlaubte Zuwanderung" geplant, aber das wird wohl noch einige Jahre dauern. In Österreich und der Schweiz leben schon vereinzelte Exemplare, welche sich allerdings selten zu nahe an menschliche Behausungen wagen. Sollte doch mal ein Bär Ihre Enten rauben, erkennen Sie das zweifelsfrei am in alle Einzelteile zerlegten Stall. Der Wiederaufbau wäre dann aber sicher problemlos durch den Verkauf der Story an die Presse finanzierbar.

# Allgemeine Gefahren

**Laufenten sind im Grunde genommen sehr harmlose Tiere, sie haben kaum Mittel, sich gegen einen Angriff zur Wehr zu setzen.**

Gefahren drohen unter anderem von:

- Wildernden Hunden (Abhilfe: dichter Zaun)
- allerlei Raubwild und andere Beutegreifer

Weitere Gefahrenquellen sind:

- Autos (Abhilfe: dichter Zaun)
- Zu steile Teichufer (für Küken)
- Schnecken (siehe Kapitel "Krankheiten – Erstickungsgefahr")
- Pilze

Statistisch gesehen entstehen die meisten Verluste durch Hunde, die mal ohne, mal mit (unfähigem) Halter unterwegs sind. Leider gilt es nur als Sachbeschädigung, wenn eine Ente gerissen wird. Eine Anzeige bei der Polizei oder beim Ordnungsamt der Gemeinde stößt selten auf aufgeschlossene Beamte. Dennoch sollte man den Vorfall melden - wenn sich Vorfälle häufen, kommt irgendwann auch die Behörde nicht mehr umhin, etwas zu unternehmen.
Die Reaktionen der Hundehalter sind nur in den seltensten Fällen der Situation angemessen. Das fängt beim eiligen Verlassen des Tatorts in der Annahme, dass man nicht gesehen wurde an, manch einer quält sich 10 Euro aus der Tasche und meint dann gönnerhaft „Ich zahl Ihnen den Schaden", wieder andere versichern beruhigend, dass sie eine Haftpflichtversicherung haben.

Was man gegen andere Tiere, die Enten zum Fressen gern haben, tun kann, wurde schon weiter oben beschrieben.

Dagegen ist die Gefahr, dass Laufenten an giftigen Gartengewächsen Schaden nehmen, eher als gering einzustufen. Davon ausgenommen sind Risspilze, hier wurde schon von Todesfällen berichtet. Siehe dazu das Kapitel "Krankheiten – Vergiftungsursachen".

## Besondere Gefahren für Küken

**Aufgrund ihrer Größe und Unerfahrenheit sind Küken natürlich noch höheren Risiken ausgesetzt.**

Mehr Informationen hierzu finden Sie im Kapitel  Haltung - Brut und Kükenaufzucht.

# Giftpflanzen im Garten

**"All Ding' sind Gift und nichts ohn' Gift; allein die Dosis macht, dass ein Ding kein Gift ist."**

(Omnia sunt venena,nihil est sine veneno. Sola dosis facit venenum.)
*Paracelsus*

Das oben genannte Zitat ist in Sachen Gift der wichtigste Gedankengang. Davon ausgehend, was ich alles an giftigen Pflanzen im Garten habe, müsste ich jetzt meine Tomaten, Kartoffeln, Buschbohnen, Wolfsmilch, Engelstrompete, Clematis, Weinraute, Wermuth, Beifuß und Rhainfarn ausreißen und auf den Kompost werfen. Warum ich das nicht mache? Weil die Enten bislang nicht so doof waren, sich von einer dieser Pflanzen eine letale Dosis reinzuziehen. Grünteile von Tomaten, Kartoffeln und Bohnen machen denen nicht mal Bauchweh. Beifuß und Rhainfarn verwende ich sogar im Stall zur Blutsaugerabwehr.
Es gibt Listen von für Vögel schädlichen Gewächsen, aber selbst wenn die Liste für Ziervögel zutrifft, dann muss man dabei beachten, das so ein "Ziervogel" per Definition ein Kleinstvogel ist, der wenige Gramm wiegt, eine Ente aber schon einige Kilo, wenn gut gefüttert.
Das Manko solcher Listen: Fast nie ist eine konkrete letale Dosis angegeben. Schaut man sich Listen für Kaninchen an, dann sind da Zwiebeln, Knoblauch und Bärlauch aufgeführt. Ist ja schön, aber meinen Kaninchen hat das niemand gesagt und die haben dementsprechend hier meinen Bärlauch, Zwiebeln, Schnittlauch, Knoblauch und Schnittknoblauch regelrecht ausgerottet, wenn ich die Pflanzen nicht rechtzeitig in Töpfe gerettet habe. Und, wahrscheinlich weil sie nicht wussten, dass das für sie giftig ist, haben die das alle überlebt (die Kaninchen, nicht meine Zwiebelgewächse ☺). Die Nickels haben das Zeugs massig gefuttert, es gab keinerlei Anzeichen dafür, dass es denen mal schlecht ging.

Oder wusste jemand, dass Zimt giftig für uns Menschen ist? Oder Muskat, Fenchel, Huflattich, Löwenzahn, Sauerampfer? Nein? Logisch, weil´s noch niemand direkt umgebracht hat ;). Aber die Pflanzen enthalten auch Gifte, die Schäden verursachen können. Und damit schließt sich jetzt wieder der Bogen zu den Enten, am Beispiel Löwenzahn:

Bild: Dieter

Die Quaker lieben ihn, er tut ihnen gut und jeder Entenhalter verfüttert den auch gerne. Ich würde schätzen, meine Quaker haben während der Aufstallung pro Woche gut und gerne jeder etwa 500g Löwenzahn (natürlich aus dem Gewächshaus) pro Kilo Körpergewicht vertilgt. Einem Menschen würde schon beim Verzehr eines Bruchteils dieser Menge das Ganze schnell wieder aus dem Gesicht fallen. Unseren Enten tut Löwenzahn aber wirklich gut. Der springende Punkt ist einfach, was wir nicht oder nur bedingt vertragen, vertragen die Quaker hervorragend, was uns gut tut, bringt die Quaker eventuell sogar um, siehe Avocado. Ein weiteres Beispiel ist Hanf, für den Menschen als Giftpflanze und Droge geführt, gerade so zulässig als Futterhanf mit geringerem THC-Gehalt. Bei mir hat der Hanf, den ich für die Cayugas als Glanzfutter hatte, gekeimt und die Küken haben die Pflänzchen ratzeputz abgefuttert. Normalerweise hätte der für Menschen akzeptable THC-Gehalt die Kükis umhauen müssen - hat er aber nicht.
Im Laufenten-Internetforum wurde in den vergangenen 6 Jahren zwar mehrere Vergiftungsfälle publik, aber es handelte sich immer um Risspilze, Avocados und Rattengift, keinen Fingerhut, Eisenhut, Engelstrompete, Maiglöckchen, Eibe oder andere Giftpflanzen. Es mag sein, das zum Beispiel Digitalis giftig wirken kann, aber die letale Dosis müssen die Quaker erst einmal fressen. Und weil das Kapitel jetzt zu Ende ist, kann ich mich zurücklehnen und mir ein Gläschen rotes, aus Weintrauben hergestelltes Nervengift zuführen. Prost, wohl bekomms!

## Schweres Gelände

Oft wird gefragt, ob Laufentenhaltung auf Hanggrundstücken möglich ist. Die Antwort lautet nicht nur schlicht „ja“, sondern sogar „na klar, super!“
In schwerem Gelände sind Laufenten ganz erstaunlich agil unterwegs. Da wird gehopst, gerobbt, geschoben und gerutscht, bis auch der steilste Hang erklommen ist.
Es ist schönstes Laufentenkino, wenn ich meiner Truppe dabei zusehen darf. Da erklimmt der ganze Trupp das jenseitige Bachufer, immer schön der Reihe nach, und das bei einer Steigung, bei deren Anblick ich schon die Segel streichen würde. Wozu die ganze Mühe? Ich vermute, weil es Spass macht, denn oben angekommen wird schon nach kurzem Palaver der Beschluss gefasst, zwei Meter weiter wieder runterzuschliddern. Ganz Mutige (oder die Angeber) nutzen auch gerne so eine Hanglage als Startgelegenheit. Auch wenn es zum Fliegen nicht ganz reicht, ein kontrollierter Absturz ist immer machbar.

Stufen oder gar Treppen sind für Enten kein Hindernis. Einer meiner Erpel hatte viel Spass daran, mich bei offenstehender Türe im Keller zu besuchen. Und wenn er es geschafft hatte, unbemerkt ins Haus zu gelangen, dann war auch der erste Stock nicht vor ihm sicher.

Eine kleine, waagrechte Fläche jedoch braucht man auch auf Hanggrundstücken immer, eine Badegelegenheit sollte nämlich stets zur Verfügung stehen.

# Haltungsprobleme

## Hilfe - meine Enten sind so scheu!

Von neu gekauften Enten hört man leider oft, dass sie sehr scheu sind. Ob das am individuellen Charakter der Tiere oder am Vorbesitzer liegt, kann man meist nicht definitiv sagen. Solche Tiere sind oft ein Bild des Jammers, tagelang sitzen sie zitternd zusammengedrängt in einer Ecke ihres neuen Zuhauses. Das einzige funktionierende Rezept heißt hier: Viel Geduld, nichts forcieren. Wenn die Enten wirklich zittern, muss man für ausreichend Wärme sorgen. Man bietet Futter an, so dass die Tiere es leicht erreichen können, auch Wasser muss selbstverständlich vorhanden sein. Wenn man merkt, dass sie das Futter annehmen, kann man es ganz allmählich immer ein Stückchen weiter weg aufstellen, schließlich vor dem Stall deponieren. Aber immer in kleinen Schritten, Geduld!
Es gibt auch Angsthasen unter den Neulingen, die sich im Garten verstecken. In so einem Fall muss man dafür sorgen, dass sie abends zuverlässig im Stall sind, also früh genug auf die Suche gehen, nicht erst bei fortgeschrittener Dämmerung.
Und keine Angst, mir ist kein Fall bekannt, wo Enten dauerhaft scheu geblieben wären. Im Gegenteil, spätestens nach einigen Monaten haben sie ihr Reich voll im Griff - Katzen, Hunde und anderes Kleingetier müssen nach ihrer Pfeife tanzen ☺.

## Wie bekomme ich meine Ente handzahm?

Laufis sind zwar domestiziert, aber trotzdem keine Kuschel- oder Streicheltiere. Das Maximum dessen, was man unter normalen Umständen erreichen kann, ist, dass sie aus der Hand fressen. Bewerkstelligen lässt sich das durch viel Geduld und ruhigen Umgang. Man findet heraus, was sie gerne mögen, und lockt sie mit den (zuerst hingeworfenen) Leckerbissen immer näher heran, bis sie das Futter aus der Hand nehmen.
Da Laufis von Natur aus sehr neugierig sind, erscheinen sie meist nach einiger Zeit wie unbeabsichtigt und beiläufig, wenn man im Garten arbeitet. Wenn dann noch der eine oder andere Regenwurm "zufällig" auftaucht, hat man schon bald bei jedem Auftritt mit einem Spaten in der Hand ein dankbares Publikum.

## Erfahrungsbericht von Detlef

... auf die Frage, wie man Enten streichelzahm bekommt.

Um sie so zahm zu bekommen, wie Du das möchtest, müsstest Du sie vom Ei weg aufziehen. Aber selbst dann funktioniert es anscheinend nicht immer. Wenn Du soviel Zeit hast (keine eigenen Kinder oder Beruf) und kleinere Abstriche in der Hygiene Deiner Umgebung in Kauf nehmen willst (verschissener Fussboden in den Wohnräumen), dann kann ich Dir das nur empfehlen, es macht viel Freude!
Laufis sind i.d.R. nun mal keine Streicheltiere (wie zum Beispiel Katzen). Es klappt wunderbar bei Eva Maria, auch Bjoern zum Beispiel hatte einen Erpel zum besten Freund und gelegentlich gelang es wohl auch anderswo. Das ist aber meines Wissens nicht zu erzwingen und nicht wirklich trainierbar. Ich glaube, dass hier immer besondere Umstände zusammentrafen, die sich nicht so einfach wiederholen lassen. Oder haben dieselben Entenbesitzer, denen das einmal gelang, das "reproduzieren" können? Erst wenn das der Fall wäre, könnte man unterstellen, dass es eine Art Rezept gibt, wie man Laufis handzahm bekommt. Es unbedingt erzwingen zu wollen, hilft auf jeden Fall gar nix. Auch unsere Einzelküken, die wir wirklich mit viel Kontakt zu uns aufziehen mussten, interessierten sich später nicht sonderlich für uns. Wir fanden's nicht weiter schlimm.

## Erfahrungsbericht von Anneliese

Was müssen Laufenten tun, um 'zahm' zu sein?

Unsere lieben es, im Garten 'bei Fuß' zu laufen, so nah, dass sie Kontakt zu unseren Beinen haben. Lucky liebt es zur Zeit, zwischen den Füßen mitzulaufen, und pickt bei jedem Schritt mal rechts, mal links auf den Schuh. Wenn Gefahr droht (zum Beispiel Flugzeug oder großer Vogel am Himmel) klopfen sie an die Terrassentüre, bis jemand erscheint und 'einfach da' ist. Ist eine der Laufenten in Bedrängnis oder krank, rennt die zweite aufgeregt von Tür zu Tür und klopft, bis jemand mitkommt. Kommt man nach stundenlanger Abwesenheit nach Hause, kommen sie laut schnatternd angerannt. Setzt man sich dann in die Hocke, picken sie ganz zart auf die Wange, auf die Nase oder auf den Ohrring und quaken ganz leise dabei. Sind sie müde, ist es für sie das Höchste, wenn man eine kleine Kaffeepause einlegen kann und sich auf die Terrasse setzt. Nach einem kurzen, intensiven Putz legen sie sich in unmittelbare Nähe und schlafen.
Unsere Laufenten lieben es, im Garten ihre eigenen Wege zu gehen. Doch in regelmäßigen Abständen kommen sie angerannt, erzählen laut schnatternd etwas und gehen dann wieder weiter. Sie suchen immer wieder Kontakt, kurz, aber intensiv. Wichtig ist, dass man ihnen Ruhe vermittelt. Die Hände bieten wir Ihnen nur zur Kontaktaufnahme an, nach ihnen zu greifen mögen sie nicht.
SIND SIE ZAHM? Wir freuen uns, dass sie genau so sind, wie sie sind.

Erfahrungsbericht von Bjoern - Der Widerspenstigen Zähmung

Auch ich hab mal einen Erpel aufgezogen (als er ganz klein war, hat er sogar bei mir im Hemd gewohnt). Ich wusste damals nicht, was Prägung eigentlich ist und wie sie funktioniert. Tatsache war jedenfalls, dass er das Zusammensein mit mir/uns der Gesellschaft der anderen Enten vorgezogen hat. Er hat abends mit uns ferngesehen, separat geschlafen und ist wenn immer möglich mit uns mitgezogen (selbst Autofahrten waren kein Problem). Beim Baden schwamm er neben mir her oder sass auf meiner Schulter. Bis zu seinem frühen Tod mit 1 ½ Jahren (der mir damals wirklich sehr nahe ging) waren wir die dicksten Freunde. Er hat sich schon in die Entengruppe integriert und auch zwei Entendamen erobert, aber, wie gesagt, lieber war er mit uns zusammen.
Zu dem Punkt Handaufzucht möcht ich aber auch bemerken - so schön sich das anhört, von wegen wunderbarer Freundschaft - es kostet sehr viel Zeit, und es ist sehr deprimierend wenn das Tier dann stirbt. Deshalb werde ich künftig solche Experimente nicht mehr machen, und bitte auch alle anderen, sich so eine Aktion VORHER dreimal zu überlegen.

## Die Enten wollen nicht in den Stall

Enten müssen abends zuverlässig im Stall eingesperrt werden. Sie da hinein zu bringen, ist normalerweise unproblematisch, wenn sie es gewöhnt sind, kommen sie von selbst und gehen rechtzeitig in ihr Entenhaus. "Neue" Enten müssen damit natürlich erst vertraut gemacht werden, was aber normalerweise nur 2 bis 4 Tage dauert, dann haben sie es begriffen.
Um sie an den Stall zu gewöhnen, kann man folgendes versuchen:

- Futter im Stall deponieren
- Den richtigen Zeitpunkt abpassen; es sollte noch nicht zu dunkel sein, aber schon deutlich dämmern
- Für Licht im Stall sorgen - sie gehen nicht gern ins Dunkle
- Aus Brettern / Drahtgeflecht einen V-förmigen Zaun aufbauen, der die Enten zum Stall hin leitet.
- Ganz langsam und vorsichtig treiben, keine Hektik aufkommen lassen.
- Zur Armverlängerung Stöcke / Besenstiele verwenden (aber nicht wedeln damit)
- Auch Taschenlampen funktionieren als Armverlängerung. Manchmal hilft es auch über den Enten was anzuleuchten (Baum), davor haben sie Angst und suchen Deckung (hoffentlich im Stall).

Das Futter sollte nur in der Eingewöhnungsphase im Stall deponiert werden. Wenn die Enten abends zuverlässig in den Stall gehen, wird möglichst kein Futter mehr über Nacht gegeben. So entsteht weniger Schweinerei im Stall, und das Futter lockt keine Mäuse und Ratten an.

Oft hört man auch von Tieren, die plötzlich nicht mehr in ihren Stall wollen, obwohl sie schon gut daran gewöhnt waren. Hier sollte man aufmerksam werden und nach den Gründen forschen.

- Wurde im Stall etwas verändert?
- Könnte es sein, dass sich ungebetene Gäste wie Mäuse, Ratten, Marder oder Igel Zugang zum Stall verschafft haben?
- Kann sich Ungeziefer im Stall breit gemacht haben?

## Die Enten wollen nicht mehr aus dem Wasser

Einen Teich zu besitzen, das ist eine feine Sache. Leider kommt es gar nicht zu selten vor, dass die Entenbande von heute auf morgen zu der Überzeugung kommt, eine Übernachtung auf dem Wasser wäre viel relaxter (oder aufregender?) als im Stall. Also dümpelt man bei Einbruch der Dämmerung gemütlich auf dem Teich und dreht dem am Ufer schimpfenden und gestikulierenden Halter eine lange Nase. Die üblichen Versuche, die Enten vom Wasser zu bekommen, also gutes Zureden, Winken mit der Zaunlatte oder verbale Drohungen mit Kochgeräten werden nur mit spöttischem Geschnatter kommentiert. Was tun?
Es ist klar, hier muss die geistig-technische Überlegenheit unseres Primatengehirns voll ausgespielt werden.
Erster Versuch: Feind von oben. Stehen Bäume oder Sträucher am Teich, leuchtet man mit einer starken Taschenlampe oben in die Blätter. Wenn man Glück hat (und den Trick noch nicht zu oft angewendet), dann flüchten die Enten laut protestierend vom Teich. Technik-Freaks benützen einen Laser-Pointer, ich besitze ein extrem starkes Exemplar, das im Dunklen leuchtet wie ein Laserschwert. Der Alptraum jeder Ente!

Bild: Frank

Zweiter Versuch: Feind von der Seite. Zwei Mann gehen jeweils gegenüberliegende Teichufer ab, dazwischen ein langes Seil, das sollte in jedem Fall klappen. Wenn die Teichufer begehbar sind.

### Eine neue Ente ist abgehauen

Keine Panik, keine übereilten Aktionen, keine Hast, keine beunruhigenden Bewegungen! Wenn sich Ente und Erpel gegenseitig hören können, besteht immerhin eine gute Chance, dass der Partner  nicht weiter abhaut und man ihn mit der nötigen Vorsicht zurücktreiben kann. Findet man das Tier nicht gleich, muss man auf das Glück vertrauen, dass der Marder sie nicht gleich in der ersten Nacht findet. Wenn sie am nächsten Morgen ruhiger ist, und im Tageslicht ihre Umgebung gut sehen kann, kommt sie vielleicht von alleine wieder angewackelt. Also nochmals: Keine Panik! Wenn möglich, kann man draußen eine Lampe angeschaltet lassen und (viel) später nochmal nachsehen; manchmal stehen die Tierchen tatsächlich ganz von selber wieder vor der Tür.
Wenn man nicht weiss wo sich die Ente verkrochen hat, besteht eine weitere Möglichkeit darin, sich  ein Soundfile aus dem Internet herunterzuladen (siehe Linkliste im Anhang) und es laut abzuspielen. Wenn man Glück hat, quakt der Flüchtling zurück.

## Die Mauser

### Jugendmauser

Nachdem Entenküken ihren Flaum abgelegt haben, erfolgt nach 3 bis 6 Monaten die Jugendmauser.

Erst jetzt erscheint beim Erpel die Schwanzlocke, in Bayern auch Entenhackl genannt, und die Geschlechter sind eindeutig unterscheidbar. Leider geht die Locke manchmal verloren, das heißt, auch Enten ohne Schwanzlocke können Erpel sein.

Bild: Klaus

Vor der Jugendmauser kann man die Geschlechter nur an der Stimme unterscheiden (und
das auch erst ab einem gewissen Alter).
Auch hier kann man sich an Soundfiles orientieren, die aus dem Internet ladbar sind (siehe Linkliste).

## Mauser

**Erwachsene Enten mausern jährlich 2 Mal, was mit einem Farbwechsel während dieser Zeit einhergeht. Nach der Mauser kann das neue Gefieder möglicherweise ganz anders aussehen als es vorher war.**

Erfahrungsbericht - Autor unbekannt

Eine Laufente war komplett schwarz und schillerte in der Sonne herrlich smaragd- und saphirfarben. Mit jeder Mauser kamen immer mehr weiße bis hell bräunliche Flecken ins Gefieder, bis sie total gescheckt war. Schwarze Erpel sehen aus als hätten sie eine Stockente im Stammbaum, der Brustflaum wird braun und fleckig, manche Enten sehen auch etwas struppig aus. Auch der Grünlack verschwindet vorübergehend, das ist normal.
Die erste Mauser erfolgt nach Abschluss der Hauptlegezeit im Sommer (irgendwie von Natur aus logisch, eine Mauser im Winter wäre tödlich). In der Sommermauser werden die Federn vollständig gewechselt. Das beginnt nicht bei jeder Ente am selben Tag und hat auch von Tier zu Tier unterschiedliche Dauer und Intensität. Die Gesamtdauer beträgt etwa 60 Tage. Oft machen sich die Halter Sorgen und nehmen an, das Tier wäre krank, (hauptsächlich bei Erpeln, hier ist der Farbunterschied stärker als bei Enten), dabei hat es nur sein sog. "Schlichtkleid" angelegt.
Die zweite Mauser folgt im Herbst und ist nicht so vollständig und langwierig. Der Erpel bekommt nun wieder sein Prachtkleid.
Klar ist, dass in der Mauser ein höherer Energiebedarf besteht (zum Beispiel gibt das Tier wegen des fehlendes Federkleids mehr Körperwärme ab, da bei Enten die Körpertemperatur deutlich höher als bei Mensch, Hund & Katze ist, fällt der Energieverlust noch gravierender aus). Das Mehr an Energiebedarf steuern unsere Enten über die aufgenommene Futtermenge. Zu Zeiten der Mauser fressen sie mehr. Bei ausgewogener und vielseitiger Ernährung überstehen die Enten den Gefiederwechsel ohne Probleme, es braucht also keine "Mauserhilfen" wie sie im Fachhandel angeboten werden, die helfen nur kleinen Ziervögeln und den Herstellern der Präparate. Enten überstehen die Mauser ohne Vitaminpillen, Schnaps oder Antidepressiva. ;-)

Erfahrungsbericht - Detlef

Eigentlich sollte das Federkleid nach der Jugendmauser, also im 3.-4. Lebensmonat erst mal fertig sein. In nun 12 Jahren Entenhaltung habe ich es aber immer wieder erlebt, dass sich die Farben mit jeder Mauser durchaus etwas verändern können. Das lässt sich aber wohl nicht voraussagen. Im übrigen ist das bei weiblichen Enten nicht anders. Auch sie haben erst nach gut 3 Monaten ihr Erwachsenengefieder. Das heißt, bis dahin können sich die jetzigen Farben noch ändern (manchmal überraschend deutlich, vor allem bei Eltern aus unterschiedlichen Farbschlägen). Auch bei weiblichen Enten kann später jede Mauser eine kleine Farbänderung mit sich bringen. Kann! Muss aber nicht!

Passend zum Thema noch ein Reim unseres Forenpoeten Bernd:

**Drum brauchen sie ein neues Kleid**
**Zu übersteh'n die kalte Zeit**
**Und auch dem Partner zu gefallen,**
**Den besten finden unter allen.**

**Deshalb ist es so eingerichtet**
**dass Mauser das Gefieder schlichtet**
**im Juli und ein wenig später**
**Verlieren sie so manche Feder.**

**Doch bald darauf in neuer Pracht**
**Die Entenschar in Schönheit lacht**
**Mit sattem Grün auf Erpel's Haupt,**
**Sodass es uns die Sprache raubt.**

*Bernd Ullrich*

## Bestimmung der Geschlechter

Das Geschlecht von Laufenten lässt sich (außer von speziellen Profis) zweifelsfrei erst nach der Jugendmauser, die im Alter von etwa 3 bis 6 Monaten stattfindet, bestimmen. Der Erpel besitzt dann (wenn sie ihm nicht abhanden kommt) eine Schwanzlocke. Ab einem Alter von etwa 4 bis 6 Wochen kann man die Kleinen aber schon nach der Stimme einordnen: Der Erpel krächzt leise, heiser & "sexy". Die Ente hingegen plärrt laut, eindringlich und fordernd, wie Frauen halt mal so sind. :-)
(Enten-Sounds siehe Linkliste).

Erpellocken

## Beringung

Beitrag von Bernd ... auf die Frage, ob man Enten beringen soll

Den gewissenhaften Züchter erkennt Ihr daran, dass er die beringten Enten (Bundesringe Größe 13) zum fairen Preis verkauft, und er sich überzeugt, ob der Käufer überhaupt die Voraussetzungen erfüllt. Manch ein Interessent ist im vergangenen Zuchtjahr ohne Enten von meiner Insel gegangen, und für andere habe ich mir die Mühe gemacht umfangreich zu informieren, da sind 1 - 2 Stunden und mehr schnell vorüber. Deswegen eine zusätzliche Bitte: Wer Enten züchtet, sollte diese beringen um sie später bei der Auswahl von Zuchtpaaren unterscheiden zu können. Der Zuerwerb von Bruteiern trägt ein übriges dazu bei, Inzucht vorzubeugen. Auch diese Eier sollten gekennzeichnet werden und bei Kunstbrut getrennt schlüpfen, und die Küken gekennzeichnet werden. Es gibt dafür spezielle, mitwachsende Kükenringe für die Zeit, bis die "Bundesringe" passen.
Ringe bekommst Du über den örtlichen Kleintierzüchterverein, dort nach dem Ringwart oder Spartenleiter für Geflügel fragen. Die Gemeinde/Stadtverwaltung nennt Dir die Adresse des Vereins. Man kann natürlich, wenn man nicht auf Ausstellungen geht, über den Fachhandel fortlaufend nummerierte Ringe beziehen, die tun es zur Unterscheidung auch.

## Flügel stutzen

**Immer wieder kommt die Frage auf, ob und wie man Enten die Flügel stutzen kann, bzw. soll.**

**Bei manchen Leuten scheint die Vorstellung zu existieren, dass jeder Vogel eher früher als später das Weite sucht, wenn er dazu nur die Gelegenheit hat. Meine langjährige Erfahrung mit verschiedenstem Geflügel zeigt eher das Gegenteil – mit Ausnahme von zwei verrückten Perlhühnern ist noch kein Vogel freiwillig bei mir ausgezogen, obwohl mein Gelände nicht einmal umzäunt ist.**

Nur in seltenen Extremfällen kann ein Stutzen der Flügel nötig oder sinnvoll sein, zum Beispiel wenn Gefahr besteht, dass die Tiere sonst auf eine stark befahrene Straße geraten können.
Generell sollte man zunächst einmal darüber nachdenken, ob sich die Tiere nicht mit anderen Mitteln an der Flucht hindern lassen, beispielsweise mit einer Erhöhung des Zauns. Oft wird auch neu angeschafften Enten keine ausreichende Zeitspanne zur Eingewöhnung gegeben. Nein, wenn sie nicht funktionieren wie geplant, dann soll eben gestutzt werden! Aus Entensicht kann 1 Meter Zaun alles sein (die Ente ist glücklich und zufrieden und bleibt

wo sie ist) oder nichts (die Ente hat Angst/Panik, draußen ist es schöner, gibt es Wasser oder befinden sich Geschlechtspartner, usw.). Und das Wichtigste: Man sollte immer bedenken, dass eine Ente mit gestutztem Flügel bei Gefahr nicht mehr richtig flüchten kann!
Nur wenn wirklich alle anderen Mittel ausgeschöpft sind und die Ente dennoch nicht im Grundstück zu halten ist, oder ihr außerhalb große Gefahren drohen, nur dann sollte man ans Stutzen denken.
Da der Federkiel am unteren Ende durchblutet und mit Nerven versehen ist, bereitet man dem Tier unnötige Schmerzen, wenn man zu weit unten stutzt. Dies fällt auch unter den Straftatbestand der Tierquälerei. Aber es gibt eine Methode, die das Problem elegant umgeht, und auch optisch besser ist. Man macht das nur an einem Flügel, das genügt. Und bitte immer beachten, dass das Durchtrennen der Federkiele nicht nötig ist. Durch die offenen Kiele kann Schmutz eindringen, was Infektionen zur Folge haben kann!

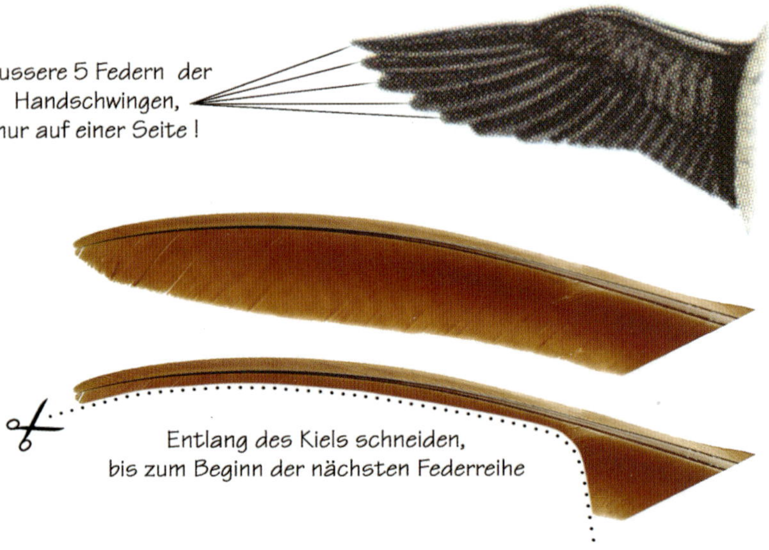


Manchmal wird der Begriff „Flügel stutzen“ nicht für das Beschneiden der Federn, sondern für die Amputation der äußeren “Fingerknochen” der Flügel verwendet. Ich habe Bücher (zum Beispiel “Knaurs Vogelbuch”, ISBN 3-426-07464-8, Seite 246-247) in denen dies beschrieben wird. Auch hatte ich schon Graugänse, bei denen der Flügel in dieser Art verstümmelt war. In der Regel wird diese Prozedur bei Jungvögeln mit dem Seitenschneider durchgeführt und ist meiner Ansicht nach sowohl von der Ausführung her tierquälerisch, moralisch eine Sauerei als auch später ein sehr trauriger Anblick, wenn man die Tiere mit ihrem verstümmelten Flügel schlagen sieht. Außerdem ist es eindeutig ein Verstoß gegen das Tierschutzgesetz, Tierquälerei ist eine Straftat.

# Entenkot auf Rasen und Wegen

**Definition einer Ente: Vorne frisst, hinten scheißt ☺**

Trotzdem entstehen normalerweise keine Probleme, wenn der Auslauf gross genug ist. Entenkot ist nicht besonders ekelhaft und leicht abzuwischen/waschen. Ein kleiner Regenguss oder ein kurzer Schwenk mit der Gießkanne bringt alle Hinterlassenschaften zum Verschwinden.

# Entenmist

Außer Kot fällt natürlich auch Mist an, das heißt, die gebrauchte Einstreu samt dem darin enthaltenen Kot. Für was der gut ist, kann man einem Bericht von Lexx entnehmen:

Originalton Lexx - zum Thema wertvoller Mist

Komm grad aus meinem Gärtchen und dachte ich sing mal ein "Loblied" auf die Laufikacke. Enten- bzw. Geflügelmist eignet sich nämlich hervorragend für den Garten!! Er enthält vor allem Phosphor, aber auch viel Stickstoff und Kali (also vollwertiger NPK-Dünger). Der Stickstoffgehalt kann durch Mitkompostieren von Brennnesseln angehoben werden. Oder man düngt später mit Brennnesseljauche nach, die kann man prima mit dem Wasser aus dem Plantschbecken (oder Teich) ansetzen. Das ideale C / N (Kohlenstoff zu Stickstoff) Verhältnis für den Mistkompost hat strohreicher Mist, nämlich 25:1 bis 30:1, Geflügelmist der sehr feucht ist, dagegen nur 13:1 bis 18:1. Strohreichen Mist verwende ich im Herbst / Winter zum Beet abdecken, wenn diese abgeerntet sind. Will man damit über die Anbausaison mulchen, sollte der Mist schon etwas angetrocknet sein (etwa wie Rasenschnitt) und die Pflanzen schon einige Wochen alt. Deswegen, da Geflügelmist sehr hitzig reagiert und sich schneller als andere Dünger im Boden umsetzt, dies kann zu Verbrennungen und Geilwuchs der Pflanzen führen. Als "Heizmaterial" in Frühbeet und Gewächshaus sollte man den Mist schon einige Wochen vor dem Aussäen und Pflanzen einbringen und mit Gesteinsmehl (bindet Feuchtigkeit) überpudern. Darauf kommen einige cm Gartenerde, bzw. fast fertiger Komposthumus.

Für die Anlage eines Mistkomposts gelten einige einfache aber wichtige Regeln:

- längliche Haufen sind praktischer als hohe, denn man kann auf der einen Seite noch schichten, während man auf der anderen schon "erntet". Dadurch spart man sich auch das Umsetzen.
- nie auf Stein-, oder Holzboden anlegen, sonst kommen die Mikroorganismen und Regenwürmer nicht ran. Eine Drainageschicht aus Sand bzw. Kies schadet nicht, und verhindert zudem ein "Verschlammen" des Mists. (Lochziegel tun's auch)

- nie in voller Sonne, bzw. komplettem Schatten anlegen, die Rotteorganismen vertragen weder zu viel Wärme noch zu wenig.
- in regenreichen Gegenden empfiehlt es sich, über eine Überdachung nachzudenken, damit die Nährstoffe nicht ausgespült werden.
- wer die natürliche Rotte beschleunigen will, kann alle 20-50 cm Misthöhe mit Gesteinsmehl überpudern und darüber eine Schicht Gartenerde oder noch nicht ganz reifen Komposthumus etwa 5-10 cm hoch streuen. Ausserdem sollte die oberste Schicht auch Gartenerde sein. Dadurch wird der Anteil an Mikroorganismen erhöht und überschüssige Feuchtigkeit gebunden und dadurch Fäulnis verhindert. Niemals kalkhaltige Kompostbeschleuniger oder reinen Kalk verwenden. Der Stickstoff wird dadurch zu Ammoniak und geht flöten.
- den Mistkompost nie zu hoch werden lassen, da er sonst durch sein Eigengewicht zu arg verdichtet und der für die Rotte wertvolle Sauerstoff fehlt -> Fäulnis
- wenn es sehr trocken ist, schadet dann und wann ein Guss mit Brennesseljauche (Wasser geht natürlich genauso) nicht, auch genügend Feuchtigkeit ist wichtig.
- sämtliche Punkte gelten auch für den normalen Kompost.

Mist gehört nicht in den normalen Kompost. Die Rottezeiten unterscheiden sich zwar nicht so arg, aber das Verhältnis der Nährstoffe wird gestört. Allerdings schadet eine Schaufel Mist ab und an nicht.
Mistkompost kann auch noch durch Wurmfutter, zum Beispiel Zwiebelschalen, Kaffeefilter und Teebeutel aufgewertet werden.
Wer sich über Ungeziefer im Stall ärgert, kann dem mit frischem oder getrockneten Rainfarn (Tanacetum vulgare) im Einstreu entgegenwirken. Ein klein geschnittener Zweig (für ca. 2qm) unter das Stroh, Heu, etc. gemischt, wirkt vor allem gegen Milben, Läuse und Flöhe. Die Wirkstoffe (vor allem Thujon) gehen beim Kompostieren nicht verloren und führen ihr Werk im Garten fort.
Puuuuh, das war dann doch wohl mehr eine Lobesoper (+Gebrauchsanweisung) als ein Lied ;-)). Wer das alles schon wusste, solle mir verzeihen, wer nicht, hoffentlich hat es was gebracht. Ich brauche jedenfalls durch eine Düngekombi aus Mist, Komposthumus und Jauche keine chem. Dünger mehr und hab dadurch auch wieder mehr Nützlinge im Garten, die kümmern sich um Schädlinge, und die Mehrarbeit bringt vor allem "Mehrspaß".

# Zusammenleben

## Laufis und andere Tiere

**Probleme sind nur mit Hunden bekannt, was sich aber durch eine gewissenhafte Hundeerziehung in fast allen Fällen abstellen lässt. Mit allen anderen Tieren vertragen sich Enten gut bzw. haben schnell die Oberhand. Allerdings kann es Probleme geben, wenn der Stall geteilt werden soll, zum Beispiel mit Gänsen.**

## Katzen

Laufenten und Katzen - das ist normalerweise unproblematisch. Die Watschler passen nicht ins Beuteschema einer Katze und wissen sich gegen neugierige Samtpfoten auch zu wehren.

**Es gibt allerdings zwei Ausnahmen: Auf Küken muss man aufpassen, und gelegentlich wird von besonders aggressiven Katzen (oft verwilderten Streunern) berichtet, die auch Enten anfallen.**

Bild: Frank

Bericht von Detlef: Aggressive Enten

Ja, unser erster Erpel war sehr streng mit uns und den Katzen. Auf dem größten Kater trampelte er immer herum und zerrte ihn gleichzeitig an den Ohren. Das Bild muss man sich vorstellen: Der Kater lag flach gestreckt im Gras und wurde immer noch flacher! Man hatte den Eindruck, als ob der Erpel das blöde Katzenvieh vollständig in den Boden stampfte.
Dabei glaubte der Kater wohl nur, den erpeligen Naturgewalten zu entgehen, wenn er sich nur dünn genug machte. Vor lauter Lachen versäumten wir es fast immer, dem Kater zu Hilfe zu eilen. Er wehrte sich nur ein einziges Mal. Nämlich als der Erpel ihn in seine (entschärften) Kronjuwelen biss. Da hat er ihm eine gewischt. War aber ein harmloser Schwinger. Den Erpel hat das nicht davon abgehalten, den Kater auch fürderhin zur Flunder zu machen.
Ja und auf uns Menschen, speziell auf Renate im Morgenrock, hatte er es auch d.ö. abgesehen. Er sauste häufig hinterher und schnappte und zerrte an den Klamotten. Drehte man sich zu ihm um, stoppte er seine Raserei so abrupt, dass er in höchste Gleichgewichtsnöte verfiel. Der Lulatsch hatte zu tun, seinen langen Körper auszupendeln, um nicht der Länge lang hinzufallen. Ein Bild zum Schießen! Man stelle sich vor, wie der Erpelschwanz mit der schönen großen Ringellocke mehrfach von hinten nach vorn durch die Beine pendelt und gleichzeitig der Erpelkopf jeweils die ausgleichende Gegenbewegung versucht. War die Schwanzlocke vorn zwischen den Beinen, war der Kopf weit hinten, war die Schwanzlocke wieder hinter den Beinen, ging der Kopf weit nach vorn. Nach etlichen dieser äußerst gefährlich aussehenden Schwankungen, gelang es der Comic-Figur von Erpel, wieder zur üblichen stabilen, aufrechten und respekteinflößenden Haltung zurück zu finden. Und Schwamm drüber!
Er lebe hoch in seinem Entenhimmel, unser guter alter Willi "The Conqueror"!

## Spezialfall Hunde

Wer einen oder mehrere Hunde hat und Enten zu sich holen möchte, sollte sich die Frage stellen: "Gehorcht mir mein Hund auch in Stresssituationen?" Außerdem sollte der Hund die Grundbefehle "Sitz!", "Platz!" und "Bei Fuß!" (mit und ohne Leine) beherrschen. Ist das nicht der Fall, ist der Besuch einer Hundeschule dringend zu empfehlen! Dies erspart viel Stress, den Menschen, den Enten und auch dem Hund. Sind die Enten dann da, sollten Hunde in der ersten Zeit nicht mit ihnen alleine sein. In jedem Hund schlummert ein Jäger, darüber muss man sich ganz klar sein. Viele Rassen wurden früher speziell zur Jagd gezüchtet, zum Beispiel Pudel wegen ihres Fells extra zur Entenjagd. Am besten ist der Hund beim ersten Kennenlernen angeleint, mit etwas Abstand zu den Enten. Ruhiges Verhalten wird gelobt, bellt der Hund oder versucht zu jagen, dann wird er gerügt. Die Enten sollte man dabei immer im Auge behalten, werden sie panisch, dann muss man mit dem Hund den Garten verlassen.

Lieber mehrmals am Tag für kurze Zeit mit dem Hund zu den Enten gehen, umso ruhiger bleiben beide Parteien. Erst wenn der Hund über einen längeren Zeitraum und auch bei größerer Annäherung der Enten ruhig bleibt, kann man ihn von der Leine lassen.
Enten und Hunde können in den meisten Fällen aneinander gewöhnt werden, manchmal ist dies allerdings zeitaufwendig. Oft arrangieren sich Hunde und Enten später miteinander und manche Hunde bewachen "ihre" Enten richtiggehend. Macht ein Hund überhaupt keine Anstalten das Jagen zu lassen, muss er auf Dauer von den Enten getrennt werden, wenn man ihn nicht ständig beaufsichtigen kann! Enten verenden bei Hundeangriffen nicht nur durch Bisse, manche werden auch zu Tode gehetzt, wenn man nicht rechtzeitig eingreift.

Bild: Clemens

Und es kann vorkommen, das selbst der bravste Entenwachhund mal zubeißt. Alle Berichte über solche Vorfälle haben Gemeinsamkeiten - die Hunde waren bislang friedlich, sind den Enten zum Teil sogar ausgewichen, das "Opfer" ist immer ein Erpel, es ist Balzzeit und die Hunde haben nur einmal zugeschnappt, ohne vorheriges Jagen. Die Vermutung liegt nahe, dass den Hunden bei den ständigen Triebattacken der Erpel der Geduldsfaden gerissen ist und sie zurück-"gezwickt" haben. Ein ganz normales Verhalten bei Hunden - stört ein Rudelmitglied zu sehr, wird es in die Schranken gewiesen, indem geschnappt wird, so wie sich auch der Erpel normal verhält, der seine Angriffe meist erst einstellt, wenn der vermeintliche Konkurrent vertrieben ist.. Was allerdings zwischen Hunden nicht mal einen Kratzer verursacht, kann bei einem Erpel eine ernsthafte Verletzung zur Folge haben, die unbedingt (!) desinfiziert und von einem Tierarzt behandelt werden muss. Hat man also einen Erpel, der während der Balz sehr aggressiv ist, sollte man Enten und Hunde während dieser Zeit getrennt halten, oder ständig in Eingreifweite bleiben, um zu heftige Attacken von Erpel gegen Hund und eine Retourkutsche darauf zu verhindern.

## Laufis und Kinder

Kinder sollte man in der ersten Zeit mit Enten nicht unbeaufsichtigt lassen. Durch missverstandenes Spielen oder Schmusen kann aus einer zutraulichen Ente schnell eine scheue werden. Vor allem kleine Kinder sollten nie mit Küken alleine sein. Unter 5 Jahre alte Kinder haben noch kein richtiges Gefühl für ihre eigene Kraft, und wenn dann verängstigtes Quacken nicht als solches verstanden wird, ist so ein süßes Entlein schnell zu Tode geschmust.

Kindern zwischen 5 und 12 Jahren sollte man nie die volle Verantwortung für die Enten übertragen, auch wenn man sie vielleicht ihnen zuliebe gekauft hat. Sie sind schnell vom täglichen Füttern, Eier absammeln, Frischwasser geben und dem regelmäßigen Misten und Einstreuen des Stalls überfordert.
Über 12jährigen, die schon teilweise für andere Tiere verantwortlich waren und sind, kann man durchaus Enten als Haustiere anvertrauen. Aber auch hier muss man darauf achten, dass den Kids ihre Pflichten nicht irgendwann zu aufwendig werden. Selbst wenn alles rund läuft, kommt man um eine regelmäßige Kontrolle der Entengesundheit nicht herum.
Eltern müssen sich darüber im klaren sein, dass sie womöglich die Pflege der Enten teilweise oder ganz selbst übernehmen müssen, auch wenn Enten der Kinder wegen in den Garten geholt wurden.. Man sollte Kindern auch von Anfang an erklären, das der eigentlich liebe Erpel unter Umständen während der Balz auch mal in Hand und Waden zwickt, wenn man seinen Enten zu nahe kommt. Er meint es aber ganz sicher nicht böse.

Bild: Jens

## Die lieben Nachbarn

**Es klingt im ersten Moment vielleicht verwunderlich, doch es ist ein sehr wichtiges Thema. Enten und die lieben Nachbarn.**

So unterschiedlich Menschen nun mal in ihren Charakteren sind, so unterschiedlich kann die nachbarliche Beziehung zu den Watschlern sein. In den meisten Fällen verläuft es positiv. Nachbarn entpuppen sich sehr oft als begeisterte Eierabnehmer, Leckerliüberbringer, Entensitter, Schneckenlieferanten und Quackivoyeure. Besonders ältere Menschen, kleine Kinder und Familien mit ebensolchen können sich an Enten nicht satt sehen, sie stundenlang beobachten und mit Altbrot und Nudeln über den Gartenzaun verwöhnen. Andere freuen sich, Abnehmer für ausgeschossenen Salat zu haben und Nacktschnecken nicht vergiften, einsalzen oder zerschneiden zu müssen. Allerdings sollte man dann ein Arrangement treffen, dass die Schnecken nicht einfach über den Zaun geworfen werden, sondern portionsweise und nur dann, wenn man selbst anwesend ist. Entenfans in der Nachbarschaft sind auch im Gegenzug gerne bereit, auf Schneckenkorn oder Spritzmittel zu verzichten, oder wenigstens vor deren Einsatz Bescheid zu sagen, so dass man die Enten von den betroffenen Grundstücksteilen fernhalten kann.
Auf der anderen Seite kann man Nachbarn haben, die zu unmöglichsten Tageszeiten den Rasen mähen, aber sobald eine Entendame lautstark ihre Meinung kundtut mit einer Anzeige drohen. Andere finden den Misthaufen unappetitlich, die nächsten entpuppen sich als Hypochonder und meinen, dass Salmonellen 5 Meter weit hüpfen können. Oder der ums All-

gemeinwohl besorgte Nachbar nimmt einem die Meldung beim Veterinäramt ab. Letzteres ist schon häufiger vorgekommen, brave Mitbürger haben da wohl "versehentlich" die Anzeigepflicht von Geflügel zu wörtlich genommen.
Man kann solchen Problemen entgegenwirken, indem man:

- die Enten, zum Beispiel an Wochenenden, nicht grade um 6 Uhr in der Früh aus dem Stall lässt
- den Misthaufen nicht an der Grundstücksgrenze platziert
- aufklärt, das keinerlei gesundheitliches Risiko von den Enten ausgeht, solange man nicht im Mist badet oder sie tagtäglich abknutscht
- Bedenken der Nachbarn ernst nimmt und diese mit klaren, einfachen Argumenten und etwas Humor zerstreut
- auf die Nachbarn zugeht, am Besten mit einem Kuchen. Mit Enteneiern und viel Liebe gebacken ☺

Selbst wenn man sich im Recht fühlt und ist und das Gemäkel nicht nachvollziehen kann, ist Rücksichtnahme und Gute Miene zum bösen Nachbarn meist im Interesse der Enten der klügere Weg. Eine Anzeige kann negativ ausgehen und man muss die Enten weggeben. In Bereichen, die als Mischgebiet oder Wohngebiet ausgewiesen sind, hat man das Gesetz nicht zu 100% auf seiner Seite was Geflügelhaltung angeht. Enten tun einem auch nicht unbedingt den Gefallen leise zu quaken, wenn jemand vom Ordnungsamt vorbeikommt um die Dezibel zu messen. Und die Damen können sehr laut sein, wenn sie wollen. Ich hatte mal ein Exemplar, welche beim jährlichen Flugmanöver der Bundeswehr die Truppenhubschrauber und Kampfjets übertönt hat. Und am Ende vom Tag wusste man nicht sicher, ob die Kopfschmerzen vom Fluglärm kamen, oder von der Ente, die jedem Tiefflieger noch 5 Minuten hinterher gezetert hat!

Ein sehr trauriges Beispiel, passiert während der Vogelgrippehysterie im Oktober 2005:

Hallo liebe Freunde

ich kann es kaum fassen, aber heute Nachmittag lagen alle drei Enten tot in meinem Garten "Unfried" "Gudrun" und auch meine liebe "Whity". Heute morgen waren sie noch total fit und stürmten auch gleich wie die Wilden heraus es war alles OK wie sonst auch. Heute Nachmittag als ich ihnen Körner brachte wunderte ich mich das sie nicht schon schimpften weil ich etwas spät dran war, ich war heute ab Mittag unterwegs. Doch da lagen alle drei im Gras, einfach tot Gudrun, Unfried und auch meine Whity.
Für mich kann es aber nur eine Vergiftung gewesen sein, ich fand auch Brotkrumen da hinten und ich füttere nie Brot......Bei meinen Enten hat sich genau das heraus gestellt, was ich vermutete, meine Enten sind an einem Rattengift verendet. Für mich kommt da nur eine Nachbarschaft in Frage aber beweisen kann ich eben nichts, selbst wenn ich in der Mülltone ganz oben die Verpackung von Rattengift sah, die würden es sicherlich abstreiten da bräuchte ich schon Beweisfotos, Ihr wisst ja wie das ist. Aber zumindest weiss ich jetzt was ich für Nachbarn habe.

Auch müssen Nachbarn nicht unbedingt den Amtsschimmel bemühen, um sie störende Enten loszuwerden, besonders wenn (auch unbegründete) Vogelgrippepanik im Spiel ist.
Weniger drastisch und traumatisch sind anonyme Drohbriefe oder Hetzereien in der Nachbarschaft, aber auch das kann auf Dauer zermürbend sein. Die Enten müssen nicht einmal der Grund für Unstimmigkeiten sein, aber sie geben eine hervorragende Angriffsfläche für streitsuchende Nachbarn ab. Man sollte also im Falle eines sich anbahnenden Nachbarschaftsproblems soweit wie möglich Kompromisse eingehen. Allerdings natürlich auch nur soweit, wie man weder die Lebensqualität der Enten, noch die eigene zu sehr einschränken muss. In einem solchen Fall (und es gibt solche Fälle) kann es den Enten gegenüber fairer sein, sie an einen besseren Platz abzugeben. Auch wenn es weh tut. Letzteres ist allerdings der allerschlimmste Fall der Fälle und selten. Denn die meisten Nachbarn sind wirklich nett.

Hier findet mich keiner! Bild: Dieter

## Auswirkungen auf Rasen und Garten

### Rasen

**Hier kommt es ganz wesentlich darauf an, wie viel Platz den Tieren zur Verfügung steht und wie sie ihn nutzen.**

Bei wenigen Tieren auf viel Fläche wird man kaum negative Auswirkungen finden, mit Ausnahme von Stellen, die von den Tieren intensiv genutzt werden. Ist nicht viel Platz (und Abwechslung), dann konzentriert sich die Anwesenheit und Aktivität der Enten auf wenige Bereiche, die dann auch entsprechend in Mitleidenschaft gezogen werden. Besonders beliebt (Enten-TV) ist beispielsweise der Platz vor der Terrassentür, da kommt der Futterspender durch und man kann verfolgen, was sich im Haus so tut.

Positive Auswirkungen auf Rasen, Nutz- und Ziergärten sind:

- Die Enten düngen die Flächen mit ihrem Kot
- Der Rasen wird mit dem Schnabel "vertikutiert"

Negativ schlägt zu Buche:

- Stellen, an denen sich Wasser sammelt, werden zu Schlammlöchern umgewandelt
- "Englisch" wird der Rasen bei Entenhaltung nicht mehr sein

### Nutzgarten

**Eines der Hauptmotive zur Anschaffung von Enten ist der Plan, sie als Schneckenvernichter einzusetzen. Das ist zwar durchaus möglich und erfolgversprechend, aber es gibt ein paar Kleinigkeiten, die man in Betracht ziehen muss, sonst ist Enttäuschung oder Scheitern vorprogrammiert.**

Die Vorlieben der Watschler sind so unterschiedlich wie bei uns Menschen. Ist man Besitzer von Exemplaren, die Salat schätzen, dann wird man wohl um das Gemüsebeet einen dichten Zaun ziehen müssen. Auch abgesetzte Hochbeete haben sich hier bewährt.
Es wird aber ebenso von Enten berichtet, die mustergültig Schnecken absammeln und die Pflanzen dabei unbehelligt lassen. Verlassen sollte man sich darauf aber nicht. Selbst wenn die Pflanzen nicht abgefressen werden, so fallen sie oft den großen Latschen der Quacks zum Opfer. Dennoch profitiert ein Nutzgarten indirekt immer von den Laufis, die Schnecken werden im Umfeld schon abgefangen, und es kann sich keine große Population aufbauen.
Man darf sich auch keinen augenblicklichen Erfolg versprechen, die Schneckenpopulation wird nicht über Nacht verschwinden. Es kann Monate dauern, bis man auf einmal meist eher zufällig bemerkt, dass keine oder fast keine Schleimer mehr unterwegs sind.

## Lebensdauer

Die älteste mir bekannte Ente wurde 12 Jahre alt, in der Literatur ist von einzelnen Fällen mit 20 Jahren die Rede.

## Jahresablauf

| | |
|---|---|
| Februar & März | Beginnende Territorialität |
| | Absonderungen der Brutpaare |
| | Wahl des Brutplatzes, Beginn der Eiablage |
| | Zeit der schlimmsten Rivalität |
| April | Nestbau |
| Mai | Beginn der Brut |
| Juni | Jungenaufzucht |
| Juli | Mauser ins Schlichtkleid |
| August | Sommeransammlung der Jungenten |
| September | Beginn der Mauser ins Prachtkleid |
| Oktober & November | Balz und beginnende Paarbildung |
| Dezember & Januar | Winterliche Ruhephase |

Je nach Entenpersönlichkeit, Klima, Ernährung, usw. können die genannten Termine jedoch stark schwanken.

## Balz

Vor der Arbeit (nämlich der Aufzucht des Nachwuchses) kommt das Vergnügen. Das heißt, ein richtiges Vergnügen ist es nur bei "glücklich verheirateten" Enten. Wenn die Zwei zu turteln beginnen, dann quakt die Ente etwas verhaltener, singender. Meist fängt die Ente an zu nicken, der Erpel lässt sich auch nicht lange betteln und beginnt zu antworten. Wenn sie sich lange genug zugenickt haben, geht die Ente in die Knie, der Erpel packt sie hinten am Hals, setzt sich auf die Ente und macht, was so ein Erpel am liebsten tut. Allgemein wird der Erpel nun wachsamer und verteidigt sein Revier. Etwas später beginnt die Ente, die bisher meist ihre Eier irgendwo verstreut abgelegt hat, sie in einem sauber gebauten Nest zu sammeln.
So weit die Beschreibung der harmonischen Version.
Sind zu viele Erpel vorhanden, um Paare oder 1:2-Beziehungen zu bilden, oder sieht ein Erpel eine fremde Ente, deren Beschützer gerade weit genug entfernt ist, dann beginnt eine wilde Jagd. Sobald die Ente merkt, was sich anbahnt, versucht sie laut schimpfend zu flüchten. Das nutzt ihr aber meistens nichts, weil der Erpel schneller und stärker ist. Im Gegenteil, ihr Geschrei ruft jetzt alle weiteren Erpel in der Nähe auf den Plan, die dann auch noch wissen wollen, ob sie eine Chance haben.. Bei der Begattung geht es der Teilnehmerzahl entsprechend grob her, jeder will mal drüber, und wenn das Ganze im Wasser stattfindet, kann es sein, dass die Ente ersäuft wird. An Land kann es zu Genickbrüchen oder anderen Verletzungen der Ente kommen.

# Leben im Winter

**Laufenten sind im Prinzip sehr winterhart. Auch bei Temperaturen unter -15°C sind sie lieber im Freien als im Stall zu hocken (Ausnahmen bestätigen die Regel :-).**

## Gefiederpflege

Sehr wichtig ist im Winter eine frei zugängliche Wasserfläche, die zur Gefiederpflege benötigt wird. Nur gut gepflegtes Gefieder besitzt die erforderliche isolierende Wirkung. Da außerdem die Temperatur in fließendem (offenem) Wasser meist höher ist als an Land, halten sich unsere Enten im Winter am liebsten den ganzen Tag im Bach auf.

## Stall

Wie schon im Kapitel "Haltung - Stall" aufgeführt, muss die Behausung zugfrei und trocken sein. Im Stall wird kein Trinkwasser angeboten, und öfter als im Sommer neu eingestreut. Es ist gut, wenn der Stall isoliert ist, am wichtigsten ist die Isolierung nach unten. Andererseits sollte der Stall nicht zu warm sein, damit der Temperaturunterschied nach draußen nicht zu krass wird. Haben die Quaker mal einen Tag keine Lust auf Ausflug, weil das Wetter zu schlecht ist, sollte in ihrer Hütte soviel Platz sein, dass ihnen "die Decke nicht auf den Kopf fällt".

## Wege

Durch tiefen Schnee laufen nicht nur Laufis ungern, das ist für sie unangenehm und sehr kräftezehrend. Da sie in der Regel feste Routen haben (Stall - Futter - Wasser - Bach/Teich), freuen sie sich sehr darüber, wenn man ihnen ihre Laufbahn schneefrei hält. Und wenn man dann noch etwas Strohhäcksel oder Sand streut, finden sie das super. ☺

Gut, dass geräumt ist!

## Trinkwasser

**Eisfreies Trinkwasser sollte ständig zur Verfügung stehen.**

Wer keinen Tränkenwärmer hat (gekauft oder leicht selbst zu basteln), der stellt zweimal am Tag einen Eimer handwarmes Wasser (bitte nicht über 25°C, sonst gibt's Schwierigkeiten mit der Gefiederpflege) hin. Zum Problem kann die Umgebung der Trinkstelle werden, wenn die Watschler mit dem Trinkwasser spritzen und sich an der Stelle langsam ein Eispanzer bildet. Dann muss gestreut oder die Stelle gewechselt werden.

Und hier noch ein Beitrag aus der Hühnerliste

zum Thema Tränkenwärmer McGuiver.
Ich habe vorgestern, als ich sah, dass die Hühner das Eis in der Tränke nicht lutschen können, einen Supertränkenwärmer gebaut. Ich habe eine alte Bremsscheibe auf den Boden im Auslauf gelegt, darunter ein paar Kiesel. Dann ein Teelicht rein und die Tränke darauf. Die Kiesel sind da, damit Luft an das Teelicht dringt. Ein standfestes Stövchen also. Das Teelicht brennt etwa 4,5 Stunden. Ich hatte ihnen um 9.00 Uhr frisches Wasser gegeben, um 13.30 geht dann das Stövchen aus, das hat bei einigen Minusgraden gereicht, das Wasser bis zum Feierabend um 16.15 eisfrei zu halten. Kann ich nur empfehlen. Als Tränke habe ich den Sommerkeramiktopf gegen einen Winterkochtopf getauscht. Mit dem Abstand des Teelichts vom Topf kann ich einstellen zwischen "gerade eisfrei" bis "leicht dampfender Hühnertee".

## Futter

Das Futter sollte man im Winter keinesfalls einweichen. Am besten wird energiereiches Körnerfutter angeboten, zum Beispiel kann man den Weizenanteil etwas erhöhen, ein paar Haferflocken oder gequetschter Hafer sind auch gut. Hafer sollte man aber nicht in ganzen Körnern füttern, da er dann nicht verdaut und noch keimfähig wieder ausgeschieden wird. Auch mit Weißbrot sollte man bei Frost aufpassen, man darf nicht mehr füttern, als sofort verzehrt wird. Futterpellets machen nur einen Sinn, wenn sie im Winter nicht nass werden und nicht einfrieren können.
Die Kälte selbst macht den Tieren in der Regel nichts aus. Meine Enten haben bei einem plötzlichen Kälteeinbruch oder zu Beginn des Winters oft einige Tage keinen rechten Appetit. Aber keine Sorge, die Tiere fressen genug und sie verhungern nicht, wenn Futter zur Verfügung steht. Irgendwann nach dem ersten Schnee- und Eisschock fangen sie alle wieder an zu fressen. Erst wenn die Fressunlust länger als drei Tage anhält, besteht Anlass sich Sorgen zu machen. Über Nacht sollte kein Futter zur Verfügung stehen bzw. draußen liegen bleiben, denn das wäre die sicherste Art, sich im Winter eine vermehrungsfreudige Rattenkolonie zuzulegen.

Das Futter wird etwas abseits vom Wasser aufgestellt, sodass die Enten es nicht nass machen können und es zu einem Klumpen gefriert. Ein Dach darüber schadet nicht, wenn Schnee fällt.
Und man muss daran denken, dass bei zugeschneitem oder fest gefrorenem Boden manchmal die Aufnahme der zur Verdauung nötigen Steinchen nicht möglich ist. Dann müssen entsprechende Steinchen zusätzlich angeboten werden.

## Die Ente friert

Dass Enten frösteln, wenn sie morgens aus dem warmen Stall kommen, ist verständlich. Unsere laufen erst mal ein paar Schritte, setzen sich dann hin und ziehen das Fahrwerk ein. Anschließend geht es in Etappen zum Bach. Nach kurzer Zeit haben sie sich dann an die Außentemperatur gewöhnt und laufen auch normal.
Nicht alle Enten sind jedoch gleich, manche frieren früher, andere halten mehr aus. Wenn aber eine Ente zittert, dann ist es entweder wirklich kalt (unter -15°C) oder sie hat ein Problem, um das man sich kümmern muss. Wenn keine Krankheit vorliegt (in diesem Fall müsste die Ente zum Tierarzt!), könnte das Gefieder nicht in Ordnung ( Parasiten?) oder der Allgemeinzustand (Ernährung) schlecht sein.
Enten können bei sehr tiefen Temperaturen auf dem Eis festfrieren. Deshalb sollte man darauf achten, dass sie nicht auf dem zugefrorenen Teich herumliegen. Wenn sich bei Schnee und Regen ein Eispanzer auf dem Gefieder bildet, dann liegt das meist daran, dass nicht ausreichend und regelmäßig Wasser zur Gefiederpflege zur Verfügung steht.

Winterliche Lagebesprechung

# Ältere Semester

**Ganz wie beim Menschen sind die älteren Semester zwar manchmal nicht mehr so fit wie die Jungspunde, aber sie können trotzdem noch mächtig Spass am Leben haben.**

Für die Haltung von älteren Enten ist wichtig, dass sie nicht mehr so gestresst werden, und der Stress in der Gruppe entsteht meist durch Jungtiere mit zu hohem Hormonpegel. Oft sind ältere Enten rein körperlich überfordert, wenn eine Bande Jungerpel sie ausdauernd drangsaliert. Das schlägt sich dann in einem ständig schlechter werdenden Allgemeinzustand nieder.
Es ist verblüffend, wie so eine abgehärmte Ente wieder aufblühen kann, wenn man sie mit einem Erpel in gesetzterem Alter vergesellschaftet und von der Truppe der Jungspunde trennt! Das trifft natürlich umgekehrt auch auf ältere Erpel zu, die ihre Chefposition in der Gruppe verloren haben und gegen die Jungtiere nicht mehr ankönnen.

## Mauserprobleme

Während der Mauser wirken ältere Tiere mitunter geschwächt und energielos –mehr als in jungen Jahren. Unter Umständen brauchen sie mehr Ruhe, ziehen sich von der Gruppe zurück und baden in der Mauserzeit auch nicht.
Dann sollte man unterstützend tätig werden, während und noch einige Zeit nach der Mauser zusätzlich Mineralien und Vitamine geben. Besonders, wenn es sich um eine Ente handelt, die zusätzlich noch in der Legephase ist.
Geeignete Mittel sind: Korvimin vom Tierarzt, Frubiase Calciumampullen aus der Apotheke, verschiedene Mineralpulvermischungen für Kleintiere und Tauben aus der landwirtschaftlichen Genossenschaft (Raiffeisen, Landhandel, BayWa, usw.).

Tendenziell sind besonders die weiblichen Tiere stark beansprucht. Im Gegensatz zu den Erpeln (die nur gut aussehen, poppen und zweimal im Jahr mausern), müssen die Enten über Wochen Eier legen, ein 70g Ei entspricht immerhin ca 5% des Körpergewichtes. Auf einen 75kg schweren Menschen übertragen bedeutete dies täglich ca. 3,5kg. Außerdem fressen Enten dann während der vierwöchigen Brutzeit fast nichts und mausern auch noch. Arme Ente!
Mauserproblemen kann man zuvorkommen, indem man rechtzeitig ein wenig unterstützt. Auf jeden Fall ist Vorbeugung preiswerter als eine krank gewordene Ente gesund zu pflegen. Und auch für Mensch und Tier stressfreier als ein Tierarztbesuch.

## Gefiederveränderungen

Die Farbe des Federkleides verändert sich bei älteren Tieren. Bei schwarzen Enten ist das nicht zu übersehen, die „natürliche Färbung“ setzt sich durch und sie werden fleckig.

Bei den anderen Farbschlägen muss man genauer hinsehen. Die äußeren drei Handschwingen an den Flügeln werden zunehmend weiß. Das fällt besonders in der dunklen Jahreszeit auf, wenn sich die Ente weiß vom braunen Untergrund abhebt, statt mit ihm in Brauntönen zu verschmelzen. Dieser Effekt ist etwa ab dem fünften Lebensjahr zu erkennen.
Alte Enten ab etwa dem 10. Lebensjahr können, vermutlich durch nachlassende weibliche Hormone, dann auch eine Erpellocke bekommen. Parallel dazu verändert sich die Stimme und nähert sich der des Erpels an.

## Vitalität

Über die Vitalität älterer Tiere gibt es unterschiedliche Beobachtungen. Im richtigen Umfeld sind sie in der Regel nicht häufiger krank als die anderen. Auch hier scheint es einen Unterschied zwischen Enten und Erpeln zu geben. Enten wirken etwas langsamer und schwerfälliger als Erpel, was vielleicht mit der jahrelangen bereits erwähnten Belastung durch Legetätigkeit, brüten und mausern zusammenhängt.
Wenn man sie dann wiederum beim Bad im Teich beobachtet, gibt es keinen Unterschied zu Jungtieren.
Ein trübes Auge, sofern das andere noch intakt ist, behindert die Tiere fast nicht, sie sind dennoch agil. Fertilität des Erpels bis ins 11. Lebensjahr und darüber hinaus ist nicht ungewöhnlich.

Bild: Dieter

## Phasen von Aktivität und Ruhe während des Tages

Generell sind Enten ja eher „Morgentiere", das bedeutet die Aktivität ist morgens nach dem Rauslassen am Größten. Da wird einige Stunden ohne Pause der Garten durchkämmt. Dann kommen in der Mittagszeit die Teich- und Badephase und anschließend das Nickerchen. Darauf folgend wieder eine aktive Phase mit Futtersuche und Gefiederpflege, anschließend Ruhen und mit beginnender Dämmerungszeit nochmals Futtersuche.
Die Ruhephasen werden bei älteren Tieren zunehmend größer. Sie lassen die anderen auch schon mal alleine losziehen, während sie noch liegen bleiben und weiterschlafen. Häufig warten sie ab, ob die anderen kurzfristig vom Ausflug zurückkehren. Manchmal rufen sie nach den anderen, manchmal gehen sie dann an den Ort, wo die anderen gerade etwas machen, um sich dort sofort wieder hinzulegen und weiterzuschlafen. Sie wollen nicht alleine sein, Rudeltiere eben. Daneben liegen und schlafen reicht ihnen, dann sind sie zufrieden.

## Ältere Tiere und die Gruppe

Also, Rücksicht ist in der Entengruppe nicht angesagt, aber überhaupt nicht!
Das ist genetisch so einprogrammiert, wer nicht mehr mitkommt, der bleibt zurück, denn die Gefahr einen Räuber durch das schwächste Mitglied anzulocken, ist für die Gruppe zu groß.
Das gilt auch für ältere Semester. Entweder sie kommen noch mit, oder bleiben zurück.
Das geht so weit, dass Tiere, die als Gefahr angesehen werden, regelrecht verjagt werden. Ein für uns grausames Ritual, aber der Arterhaltung sehr dienlich.
Es ist wichtig, einen solchen Zustand frühzeitig zu erkennen und zu handeln. Oft reicht es, einem angeschlagenen Tier ein paar Tage Ruhe, nährstoffreiches Fressen und gute Pflege zu gönnen, um es wieder fit zu machen.
Erstaunlich ist, welche Energien auch ältere Tiere noch entwickeln können. Beispielsweise wenn es um Leckerlis geht. Bei Regenwürmern und Asseln auf dem Speiseplan ist das Alter schnell vergessen!
Auch bei den kleinen Raufereien im Herbst um den Erpel oder den Rang in der Gruppe mischt die Senior-Ente kräftig mit, wird manchmal gar zur Furie!

Ältere Gruppenmitglieder werden dadurch geschützt, dass sie bei den Wanderungen nicht vorausgehen müssen. Diese Aufgabe übernehmen meist die jungen Gruppenmitglieder. Die Oldies traben hinterher. Auch übernimmt eine ältere Ente selten Wachdienst bei der Siesta, die Youngsters sind in der Verantwortung.

Den Platz in der Gruppe müssen die älteren Tiere aber durchaus behaupten.
In unbekannten Situationen werden Vorsichtigkeit und Warnungsverhalten seitens älterer Tiere von der Gruppe genauso aufgenommen wie vom eigentlichen „Aufpasser", dem Erpel.

## Das Geläuf

Die Beine sind ohnehin ein Schwachpunkt der Laufenten. Ein einmal angeknackstes Bein führt häufig zu wiederkehrenden Problemen, entweder weil die selbe Verletzung immer wieder auftritt (ähnlich einem umgeknickten Fuß beim Menschen) oder weil es beispielsweise im Winter bei kalter Witterung die Tiere behindert (ähnlich unserem Rheuma).
Im fortgeschrittenen Alter wird dieses Manko immer deutlicher. Zum Beispiel klappt es mit dem Anheben eines Beines zum Putzen nicht mehr. Aber auch in anderen Situationen, so zum Beispiel nach dem Aufstehen aus der Schlafphase, gibt es schon mal ein paar Humpelschritte, bis es dann einigermaßen gut aussieht. Richtig „rund" laufen sie dann nicht mehr. Wenn es mit den Beinen nicht mehr so schnell geht, werden oft einfach die Flügel zur Hilfe genommen. Sieht zwar nicht so ganz elegant aus, bringt sie aber auch ans Ziel. Bei Menschen würde man vermutlich Rheuma oder Arthrose diagnostizieren. Es behindert die Tiere, aber wenn sie nicht leiden (und darauf sollte der Besitzer achten!), werden sie damit hoffentlich viele Jahre alt.

## Legeleistung

Über die generelle Legeleistung wird im Kapitel „Haltung - Eier" berichtet
Hier mal eine private Statistik ohne Anspruch auf Allgemeingültigkeit, die aber schön den Verlauf der Legeleistung über die Jahre aufzeigt:

| | | | |
|---|---|---|---|
| 2003 | 75 Eier | 15 Legewochen von KW 09 bis KW23 | danach Brut |
| 2004 | 124 Eier | 35 Legewochen von KW 07 bis 41 | 2 Nullwochen im März |
| 2005 | 84 Eier | 27 Legewochen von KW 11 bis 37 | 2 Nullwochen im März |
| 2006 | 98 Eier | 26 Legewochen von KW 13 bis 38 | 1 Nullwoche im Juni |
| 2007 | 82 Eier | 25 Legewochen von KW 12 bis 36 | 2 Nullwochen im Juni |
| 2008 | 35 Eier | 27 Legewochen von KW 12 bis 38 | 6 Nullwochen |

Zu erkennen ist, dass die Legedauer mit ca 26 Wochen immer ziemlich gleich lange dauert. Allerdings nimmt die Legeleistung etwa ab dem siebten Lebensjahr ab. Es werden nicht mehr so viele Eier hintereinander gelegt, oft pro Woche nur noch eins oder zwei. Die Anzahl der Wochen ohne Eier steigt deutlich an.

Bild: Dieter

# Futter

## Vorbemerkung

Im folgenden Kapitel finden Sie viele Informationen zur Zusammenstellung eines vollwertigen Futters und etliche Rezepte für Futtermischungen. Entenbesitzer mit viel Zeit kümmern sich oft rührend um die Speisepläne ihrer kleinen Schützlinge, was ihnen auch meist begeistert gedankt wird, wenn sich die Meute mit viel Kohldampf auf ihr Spezialmenü stürzt.
Ich will aber auch ausdrücklich darauf hinweisen, dass die nachfolgend aufgeführten Spezialmenüs nicht unbedingt nötig sind. Wenn der zur Verfügung stehende Auslauf weiträumig und vor Allem vielfältig und abwechslungsreich genug ist, können die Enten einen Großteil ihres Futters selber suchen. Meine Entenbande bekommt als Zufutter den Sommer über nur Körnermischfutter für Geflügel (Hühner), das gibt's im Landhandel oder, je nach Region, bei Baywa, Raiffeisen, oder ähnlichen Betrieben. Dazu ab und an eine zusätzliche Gabe von etwas Futterkalk (wenn der nicht schon im Geflügelfutter enthalten ist). Alles andere besorgen sich die Enten selbst aus der Natur und bei uns im Bach.
Alle Entenbesitzer, bei denen sich die Enten zum Beispiel aus Platzgründen nicht selbst versorgen können, finden nachfolgend alle Informationen über vollwertiges Entenfutter.
Vorher aber noch ein wichtiger Hinweis:

## Verdauungssteinchen

Enten haben keine Zähne, sie können ihre Nahrung nicht auf gleiche Weise wie wir zur Verdauung vorbereiten, indem sie ihr Futter im Mund beziehungsweise im Schnabel zerkauen. Statt dessen besitzen sie einen so genannten Muskelmagen, in dem die Nahrung durch stete, kräftige Bewegung zerkleinert wird. Das funktioniert, weil Vögel zusätzlich zur Nahrung immer eine Portion kleiner Steine mit aufnehmen. Deshalb ist bei der Fütterung sehr wichtig, dass Küken und Alttiere immer Zugang zu Verdauungssteinchen haben!
Normalerweise werden diese Steinchen nach Bedarf vom Boden aufgenommen. Werden die Enten nun aber in einer Voliere (ohne offenen Boden), oder aus sonst irgendwelchen Gründen längere Zeit im Stall gehalten, oder können sie im Winter wegen Bodenfrost oder hohem Schnee keine Steinchen im Freien aufnehmen, muss man ihnen offenes Bodenmaterial oder groben (!) Flusssand anbieten. Es eignet sich aber nur Steinmaterial, das nicht von der Magensäure zerlegt wird. Stark kalkhaltiger Stein oder Grit sind keine Verdauungshilfen, sie werden im Magen schnell aufgelöst.
In Deutschland gibt es Gegenden, in denen überwiegend Kalkstein zu finden ist. Um festzustellen, ob die Steinchen im Garten oder der angebotene Flusssand als Futterzusatz geeignet sind, kann man einen Test mit Salzsäure machen. Überstehen die Steinchen diese Säure, sind sie auch für die Entenmägen zur Verdauung geeignet.

Ich denke, solange unsere Enten keine Symptome von Verdauungsstörungen zeigen, können wir schon davon ausgehen, dass sie im Freien genügend geeignetes Material finden, ihre Nahrung im Magen zu zerkleinern.
Oben gesagtes gilt für erwachsene Enten. **Kleine Küken brauchen Quarzsand zur Verdauung!**

## Nicht zu viel Salat

Bei Salatfütterung sollte man darauf achten, das man nicht zu viel zufüttert und Eissalat bevorzugt. Bei Küken sollte man ganz auf eine Salatfütterung verzichten. Salat (und auch Spinat) enthält viel Nitrat und Nitrit, was zu Austrocknung, Organschäden und bei Küken sogar zum Tod führen kann.

Bild: Dieter

## Futtermenge

Es sollte immer nur so viel gefüttert werden, wie die Enten an einem Tag verzehren können. Übriges Futter lockt Nager und übermäßig viele Wildvögel an, die durch ihren Kot das Futter und den Futterplatz verunreinigen und dadurch eventuell auch Krankheiten übertragen können.

## Leibspeise Schnecken

Besonders bei jungen Enten besteht die Gefahr, dass sie sich mit großen Schnecken übernehmen. Die Schnecke bleibt der Ente im Hals stecken, in der Folge erstickt die Ente. Gegenmaßnahmen finden sich im Kapitel "Krankheiten – Erste Hilfe – Erstickung". Man sollte daran denken, dass Wasser im jeweiligen Schneckenrevier ohne lange Wege erreichbar ist. Eine Wasserstelle in zu weiter Entfernung ist schon mancher Ente zum Verhängnis geworden, die den Kampf mit einem zu großen Schleimer aufgenommen hatte.

## Hauptfutter

**Beim Futter macht es Sinn, zwischen Hauptfutter, Futterergänzern und Leckerlis zu unterscheiden.**

Das Hauptfutter soll den Grundbedarf an Kohlenhydraten, Fetten und Proteinen liefern, außerdem einen Grundpegel an Vitaminen und Mineralien. Geflügelkörnerfutter liefert genau das, ein Mix aus Getreiden (meist Weizen und Gerste) mit Bruchmais und Muschelkalk. Die tägliche Ration an Getreide sollte bei 100 bis 150 g pro Ente liegen. In Zeiten, zu denen Grünfutter und Insekten/Schnecken knapp sind, bzw. in der Mauser, kann man die tägliche Portion um 25 g erhöhen.
Getreide als Hauptfutter ist unersetzlich. Nudeln und geschälter Reis haben zu wenig Protein und sind aufgrund ihres Ballaststoffmangels (Rohfaser) eigentlich nur hohle Kalorien. Zusätzlich gefüttert oder als Leckerli ist nichts dagegen einzuwenden, sie dürfen aber Getreide als hauptsächlichen Bestandteil des Speiseplans nicht ersetzen.
Ihren Proteingehalt decken die Enten zusätzlich auch mit Insekten und Schnecken. Finden sie viele Futtertiere, so können sie den Rohproteingehalt des täglichen Futters auf 15% anheben, optimal ist allerdings ein Rohproteingehalt von etwa 20%. Bei Laufenten empfiehlt es sich besonders, auf die Proteine zu achten. Zum einen sind sie eine Legerasse, die Enten brauchen also mehr Proteine als eine wenig legende Rasse. Zum anderen sind sie eine sehr schlanke, leichte Rasse. Zu wenig Proteine können zu einem verfetten der Tiere führen, auch zur Leberverfettung. Eine Steigerung des Proteingehalts durch Ergänzungsfutter wie Legekorn oder Entenmastfutter empfiehlt sich weniger. Zum ersten enthalten diese oft Gensoja oder Fischmehl, zum zweiten können sie an heißen Tagen sehr schnell anfangen zu gären oder faulen, wenn die Pellets feucht oder nass werden. Optimal ist eine abwechslungsreiche Fütterung mit verschiedenen Produkten.

Was wollen uns diese Enten sagen?

Zum Hauptfutter zählen auch:

**Tierische Proteine**

1.) aus Milch:

- Joghurt
- Quark
- Molke
- Hüttenkäse

Milchprodukte bieten viel Eiweiß und sind bei Enten auch sehr beliebt, wenn man sie zum Beispiel mit Nudeln vermischt.
2.) Eier

Hat man viele Enten und kann ab und zu einige Eier von ihnen entbehren, dann kocht man diese mindestens 10 Minuten, lässt sie abkühlen und verfüttert sie dann grob zerkleinert mitsamt der Schale. Wichtig ist, das die Enten hart gekochte Eier bekommen und diese nicht als solche erkennen können. Sonst kann es passieren, dass sie auf den Geschmack kommen und beginnen, ihre eigenen Eier nach der Ablage zu fressen und man findet morgens im Stall nur noch "Krümelchen" davon.

3) Fleisch, Fisch, "Lebendfutter"

- Knochen-, Fleisch- oder Fischbrühe
- Regen- und Mehlwürmer
- eingeweichte Trockenfische oder Bachflohkrebse/Gammarus (aus dem Zoohandel)

Manche Laufifreunde geben ihren Lieben auch Hackfleisch oder gekochte Rinderleber. Das finde ich persönlich fast schon zu viel des Guten. Es ist ein gewichtiges Argument, dass noch nie eine Entenherde beobachtet wurde, die ein Rind vertilgt hätte.
Von Garnelenschalen ist abzuraten. Sie stammen oft von Garnelen aus Zuchtanlagen und sind voll mit Antibiotika. Diese können Erregerresistenzen fördern und man isst sie mit den Eiern dann auch mit.

**Pflanzliche Proteine**

1) Soja

Soja kann man als Schrot, Bohnen, Milch, Nudeln oder Tofu bekommen. Zur Fütterung empfehlen sich Milch, Schrot, Nudeln oder eingeweichte Bohnen. Letztere sind die teuerste Variante. Tofu scheidet aus, da dieser oft schon vorgewürzt/gesalzen ist. Bei Schrot und Milch sollte man auf Bioqualität achten, Nudeln und Bohnen werden meist ohnehin so angeboten. Bio deshalb, weil "normale" Sojaprodukte oft genmanipuliertes Soja enthalten, entweder gekennzeichnet oder noch unterhalb der Kennzeichnungspflicht. Man kann sich einfach überlegen, ob man das selber essen möchte.

2) Erbsen, Bohnen

Entweder getrocknet, oder als Konserve oder Tiefkühlware zu bekommen. Getrocknete und gefrorene sind hierbei den (oft gesalzenen) Konserven vorzuziehen. Gut gespült kann man aber auch Dosenfutter geben. Die getrockneten Bohnen und Erbsen sollte man optimalerweise über Nacht einweichen, tiefgekühlte auftauen lassen und am besten noch kurz blanchieren.

3) Saaten

- Kürbiskerne
- Sonnenblumenkerne
- Hanfsaat
- Saatenmischungen, wie zum Beispiel Taubenfutter

Diese Produkte zur Proteinoptimierung liefern zusätzlich auch noch einige Vitamine und Mineralstoffe. Die tierischen sind hier noch als Calciumlieferanten hervorzuheben.
Manchmal muss man etwas herumprobieren, da nicht alle Enten alles gleich gern fressen. Manche bevorzugen Hüttenkäse, andere lassen ihn links liegen, lieben dafür Brühe. Andere mögen keine Erbsen, aber dafür Mehlwürmer mit Sonnenblumenkernen.

## Futterergänzer

**Zuletzt fehlen noch die Futterergänzer, die den Speiseplan bereichern und den Enten auch sonst gut tun. Damit sind konkret Obst, Gemüse, Kräuter und Vitamin-Mineralfutterergänzer gemeint.**

Mit ihnen optimiert man den Speiseplan. Zum Beispiel kann man den Proteingehalt anheben, die Gesundheit fördern und den Vitamin- und Mineralgehalt erhöhen.

Bild: Peter F.

1) Gemüse

- Zwiebeln, Lauch, Knoblauch
- Fenchel
- Gurke, Speisekürbisse und Zucchini
- Salate
- Tomaten, Paprika
- rote und gelbe Rüben, auch das Grün davon
- Sellerie (Staude und Knolle mit Grün)
- Mangold, Spinat
- Radieschenblätter
- Kartoffeln
- Topinambur (auch die Blätter)
- Keimlinge und Sprossen
- Zuckermaiskolben (am besten noch mit Grün)

Gemüse liefert zahlreiche Vitamine und Mineralien. Außerdem macht es den Enten Spass, wenn sie es selbst zerlegen dürfen. Sehr beliebt beim Quackpack sind ganze Salatköpfe (Eisbergsalat max. einmal im Monat), halbierte oder geviertelte Kürbisse, große Zucchini und ganze, gekochte Kartoffeln. Da wird das Fressen zum Spiel und zur Beschäftigungstherapie.

2) Obst

- Äpfel, Birnen
- Kirschen, Zwetschgen
- Beeren
- Trauben
- Melonen
- Bananen

Grosser Beliebtheit erfreuen sich Johannisbeeren. Da wird im Sommer gerne drunter im Schatten gelegen und ab und an der Kopf gereckt um eine Beere abzuzubbeln und zu genießen. Übrigens färben Kirschen und Beeren den Kot, also nicht erschrecken, wenn man mal rote oder lilafarbene Pflatschen entdeckt. Besonders willkommen im Sommer ist Wassermelone. Diese bietet man auch einfach nur halbiert an. Alleine das Kerne herausnibbeln macht den Enten einen Heidenspaß und so eine Melonenhälfte ist dann oft ratzfatz leergeknabbert.

3) Wildfrüchte

- Eicheln, Bucheckern (nur gewaschen und ungeschält)
- Früchte von Schlehdorn, Eberesche, Sanddorn, Weißdorn, schwarzem Holunder, Wildrose und Berberitze

Diese Früchte eignen sich zum bevorraten, denn gesäubert und getrocknet sind sie über den Winter haltbar. So kann man mit ihnen den Enten wichtige Mineralien und Vitamine (vor allem Vitamin C), aber auch Eisen zuführen. Die Eicheln und Bucheckern liefern dazu noch wertvolle Fette.

4) Kräuter, Wildkräuter und Gewürze

- Knoblauch, Schnittlauch
- Oregano/Dost, Thymian, Beifuß, Kresse
- Löwenzahn, Brennnessel, Beinwell, Brunnenkresse, Bärlauch
- Wasserlinsen
- Apfelessig
- Chilischoten

Diese Kräuter liefern wertvolle, die Gesundheit fördernde Stoffe. Hauptsächlich wird der Stoffwechsel unterstützt, aber auch Krankheitserregern und starkem Parasitenbefall entgegengewirkt.

5) Muschelkalk, Eierschalen, Mineral- und Vitaminpräparate

Unter Muschelkalk versteht man gebrochene Austernschalen. Diese bilden einen Bestandteil des Geflügelkörnerfutters, können aber auch extra gekauft werden. Im GKF sind gerade soviel Muschelschalen um den Mindestbedarf an Mineralien zu decken. Wird der Bedarf nicht ausreichend abgedeckt, können Windeier, Legenot oder Knochenprobleme (zum Beispiel Osteoporose) die Folge sein. Oft beobachtet werden Mauserprobleme. Es ist deswegen kein Fehler, zusätzlich Muschelkalk zu freien Verfügung anzubieten.
Alternativ dazu kann man Eierschalen geben. Da sich auf Eierschalen schnell Keime bilden können, muss man sie mindestens 10 Minuten lang in kochendem Wasser oder bei 160 Grad im Backofen sterilisieren. Nach dem Abkühlen kann man sie dann den Enten geben.
Bei Lege- oder Mauserproblemen, kann man dem Futter Vitamin- und Mineralpräparate zufügen. Auch bei Enten, die krank waren oder zeitweise wenig gefressen haben, kann man so einen akuten Mangel ausgleichen. Es ist ratsam, Konzentrate nicht dauerhaft zuzufüttern, sondern nur zum Mangelausgleich zu verwenden. Sonst kann es schnell zu einem Überschuss an Vitaminen kommen, was zu Vergiftungen führen kann. Sind Nierenprobleme bei einer Ente bekannt oder vermutet, dann sollte man auf Konzentrate lieber verzichten.

## Leckerlis

Zu guter Letzt, die Leckerlis. Diese sollten wie Schokolade beim Menschen verzehrt werden: In Maßen und nicht in Massen.

Zu den Leckerlis zählen:

- Altbrot (enthält Zucker, Salz, Geschmacksverstärker)
- Nudeln
- Reis
- Katzenfutter *)
- Futterpellets für Wasserschildkröten, Koifutter (Garnelenschalen)
- Pellkartoffeln
- Garnelen
- Regenwürmer
- Toastbrot
- Eisbergsalat
- Mehlwürmer
- “Milchbrötchen” von Penny

*) Katzenfutter - bitte wirklich nur als Ausnahme und keine Sorten mit zu starken Aromazusätzen wie zum Beispiel Whiskas. Katzenfutter enthält Salz, oft auch Geschmacksverstärker

Bitte hier eigene Erfahrungen eintragen ...

Bei sparsamem Einsatz von Leckerlis werden die Enten eine richtige Gier darauf entwickeln. Diese lässt sich dann sehr gut ausnutzen, um zum Beispiel Medikamente unterzuschieben, um die Enten mal außer der Zeit in den Stall zu sperren, sie auf einen Lockruf zu prägen, oder sogar aus der Hand fressen zu lassen. Meine Quaker sind wirklich nicht handzahm, aber für trockenen Hefezopf mit Rosinen würden sie mir in die Hosentasche kriechen.

Bild: Dieter

## Auf gar keinen Fall füttern sollte man

- gekochte Speisereste - diese sind schließlich gesalzen und gewürzt.
- rohe Eier - sonst könnten die Enten anfangen ihre eigenen Eier zu fressen, auch haften ungekochten Eiern lebensfähige Keime und Parasiten an, die die Enten im Darm tragen. Nehmen diese zu sehr zu, können die Enten ernsthaft erkranken.
- Gemüse oder Obst(-schalen) die man selber nicht essen wollte, da sie stark durch Spritzmittel belastet sind.
- Pilze und Pilzreste. Enten fressen recht gerne Pilze und sie sind grundsätzlich nicht schädlich, wenn sie frisch sind. Aber, kommen die Enten zu sehr auf den Geschmack, dann fressen sie auch im Garten wachsende Pilze, darunter eventuell dann auch Risspilze. Die sind leider für Enten tödlich giftig.
- Avocados. Auch die sind tödlich giftig für Enten und anderes Geflügel.
- Roggen. Der hat zwar einen guten Nährwert und auch Ballaststoffe, allerdings ist Futterroggen selten zu 100% frei von Mutterkornpilz. Und der kann schon in kleinen Mengen zu schweren Vergiftungen mit tödlichem Verlauf führen.
- verschimmelte Lebensmittel oder Futterreste. Obwohl man Enten als das „Schwein des kleinen Mannes“ bezeichnet, sind sie kein Ersatz für Kompost oder Mülleimer. Schimmel kann zu schweren Erkrankungen führen und unter anderem der Aspergillose (siehe Kapitel Krankheiten) Vorschub leisten.

Bislang nicht aktenkundig sind Vergiftungen durch Gartengewächse, die für den Menschen sehr wohl tödlich sein können, näheres dazu im Kapitel „Krankheiten - Vergiftungen“. Darunter fallen: Fingerhut, Eisenhut, Stechapfel und Engelstrompete, Eibe, Efeu, Kirschlorbeer, Blauregen und Goldregen, verschiedene Anemonenarten, Safrankrokus, Narzissen und Oleander. Von diesen Pflanzen wurde berichtet, dass Enten daran genascht haben, ohne Vergiftungs- oder Krankheitssymptome zu zeigen. Entweder sind sie resistent gegen die Alkaloide der Pflanzen, oder sie naschen wirklich nur und nehmen nicht genug giftige Teile auf. Nicht ganz außer Betracht lassen sollte man aber, dass sich plötzlich aus unerklärlichen Gründen verstorbene Enten möglicherweise doch an einem der genannten Gewächse vergiftet haben.

Ungiftig oder nur sehr schwach giftig für Enten scheinen rohe Kartoffeln, bzw. grüne Kartoffelschalen oder Pflanzenteile, rohe Bohnenfrüchte, die Pflanzen selbst (auch Feuerbohne), grüne Pflanzenteile von Tomaten, Paprika und Auberginen und auch grüne Tomatenfrüchte zu sein.

## Kochen für Enten

**Will man seinen Watschlern etwas gutes tun, sie verwöhnen oder Medikamente unterschieben, dann kann man folgende Rezepte ausprobieren, bei denen sicherlich jede Laufente schwach wird.**

## Pasta al Arabiata (Menge für 3-5 Enten)

| | |
|---|---|
| *1,5 l* | *Wasser* |
| *250 g* | *Pasta (ich empfehle Spaghetti)* |
| *1 EL* | *Kräutermischung (siehe Kapitel Hausmittel und Naturapotheke)* |
| *½* | *gewürfelte Paprika* |
| *1* | *gewürfelte Zwiebel* |
| *1 EL* | *Öl* |
| *1 EL* | *Apfelessig* |

Das Wasser zum Kochen bringen, Kräutermischung und Pasta dazugeben.
5 Minuten köcheln lassen, Platte ausschalten.
Zwiebeln, Paprikawürfel und Apfelessig/Öl hinzufügen.
Abkühlen lassen und servieren.
Während des Abkühlens nehmen die Nudeln das Wasser samt den darin enthaltenen Wirkstoffe von den Kräutern und Apfelessig auf.

## Kartoffelbrei

| | |
|---|---|
| *1 bis 1 ½* | *große Kartoffeln (ungeschält) je Ente* |
| *1 EL* | *Kräutermischung* |
| *1 EL* | *Apfelessig* |
| *1* | *gewürfelte Zwiebel* |
| *1 EL* | *Naturjoghurt oder Quark je Ente* |

Die Kartoffeln in einem Topf knapp mit Wasser bedecken, Kräuter, Apfelessig und Zwiebel dazu geben und gar kochen.
Noch heiß grob zerstampfen und etwas abkühlen lassen, Joghurt/Quark untermischen und lauwarm servieren.
Dieser Kartoffelbrei ist für die Quaker besonders im Winter eine Wohltat und eine willkommene Mahlzeit an allen kalten Tagen.

## Päppelpamps (Menge für 3-5 Enten)

| | |
|---|---|
| *250 g* | *grob gewürfelte Kartoffeln mit Schale* |
| *½ Tasse* | *Reis (ungeschälter Reis ist zu bevorzugen)* |
| *250 g* | *Spaghetti* |
| *2 l* | *Wasser* |
| *1 EL* | *Kräutermischung* |
| *1 EL* | *Öl* |
| *1 EL* | *Apfelessig* |
| *1 Tasse* | *Geflügelkörnerfutter* |
| *½Tasse* | *Haferflocken* |
| | *evtl. klein geschnittener Salat, geriebene Möhren oder klein geschnittene Wildkräuter* |

In einem Topf Wasser, Reis, Kartoffeln, Kräutermischung, Apfelessig und Öl zum Kochen bringen. Kochen bis der Reis fast weich ist (15-20 Minuten). Die Spaghetti eventuell halbieren, dazugeben und 5 Minuten mit kochen, Platte ausschalten. Das Geflügelkörnerfutter unter rühren und die Mischung abkühlen lassen. Haferflocken und Gemüse hinzufügen, servieren. Der Päppelpamps ist besonders gut geeignet um abgemagerte Enten hochzupäppeln, wie der Name schon sagt. Lässt man das Getreide weg und püriert die Mischung in der Küchenmaschine sehr fein, dann kann man ihn auch zur künstlichen Ernährung verwenden. Eventuell muss er dafür mit etwas Öl, Wasser oder Joghurt flüssiger gemacht werden.

Bild: Dieter

## Eiablage in Abhängigkeit zur Fütterung

**Enten sind Mischköstler mit hohem tierischen Eiweißanteil, dem entspricht auch der Futterbedarf zur Eierproduktion.**

Das Verbot von tierischem Eiweiß im Tierfutter ist zwar für Wiederkäuer sinnvoll, für Enten und Hühner ist es ziemlicher Unfug, weil deshalb wertvolle tierische Abfallstoffe vernichtet werden und dafür dann Soja zum Einsatz kommt, möglicherweise genverändert und auf jeden Fall unter Vernichtung riesiger Waldflächen produziert.
Durch gezielte Gaben von tierischem Eiweiß , verbunden mit entsprechenden Mineralstoffgaben, kann man erreichen, dass die Tiere länger und ausdauernder legen. Die Eier müssen immer konsequent entnommen werden.
Eine Fütterung mit hohen Kohlehydratgaben (Nudeln) bewirkt relativ häufig das Gegenteil, nämlich Brutlust.
Wenn man die Protein/Mineralstofffütterung noch um die Faktoren Licht und Temperatur ergänzt, kann man ein Milieu schaffen, in dem die Tiere optimal, das heißt 250 bis 280 Eier pro Jahr legen können.Durch eine konstant hohe Protein/Mineralstofffütterung und die Wegnahme der Eier aus dem Nest kann man sogar erreichen, dass sich die Mauser nach hinten

verschiebt, auch die Dauer der Mauser lässt sich verkürzen, so dass die Tiere wieder früher legen. Alle genannten Faktoren wirken sich hormonell und auf den Biorhythmus aus und beeinflussen die Brutlust.
Hobbyhalter werden auf Extremleistungen keinen Wert legen und sind auch mit über 100 Eiern pro Jahr sehr zufrieden. Für sie ist viel wichtiger, den Tieren eine artgerechte Lebensweise zu bieten.

# Eier

**Wie schon bemerkt, sind Laufenten eigentlich als Legerasse erzüchtet worden. Eine Standardfrage von Neulingen im Entenforum ist deshalb: „Was mach ich mit den Eiern?“**

Viele Leute haben irgendwie im Hinterkopf, dass man Enteneier nicht essen kann oder soll. Deshalb hier mal ein paar Fakten:

## Gesundheitsgefahren beim Verzehr

Wenn die Haltungsbedingungen der Enten einigermaßen hygienisch sind (und das sind sie in der Regel in Hobbyhaltungen, wo sonst könnte man es direkt kontrollieren), die Enten nicht bis zu den Knien im Dreck stehen, wenn regelmäßig ausgemistet wird und die Eier täglich abgesammelt werden, dazu die Tiere gesund sind, dann ist der Verzehr der Eier völlig problemlos.
Ihren schlechten Ruf haben Enteneier wohl aus einer nach dem 1. Weltkrieg eingeschleppten Paratyphusinfektion, die zu Erkrankungen und Todesfällen geführt haben soll. Man kann sich vorstellen, dass die hygienischen Verhältnisse in der damaligen Notzeit kaum vergleichbar mit heutigen Entenhaltungen sind. 1954 und 1975 wurden diverse Verordnungen erlassen, die sich regional sehr unterscheiden und bei den örtlichen Lebensmitteluntersuchungsämtern zu erfragen sind. Zum Verkauf vorgesehene Enteneier müssen oft die Aufschrift “Entenei! 10 Minuten kochen” tragen. Wenn einem da nicht die Muffe geht?!
Weil die Enten mit ihren Eiern aber nicht so sorgfältig umgehen wie etwa Hühner, müssen sie abgesammelt werden bevor sie verschmutzen (Salmonellengefahr). Deshalb sollte man die Eier auch nicht roh verzehren.

## Haltbarkeit

**Zum Verzehr bestimmte Enteneier sind im Kühlschrank problemlos über 4 Wochen haltbar.**

Nur saubere Eier kommen in den Kühlschrank, stark verschmutzte Eier sollten gewaschen werden. Normalerweise umschließt ein Schutzfilm das Ei, der Bakterien am Eindringen hindert. Durch das Waschen wird dieser Schutzfilm zerstört, gewaschene Eier sollten also bald verzehrt werden.

## Vorzüge von Enteneiern

Die Eier lassen sich sehr vielseitig verwenden, zum Beispiel als Frühstücks- oder Spiegelei. Im Omelette oder im Kuchen kommt die herrliche gelbe Farbe (mit hervorgerufen durch den höheren Dotteranteil als beim Hühnerei) besonders schön zur Geltung.
Außerdem können Enteneier, natürlich nach vorheriger Rücksprache mit dem behandelnden Arzt, in der Regel von Personen mit Hühnereiweißallergie verzehrt werden.
Oft wird Enteneiern auch ein geringerer Cholesteringehalt angedichtet als Hühnereiern, aber es ist eher das Gegenteil der Fall. Glaubt man dem „Bayerischen Kochbuch" (welche verlässlichere Quelle könnte es für einen Bayern wie mich geben), dann hat ein frisches Hühnerei einen Cholesteringehalt von 396 mg/100g, ein Entenei dagegen 884 mg/100g.

## Anzahl, Farbe, Form und Gewicht

Die Legeleistung bei Laufenten ist erstaunlich und übertrifft die der meisten Hühnerrassen.. Für eine reinrassige Ente sind 200 Eier im Jahr nichts Besonderes. allerdings schwankt die Legeleistung mit dem Alter (siehe „Haltung - ältere Semester").

Für das Gewicht der Eier werden im Rassegeflügelstandard 65 Gramm angegeben. Schwankungen von 20% nach oben oder unten sind aber nicht ungewöhnlich.

Die Form ist oft etwas spitzer als bei Hühnereiern.

Je nach Farbschlag und Ente kann die Farbe gewaltig schwanken, von rein weiss über chamois und leicht marmoriert bis hin zu zart grün. Kann auch mal ins graue gehen.

Ei mit Sonderfarbe - auch das kommt vor

## Rezepte

### Griesnockerln für eine klare Suppe - von Völkchen

Sicher gibt es noch mehr Leute, die immer noch mit dem Winterspeck zu kämpfen haben. Wir essen daher zur Zeit viel Suppe und immer nur Nudeln und son Zeug ist ja langweilig die Enteneier müssen auch weg (Schnattchen sorgt ja fast täglich für Nachschub), daher nun ein Rezept für Griesnockerln aus Enteneiern:

| | |
|---|---|
| *¼ l* | *Milch* |
| *1 EL* | *Butter (ich nehme da gerne eh schon flüssige Pflanzencreme - z. B. Rama Culiness)* |
| *1 TL* | *Salz* |
| *100g* | *Weizengrieß* |
| *2* | *Laufieier* |

Milch, Butter und Salz zum Kochen bringen, dann den Grieß hinein streuen und das Ganze so lange rühren, bis sich die Masse vom Topfboden löst. Den Topf vom Herd nehmen. Das 1. Ei in den heißen Brei rühren und abkühlen lassen. Dann das 2. Ei untermischen. Mit 2 nassen Teelöffelchen kleine Nockerln aus dem Brei formen und in die kochende Suppe geben. Dort noch 10 Minuten garen und dann servieren.

### French Toast (zu deutsch Arme Ritter) - von Annette Old

Zutaten:

| | |
|---|---|
| | *Toast (nach Anzahl der mit essenden Personen)* |
| *1 ½* | *Eier pro Person* |
| | *etwas Milch (eventuell noch etwas Alkohol)* |
| | *Vanillezucker, Zucker, Öl, Ahornsirup* |

Die Eier mit Milch, Vanillezucker und Zucker verkleppern. Die Toast einzeln von jeder Seite kurz in der Eier-Milch einweichen. Dann in der Pfanne mit etwas Öl von jeder Seite braun anbraten, mit Ahornsirup beträufeln und fertig. Manche nehmen auch einen Zimt - Zucker Mix, oder Honig.
Schmeckt lecker, geht schnell zuzubereiten.

### Kefir-Pfannkuchen mit Äpfeln - von Völkchen

pro Person:

| | |
|---|---|
| *50 g* | *Speisestärke* |
| *75 g* | *Mehl* |
| *1* | *Laufi-Ei* |
| *1 Prise* | *Salz* |

| | |
|---|---|
| *1 TL* | *Zucker* |
| *100 ml* | *Kefir* |
| *200 ml* | *Milch* |
| *1-2 EL* | *Mineralwasser* |
| | *Fett für die Pfanne* |
| *4* | *mittelgroße Äpfel* |
| *1* | *Granatapfel* |
| *1 EL* | *Öl* |
| *1-2 EL* | *Zucker* |
| *1 Prise* | *Zimt* |
| *2 EL* | *Calvados oder Apfelsaft* |
| | *Puderzucker zum Bestäuben* |

Feine Speisestärke, Mehl, Ei, Salz, Zucker, Kefir, Milch und Mineralwasser mit einem Handrührgerät auf höchster Schaltstufe zu einem glatten Teig verrühren. Teig zugedeckt 30 Minuten ruhen lassen. Aus dem Teig in heißem Fett ca. 6 Pfannkuchen (nicht zu dünn) backen. Für die Füllung Äpfel schälen, Kerngehäuse entfernen und Äpfel in kleine Stücke schneiden. Die Schale des Granatapfels vom Kelch bis zum Stielansatz mehrmals einritzen. Frucht auseinander brechen. Die Enden nach außen biegen, dabei fallen die Kerne heraus. Apfelstücke und Granatapfelkerne in heißem Keimöl andünsten. Mit Zucker und Zimt bestreuen und mit Calvados oder Apfelsaft ablöschen. Kefir-Pfannkuchen mit Äpfeln füllen und mit Puderzucker bestäuben.
P.S.: Es muss auch kein Kefir sein, Joghurt (sogar Frucht oder Vanillejoghurt geht) oder Buttermilch gehen auch.

**Rhabarber-Kuchen mit Baiser - von Carmen H.**

| | |
|---|---|
| *250 g* | *weiche Margarine oder Butter* |
| *250 g* | *Zucker* |
| *1* | *Päckchen Vanillin-Zucker* |
| | *Salz* |
| *1* | *Ei* |
| *250 g* | *Mehl* |
| *2 ½ TL* | *Backpulver* |
| *1 ½ kg* | *Rhabarber* |
| *3* | *Eiweiß* |

Für den Teig:
Weiche Margarine oder Butter mit einem Rührgerät auf höchster Stufe ½min. geschmeidig rühren, nach und nach 100 g Zucker, Vanillin-Zucker und Salz unterrühren, so lange rühren bis eine gebundene Masse entstanden ist. Ei unter rühren (etwa ½ min.), Mehl mit Backpulver mischen, sieben, esslöffelweise auf mittlerer Stufe unterrühren. Den Teig auf ein gefettetes Backblech streichen, (ich benutze immer eine Springform), vor den Teig einen mehrfach umgeknickten Streifen Alufolie legen.

Für den Belag:
Rhabarber waschen,in Stücke schneiden (nicht abziehen),gleichmäßig auf den Teig legen. Strom: 175-200°C (vorgeheizt), Gas: 5Min. vorheizen Stufe 3-4, backen Stufe 3-4, Backzeit: Etwa 25min.
Für das Baiser: Eiweiß (bei Enteneier nehme ich immer 1 o. 2 Eier mehr) steif schlagen, nach und nach 150g Zucker unterschlagen, die Baisermasse auf den Rhabarber streichen, nochmals in den vorgeheizten Backofen schieben,, goldbraun werden lassen. Strom 200-225,Gas 4-5, Backzeit etwa 8min.

Der Kuchen schmeckt auch mit roten Johannisbeeren sehr lecker. Sollte man eine Springform benutzen nur soviel Früchte nehmen dass der Teig bedeckt ist.Und er lässt sich auch wunderbar einfrieren.

**Zucchini Kuchen:**

| | |
|---|---|
| *5* | *Eier* |
| *400 g* | *Zucker* |
| *¼ l* | *Öl* |
| *150 g* | *Nüsse* |
| *1 TL* | *Zimt* |
| *500 g* | *Zucchini (fein gerieben)* |
| *400 g* | *Mehl* |
| *1 Packg* | *Backpulver* |
| *1 TL* | *Natron* |

Schnee schlagen (geht aber auch ohne). In einer Schüssel Zucker, Dotter, Öl, Nüsse, Zimt und Natron vermischen, dann Zucchini dazu geben (reiben, geht mit oder ohne Schale), dann Schnee darunterheben , 180 ° C ca. 1 Std. backen.
Ist toll, wenn man viele große Zucchini hat, und mit dem Kochen nicht nachkommt. Die kleinen knackigen, die´s jetzt gibt, sind mir aber für den Kuchen zu schade.

**Entenbrust mit Honig-Nuss-Kruste und Spicy Kirschsoße**

Für die Entenbrüste:

| | |
|---|---|
| *75 g* | *zerlassene, abgekühlte Margarine* |
| *6* | *Eigelb* |
| *6 EL* | *warmes Wasser* |
| *200 g* | *brauner Zucker* |
| *1 Prise* | *Salz* |
| *6* | *Eiweiß* |
| *100 g* | *Mehl* |
| *75 g* | *Kartoffelstärke* |
| *1 TL* | *Backpulver* |

Backofen auf 200 ° C vorheizen. Eigelbe, Wasser, Zucker und Salz stark schaumig schlagen, die Margarine vorsichtig unterrühren. Eiweiße stark steifschlagen, auf die Eimasse geben. Mehl, Kartoffelstärke und Backpulver vermischen und darüber sieben. Vorsichtig und sorgfältig unterheben. In eine gefettete Browniebackform füllen und ca 20 bis 25 Minuten backen. Auf ein Kuchengitter stürzen und gut auskühlen lassen. Den Teigboden in 6 bis 8 Rechtecke schneiden und die Ecken mit einem Messer so abrunden, das eine Entenbrustform entsteht.

Für die Honig-Nuss-Kruste

| | |
|---|---|
| *2-3 EL* | *dunkler Honig* |
| *100 g* | *Haselnusskrokant* |

Den Honig im Wasserbad sehr flüssig werden lassen und dünn auf die Entenbrüste streichen, den Krokant gleichmäßig darüber verteilen.

Für die Spicy Kirschsoße

| | |
|---|---|
| *1* | *großes Glas Schattenmorellen* |
| *1 gestr. EL* | *Kartoffelstärke* |
| *1 EL* | *Kirschlikör* |
| *2 EL* | *brauner Zucker oder dunkler Honig* |
| *¼ - ½ T* | *Lebkuchengewürz* |

Die Kirschen in ein Sieb gießen, den Saft in einem Topf auffangen. Mit dem Zucker/Honig (und Kirschlikör) langsam aufkochen lassen, etwas einreduzieren.
Die Kartoffelstärke mit doppelter Menge Wasser glattrühren, die Kirschsosse damit binden.
Die Kirschen dazu geben, etwas erwärmen lassen und mit Lebkuchengewürz abschmecken.
Warm zu den Entenbrüsten servieren.
Dazu sind auch Vanilleeisknödel sehr zu empfehlen!

Bild: Dieter

# Rent-an-Ent

**Ich hatte eigentlich gedacht, dass das seit einigen Jahren laufende österreichische "Rent-an-Ent"-Projekt nicht mehr aktiv ist, was sich leider als Irrtum herausgestellt hat. Auch in Deutschland wird die Idee immer mal wieder aufgegriffen.**

Als Laufentenhalter finde ich solche Projekte gar nicht gut und absolut nicht umweltpreiswürdig, denn einen solchen hat es in Österreich erhalten.
Für all jene, die daran interessiert sind, Enten zu mieten, und die nicht erst das ganze Buch durchlesen wollen, hier die wesentlichen Gründe im Schnelldurchgang:
Niemand käme zum Beispiel auf die Idee, seinen Hund gegen ein geringes Pfand wochenweise zu verleihen. Auch Enten haben eine Psyche, ständigen Ortswechsel verkraften sie nicht besonders gut, sie sind Gewohnheitstiere.
Dass den Ausleihern eine dreiseitige Gebrauchsanweisung in die Hand gedrückt wird, ist für eine verantwortungsvolle Haltung etwas dürftig. Auf die Eigenschaften (außer ihrem Appetit auf Schnecken) und Bedürfnisse der Watschler wird so gut wie überhaupt nicht eingegangen. Welche vielfältigen Probleme bei der Haltung entstehen können, das kann man im vorliegenden Buch nachlesen.
Die Initiatoren des Projekts beteuern immer wieder, die meisten der verliehenen Enten würden ohnehin schnell von den neuen Besitzern lieb gewonnen und nicht mehr hergegeben. Das mag auf einen Teil der Tiere sicher zutreffen. Ein nicht unerheblicher Teil der Tiere wird aber leiden, wenn die Ausleiher ausschließlich daran interessiert sind, die lästigen Gartenschnecken schnellstmöglich loszuwerden.
Enten sind nichts für den Schrebergarten, sie müssen täglich versorgt werden (und zwar morgens und abends), sie müssen nachts zuverlässig in einem mardersicheren Stall untergebracht werden, sie brauchen eine ausreichende Schwimmgelegenheit und ein Mindestmaß an Aufsicht.
Und man sollte die Abnehmer auch darauf hinweisen, dass den Enten unter Umständen der Salat ebenso gut schmeckt wie die Schnecken darauf, und dass kleine Pflanzen gegen die großen Latschen der Watschler nur geringe Chancen haben. Man kann durchaus mit den Enten Schneckenbekämpfung betreiben, aber man muss wissen worauf man sich einlässt. Dazu gilt es vor allem den Garten so anzulegen, dass die Enten nicht direkt an die Pflanzen kommen (zum Beispiel mit Hochbeeten). Wenn sich die Enten im Umfeld frei bewegen können, haben die Schnecken auf Dauer keine Chance. Auch andere Aspekte des Gartens müssen angepasst werden, so ist zum Beispiel eine dichte Umzäunung nötig, weniger wegen der ausbüchsenden Enten, sondern als Schutz gegen Hunde, die sich immer wieder an den Tieren vergreifen. Auch evtl. vorhandenen eigenen Hunden (und Kindern) muss der Umgang mit den Enten erst beigebracht werden.
Also: Laufenten sind putzmuntere, liebenswerte Kerlchen. Wenn man sich auf sie einlassen möchte, dann halten sie den Garten zuverlässig frei von Schleimern, liefern Eier und gleichzeitig hochwertigen Dünger frei Haus. Eine Arbeitsersparnis (gegenüber dem Absammeln der Schnecken) ergibt sich sicher nicht, nur die Sorge für die Watschler macht sehr viel mehr Freude als die Sorge über die Schnecken.
Ein Haustier (und das sind die Quaaker) wird niemand verleihen oder nach der Gartensaison wieder abgeben. Eine Möglichkeit für harte Realisten wäre da schon eher der Kauf im Frühjahr und ein Braten zum Herbst. Ist aber nicht viel dran an so einer Ente.

# Schlaue Fragen

**Kinder haben es so an sich, dass sie oft „dumme“ Fragen stellen, die schlaue Erwachsene schnell in einige Verlegenheit bringen. Um Euch, liebe Eltern, nicht ganz im Regen stehen zu lassen, hier ein paar wichtige Antworten.**

## Können Laufenten fliegen?

Auch eine Laufente weiss noch, wie sie ihre Flügel benutzen muss. Wenn sie darin gut ist (oder so schlau, sich einen erhöhten Startplatz zu suchen), dann kommt sie durchaus auf 20 bis 30 Meter ohne Bodenkontakt. Meine machen das gerne im Winter, wenn sie auf dem Weg vom Stall zum Bach kalte Füße vermeiden wollen. Mit der Höhe ist es schon schwieriger, hier gilt: Angst verleiht Flügel! Eine Ente in Panik kann leicht meterhohe Zäune oder andere Hindernisse überwinden. Und schwierig wird es, wenn im Stammbaum Wild- bzw. Stockenten mitgemischt haben, was bei Laufenten aus Hobbyhaltung gar nicht zu selten vorkommt. Dann steigt die Flugfähigkeit proportional zum Erbgutanteil der Wildform, und der erstaunte Halter kann erleben, wie der von der Laufente zur Flugente mutierte Vogel am Horizont entschwebt.

## Hat eine Ente Ohren?

Das ganze Entengequake und Gezeter wäre weitgehend sinnlos, wenn es die Kollegen und Kumpel nicht hören könnten.
Ohrmuscheln wie wir Menschen haben Vögel allerdings keine. Die äußere Gehöröffnung ist nur von einem Kranz kleiner Federchen umgeben.

Bild: Dieter

## Haben Enten einen Bauchnabel?

Wenn man sich unter eine Ente legen und die Federn an der richtigen Stelle beiseite blasen würde, dann könnte man den Bauchnabel sehen. Der sitzt - genau wie bei uns - auf dem Bauch, kurz vor den Beinen. Ähnlich wie beim Menschen, verbindet eine dünne, etwa 1cm lange Nabelschnur den Bauch des Küken mit dem Eidotter. Und der Eidotter enthält alle Stoffe, die das Küken während der vier Wochen, die es im Ei ausgebrütet wird, braucht.

Bild: Lexx

## Warum kann man eine Laufente nicht einfach aussetzen?

Es gibt immer Zeitgenossen, denen das Wort „Verantwortung“ ein unbekanntes Fremdwort ist. Und so werden nicht nur Hunde und Katzen, sondern auch Laufenten ausgesetzt, oft mit dem vorgeschobenen Argument: „Stockenten leben doch auch problemlos in freier Natur“. Weil eine Laufente nicht fliegen kann, braucht sie zum Überleben mindestens eine sehr große Wasserfläche und Deckung am Ufer. Den meisten Feinden, die sie trotz Deckung am Ufer noch erkennen kann, entkommt sie dann durch Wegtauchen über große Strecken. Nur bei einer entsprechend großen und auch tiefen Wasserfläche halten sich die Verluste in den Grenzen, die zur Erhaltung der Art erforderlich sind. Weil sich die Laufis mit den Stockenten vermischen (und das Gen für den aufrechten Gang dominant ist), führt der Anblick von Laufis und deren Mischlingen bei Jägern schnell zu einem nervös zuckenden Abzugsfinger.

# Brut und Kükenaufzucht

## Ab wann legt die Ente Eier

**Die Legeperiode beginnt etwa Mitte Februar. Es wird aber auch von Enten berichtet, die sich bis in den Mai Zeit lassen.**

Bei sehr gutem, bzw. eiweißreichem Futter kann es sein, dass manche Enten schon in dem Jahr, in dem sie erbrütet wurden, zu legen beginnen. Normalerweise wird aber erst im ersten Frühjahr nach dem Schlupf gelegt.

Eier verschiedener Größen

# Wie viele Eier legt eine Ente

Generell sind Enten sehr gute Eierleger, Rasseenten legen ca. 130 bis 200 Eier pro Jahr. Die Legeleistung kann von Ente zu Ente stark schwanken und hängt auch von Faktoren wie Klima und Fütterung ab. Es ist nicht ungewöhnlich, dass Enten Legepausen einlegen ohne dass ein äußerer Anlass erkennbar ist. Bei mehreren Enten scheinen sie sich dazu regelrecht zu verabreden, erst legen alle, dann plötzlich keine mehr.

# Wann sollte die Ente nicht brüten

- Wenn nicht sichergestellt ist, was später mit den Küken geschieht
- Zu früh im Jahr (Brutbeginn vor Ende März), weil in unseren Breitengraden zu diesem Termin das Wetter noch zu kalt ist
- Zu spät im Jahr (Brutbeginn später als Juli), weil die Küken sonst nicht komplett befiedert in den Winter kommen
- Wenn Inzucht zu befürchten ist

# Inzucht

Wenn man Laufenten vermehren will, muss man nicht unbedingt die Grundlagen der Vererbungslehre kennen. Es reicht aus zu beherzigen, was im zwischenmenschlichen Bereich der Brauch ist: Keine Verpaarung zwischen Geschwistern, keine Verpaarung zwischen den Generationen (also Vater mit Tochter oder Mutter mit Sohn).
Um Laufenten zu züchten, sollte man die Grundlagen der Mendelschen Gesetze kennen, besonders wichtig sind die Begriffe dominant und rezessiv. Mehr braucht es im Grunde nicht. Dann schaut man sich seine Tiere genau und kritisch an, was sind die guten Eigenschaften, welches die schlechten. Bei einer 100% Verpaarung (Bruder und Schwester gleicher Eltern) von Tieren, welche die gleichen, schlechten Merkmale aufweisen (bei Laufis zum Beispiel das Kippen), wird diese Eigenschaft auch mit Sicherheit zu 100% weitergegeben. Etwas geringer ist das Risiko bei Generationenkreuzung (Vater mit Tochter, Mutter mit Sohn). Inzucht über mehrere Generationen, also der Züchter kreuzt Geschwister, gibt daraus Paare ab, der neue Halter macht das genauso, der nächste auch, ist eine Katastrophe für die Rasse. Die Folgen sind mangelnde Robustheit, Probleme mit den Beinen, Kippen, Rückgang der Legeleistung und vieles mehr. Man sollte nicht darauf vertrauen, dass man der erste in der Inzucht-Kette ist und auf jeden Fall nichts

Bild: Dieter

riskieren, wenn man den Stammbaum seiner Tiere nicht kennt. Über mehrere Generationen ist Inzucht absolut schädigend, auch wenn sich die Geister scheiden ab wie vielen Generationen. Dies ist auch bei Geflügel so, obwohl hier oft der Eindruck erweckt wird, es wäre schon nicht so schlimm. Während bei Säugetieren bei Inzucht vor allem geistige und körperliche Behinderungen sowie Bluterkrankungen auftreten, sind es bei Geflügel hauptsächlich Leistungsmängel, Probleme in der Knochenstruktur und ein starker Anstieg der Kükensterblichkeit, sowohl im Ei, als auch nach dem Schlupf.

Eigentlich ist die Sache einfach, wenn man sich folgende Fragen stellt:

- Sind meine Enten Geschwister?
- Sind die Eltern Geschwister?
- Kenne ich den Stammbaum des Züchters nicht?
- Kann ich nicht garantieren, dass der zukünftige Besitzer nicht mit den von mir gezüchteten Geschwistern züchtet?
- Zeigen meine Tiere auffällige Mängel?
- Sind meine Tiere nicht gesund und robust?
- Wenn ich bislang gebrütet habe, war die Kükensterblichkeit über der Norm?

Wenn mehr als zwei Punkte zutreffen, unbedingt Finger weg!
Natürlich kann man niemand verbieten, das Gegenteil zu tun. Aber da Sie dieses Buch bis hier hin gelesen haben, glaube und hoffe ich, dass Sie gut gemeinten Ratschlägen gegenüber aufgeschlossen sind.

## Wie bereitet man die Brut vor

Hat man sich entschlossen die Ente brüten zu lassen, dann bereitet man an einem geschützten Platz im Stall ein Nest vor. Dazu eignen sich gut die alten Holz-Obststeigen, die man in vielen Supermärkten mitnehmen kann. Polstert man sie schön aus, findet das die Ente super und legt fortan ihre Eier mit Begeisterung hinein (falls sie nicht eigene, andere Pläne hat).
Da die Ente aber meist viel mehr Eier legt als sie bebrüten kann, notiert man jeden Tag auf dem neuesten Ei das Legedatum mit Bleistift (kein Tintenstift oder Faserschreiber). Sobald die gewünschte Anzahl an Eiern beisammen ist (zwischen 2 und 12 Stück wäre eine gute Wahl), nimmt man immer das älteste Ei weg. Beginnt die Ente dann mit der Brut, dann sitzt sie auf den aktuellsten Eiern.
Noch eine kleine Warnung zum Polstermaterial des Nestes, auch und vor Allem wichtig wenn dann die Küken da sind: Es dürfen nur naturbelassene, ungiftige Materialien verwendet werden. Holzwolle ist beispielsweise oft imprägniert und daher denkbar ungeeignet.

## Wann beginnt die Ente mit der Brut

Das ist allgemein nicht zu sagen. Enten sammeln Eier, bis sie zu der Überzeugung kommen dass es genug sind, dann setzen sie sich drauf. Muss aber nicht sein.

## Wie viele Eier kann/soll die Ente ausbrüten

Lässt man der Ente freie Hand, dann sammelt sie unter Umständen eine große Menge an Eiern an um sich dann darauf zu setzen. Das können locker 30 Stück und mehr werden. Allein schon deshalb, weil die Ente so eine große Zahl an Eiern nicht gleichzeitig und gleichmäßig warm halten kann, muss man dem Nest Eier entnehmen. Die nächste Frage ist wie viele Küken man haben will, beziehungsweise wie viele man sicher vermitteln kann. Und die Untergrenze wäre für mich bei zwei Stück erreicht, denn ein Küken alleine ohne einen Spielgefährten ist eine traurige Angelegenheit.

## Kurz vor Brutbeginn

Oft kann man kurz vor Brutbeginn beobachten, dass die Ente ruhiger wird. Der Kropf wird abends ordentlich gefüllt und morgens einer oder mehrere "Monsterschisse" abgesetzt, schließlich soll das Nest ja sauber bleiben.

## Wie sollte das Nest beschaffen sein

Die Ente soll brüten können, ohne gestört zu werden. Futter und Wasser sollen zur Verfügung stehen, aber nicht direkt am Nest.
Es kommt oft vor, dass mehrere Enten ihre Eier in ein Nest legen. Meist gibt es dann irgendwann Streit, wer die ganze Portion ausbrüten darf. Hier ist es eine gute Idee, so viele Nester zur Verfügung zu stellen, dass jede Ente ein eigenes hat, am besten ohne direkten Sichtkontakt, sonst kann es sein dass die Eier ständig hin- und herwandern (und dementsprechend nichts daraus wird).

## Die Ente brütet im Freien

Manche Tiere halten es für eine gute Idee, sich im Garten unter irgend eine Hecke zurückzuziehen um sich dort ein gemütliches und heimeliges Nest einzurichten. Leider zeigt die Erfahrung, dass dies in den allerseltensten Fällen gut ausgeht. Hier muss man unbedingt die nötige Überzeugungsarbeit leisten und der Ente einen sicheren Brutplatz im Stall schmackhaft machen.

## Das Nest muss umziehen

Wenn es nötig sein sollte, das Entennest umzuziehen, dann sollte das niemals in der Endphase der Brut gemacht werden. In den letzten drei Tagen der Brut darf die Mutter auf keinen Fall mehr gestört werden, das Brutklima bricht zusammen und die Küken bleiben im Ei stecken.

## Schieren

**Um festzustellen, ob die Eier befruchtet sind, werden sie geschiert. Das bedeutet sie werden mit einer hellen Lampe durchleuchtet.**

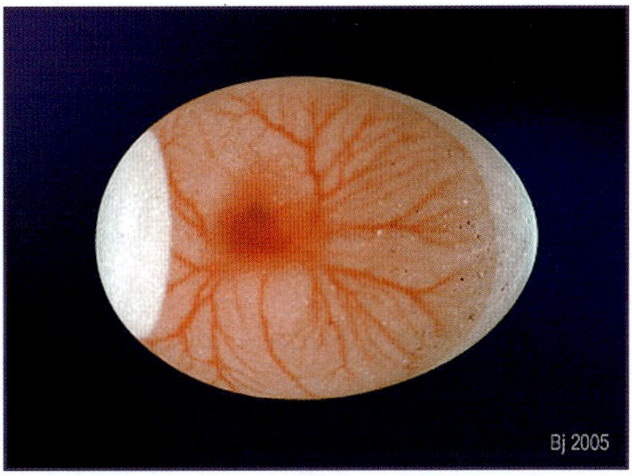

Befruchtetes Ei im Durchlicht

Das kann man mit einfachen Mitteln machen, zum Beispiel so: In den Boden eines Schuhkartons schneidet man ein ovales Loch, 1 cm kleiner als ein Ei. Dann nimmt man die Eier, wenn die Ente ihre tägliche Brutpause einlegt, geht in ein abgedunkeltes Zimmer, und legt die Eier nacheinander in der Schachtel auf das Loch, wobei man von unten mit einer Schreibtischlampe oder starken Taschenlampe durchleuchtet. Befruchtete Eier erkennt man nach 5-7 Tagen daran, dass sich, ausgehend vom Dotter, ein ganz deutlich sichtbares Adernetz unter der Schale gebildet hat. Unbefruchtete Eier sind ohne Struktur, man kann den Dotter erahnen, das kann man zum Vergleich an unbebrüteten Eiern testen. Die Luftblase muss sich am stumpfen Ende des Eies befinden. Das Schieren sollte ohne lange Zeitverzögerung erledigt werden. Also die Utensilien herrichten und vor allem einen gepolsterten Korb bereitstellen, in dem man die Eier sicher transportieren kann. Die Eier dürfen nicht geschüttelt oder anderweitig grob behandelt werden, da sonst die Hagelschnur abreißt und der Embryo stirbt.
Profis schieren die Eier am 7. und am 10. Tag, später erhält man keine brauchbaren Ergebnisse mehr.

## Wassertest

Ab etwa der letzten Brutwoche kann man eine andere Methode anwenden, wenn man wissen will, ob die Eier "am Leben" sind: In eine Schüssel füllt man gut handwarmes Wasser und legt vorsichtig ein Ei hinein. Bewegt sich das Ei leicht, kann man davon ausgehen dass der Insasse wohlauf ist.
Diesen Test sollte man nicht zur Befriedigung der eigenen Neugier durchführen, ein vernünftiger Anwendungsfall wäre, wenn die Ente mit bereits geschlüpften Küken das Nest verlassen hat und man wissen will ob man die restlichen Eiern in einen Brutautomaten geben soll.

## Allgemeines über das Ei

Die Entwicklung eines Eies läuft etwa folgendermaßen ab:

- Eisprung 30-60 Minuten nach der letzten Eiablage, Befruchtung im Eileitertrichter
- Nach 20-30 Minuten gelangt die Eizelle in den Eileiter
- Wanderung in die Eileiterenge, Dauer 2-3 Stunden
- Bildung des Eiklars 1 bis 1 ¼ Stunden
- Wanderung in den Eihälter, Einlagerung von Flüssigkeit und Ausbildung der Hagelschnüre, Dauer 6-8 Stunden
- Ausbildung der Kalkschale im Uterus und Bildung der Eihaut, Dauer 6-9 Std
- Nach 19-20 Stunden ist das Ei legereif in der Scheide angelangt

Schematischer Aufbau eines Eies

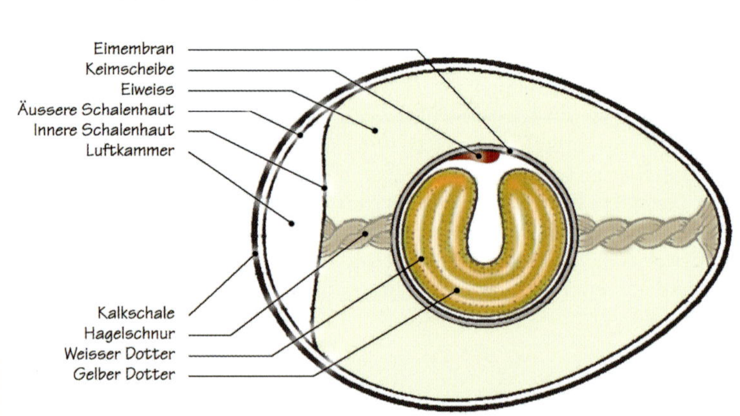


Wer es genau wissen will, wird hier fündig: http:www.pfauenforum.de/haltung/ei.html
Vielen Leuten ist auch der Vorgang der Entstehung eines Eies nicht klar. Darum hier mal die nackten Tatsachen:

Eier können auch ohne Erpel entstehen. Das ist ganz analog wie beim Menschen, auch die Frau produziert Eier, die (glücklicherweise) ja nicht jedes mal befruchtet sein müssen. Dass in einem Ei ein Küken entsteht, setzt allerdings die Befruchtung durch einen Erpel voraus. "Tritt" der Erpel die Ente, dann deponiert er sein Sperma, was zur Befruchtung der Eier der nächsten ca. 10 Tage reicht. Der Erpel muss also nicht für jedes Ei die Ente treten. Ob ein Ei befruchtet ist, kann man bei einem unbebrüteten Ei nur sehr schwer feststellen. Für den Verzehr ist das auch völlig unerheblich.

## Nun sitzt die Ente

**Die Brut dauert 28 bis 30 Tage.**

Dabei kann es durchaus einmal vorkommen, dass die Ente Eier aus dem Nest rollt. Der Ente diese Eier wieder unterzuschieben, ist keine gute Idee, denn in der Regel weiss sie sehr genau, was sie tut. Auch sollte man beim Entsorgen dieser Eier die nötige Sorgfalt walten lassen, oft besteht akute Explosionsgefahr! ;-(
In der Regel einmal täglich verlässt die Ente ihr Nest um eilig zu fressen (deshalb das Futter nicht direkt ans Nest, sonst steht sie vielleicht gar nicht auf), Kot abzusetzen und sich kurz zu putzen. Dazu braucht sie Wasser, denn um den Eiern die zur Entwicklung nötige Feuchtigkeit zu bieten, benetzt sie ihr Brustgefieder.

**Nochmals sei betont, dass sich das Nest im Stall befinden muss. Viele Diebe haben es auf die leckeren Eier abgesehen, andere nehmen sie nur zur Vorspeise und als Hauptgang dann den Eierwärmer.**

## Zwei Enten sitzen auf einem Nest

Wenn sich zwei Entendamen gut verstehen, kann es vorkommen, dass sie sich ein Nest teilen, vielleicht ist dann die lange Brut weniger langweilig. Dabei gibt es zwei Nachteile, welche die jungen Mütter nicht bedenken.
Erstens kommt es so gut wie nie vor, dass beide Enten zum Fressen gemeinsam aufstehen, in der Folge kühlen die Eier nie ab, was für deren Entwicklung aber sehr wichtig ist.
Und zweitens kann es sein, dass mit dem Schlupf der ersten Küken die wunderbare Entenfreundschaft endet, dann gibt es Zoff um den Nachwuchs und jede will sich die Küken unter den Nagel reißen. Oft bleiben die Kleinen dann als Kollateralschaden auf der Strecke.

## Wie bereite ich mich vor

Um den Schlupftermin bestimmen zu können, markiert man sich den Brutbeginn im Kalender. Anschließend checkt man rechtzeitig folgende Punkte ab:

- Ist alles vorbereitet, um den Erpel von der jungen Mutter und dem Nachwuchs trennen zu können?
- Ist Kükenfutter besorgt?
- Ist eine geeignete Trinkgelegenheit vorhanden?
- Steht für Notfälle eine Wärmelampe zur Verfügung?

## Der Schlupf lässt auf sich warten

von Bernd Ullrich

Nachdem ich immer wieder Anrufe und Mails bekomme, bei denen es um die Nachhilfe beim Schlupf geht, möchte ich noch einmal einiges Grundsätzliche hierzu sagen: Küken brauchen nach dem ersten Anpicken bisweilen bis zu zwei Tage, um aus dem Ei zu kommen, auch wenn es manche innerhalb einer Stunde schaffen. Bei mir haben es einzelne erst nach fast drei Tagen geschafft und sind trotzdem putzmunter.

Ein verlangsamter Schlupf hat viele Ursachen, die bereits mit der Ernährung des Muttertiers beginnen, z. B. Eiweißüberschuss durch Verfüttern von Legemehl/-korn, Inzucht, Bruteier mit einem zu geringen Gewicht, d.h. leichter als 65 g, stark verschmutzte Bruteier oder gewaschene Bruteier, die nicht zur Desinfektion begast wurden. Eine Desinfektion mit Euphagol oder Begasung mit Formalin genau nach Vorschrift vor der Brut ist oft unerlässlich! Auch wer seine Zuchttiere mit Vitaminpräparaten voll stopft, erreicht oft das Gegenteil von dem, was er beabsichtigt.
Der Schlupf kann sich auch wesentlich verzögern, wenn die Bruttemperatur in der Bilanz zu niedrig war, durch zu häufiges Öffnen des Inkubators, zu langes Kühlen oder Einsprühen mit kaltem Wasser.
Bitte brütet nur eine Vogelart zugleich in einem Inkubator. Jede Art hat eigene Anforderungen an Temperatur, Kühlzeiten, Lüftung und Luftfeuchtigkeit. Wer, wie ich gestern wieder einmal erfuhr, Gänse, Enten und Hühner in einem Apparat brütet, der soll sich nicht wundern, wenn es nicht richtig klappt. Hühnerküken ertrinken im Ei, wenn man gleichzeitig den Enteneiern die richtige Luftfeuchtigkeit gibt, oder es lässt die Enteneier austrocknen, wenn die Luftfeuchtigkeit für die Hühner stimmt. Als Feuchtigkeitsmesser empfehle ich das Hygrometer nach dem psychometrischen Prinzip, auf 38 Grad Celsius justiert (zum Beispiel www.bruja.de, Artikel Nummer 744). Faden- und Echthaarhygrometer sind für den Laien nur sehr ungenau zu justieren und meist, obwohl oft teurer, wertlos, wenn auch als Wetterstation dekorativ.

Wer sein Brutthermometer nicht richtig eicht, der muss sich nicht wundern, wenn es beim Schlupf Probleme oder Verzögerung gibt, die Küken verkrüppelte Füßchen haben oder Kreuzschnäbel. Viele Apotheker prüfen gern und kostenlos das Brutthermometer, wenn man sich selbst seiner Sache nicht sicher ist.
Wer seinen Brutapparat auf die Fensterbank mit Sonneneinstrahlung stellt oder neben den Heizkörper, der wird immer wieder die Temperatur nachstellen müssen und letztlich wenig Erfolg haben.
Trotzdem wird es beim Schlupf immer Ausfälle geben, Küken die beim Schlupf oder kurz zuvor absterben. Wir finden dies auch bei den wild brütenden Stockenten, die das Geschäft ja ganz allein und ohne menschliches Zutun betreiben. Es kann im Einzelfall durchaus sinnvoll und hilfreich sein, einem Küken, dessen Ei auf dem Schlupfrost festklebt, zu helfen. In aller Regel aber führt unsachgemäße und voreilige Geburtshilfe zum Verbluten der Küken oder zu nicht überlebensfähigen Tieren, die die ersten Tage nach dem Schlupf nicht überleben.
Eine Schlupfrate bzw. Überlebensrate von 80 - 90% der befruchteten Eier kann in Liebhaberaufzucht als durchaus normal angesehen werden, dessen sollte man sich bewusst sein, und wer das nicht ertragen kann oder will, der sollte eben die Finger von der Kunstbrut lassen. Mehr schaffen die Enten auch bei Naturbrut nicht, oder registriert Ihr die Eier nicht, die die Mutter aus dem Nest wirft während der Brut oder die danach angepickt oder noch geschlossen verlassen im Nest bleiben?
Die Küken schlüpfen mit Marschverpflegung für die ersten 24 Stunden im Dottersack. Deswegen wird ihnen erstmals nach der Entnahme aus dem Inkubator Kükenstarter in einen kleinen Futterautomat gegeben, damit sie sich nicht ins Futter legen und dieses verschmutzen können. Wasser kommt in eine Stülptränke (klein genug, dass sie nicht darin baden oder ertrinken können). Dem Wasser kann man in den ersten Tagen etwas Klaus-Blautinktur zusetzen, aber nicht zu lange, denn die Küken müssen sich mit den Umweltkeimen auseinandersetzen um die sog. "stille Feiung" zu erwerben. Zusätzlich bieten wir den Küken etwas Quarzsand an, damit die Kropfverdauung in Gang kommen kann. Bei Fütterung von Kükenstarter ist ein Vitaminzusatz oder eine Kalkzugabe unnötig. Wichtiger ist anfänglich ausreichend Wärme (ca. 35 Grad Celsius in Kopfhöhe und Platz genug um auch mal ausweichen zu können, wenn es zu warm ist. Alsbald sollten wir aber gerade Entenküken abhärten und ihnen so bald wie möglich Sonnenlicht gönnen, dieses ist unerlässlich um aus dem gefütterten Kalk auch Knochen und Gefieder zu entwickeln.

## Hilfe, die Küken kommen!

Aus dem obigen Beitrag von Bernd Ullrich geht ja schon hervor, dass sich der Schlupf bis zu über 24 Stunden hinziehen kann (vom ersten Spalt im Ei bis zur vollständigen Freiheit des Kükens). Weder soll man die Ente in dieser Zeit stören, noch selber nachhelfen, selbst wenn man den Eindruck hat, ein Küken hätte Probleme. Versucht man selbst, einem Küken aus seinem Gehäuse zu helfen, besteht große Gefahr, das Tier zu verletzen. Die "Lösung" solcher Fälle sollte man der Entenmutter überlassen!

## Ein Küken kommt nicht aus dem Ei

**Die Erfahrung zeigt, dass man in der Regel Küken nichts Gutes tut, wenn man versucht, Ihnen bei Schlupfproblemen zu helfen.**

Aber die Erfahrung zeigt auch, dass die menschliche Natur es nicht zulässt, dass man bei den verzweifelten Anstrengungen einer so kleinen und hilflos scheinenden Kreatur tatenlos zusieht. Wenn man also – wider besseres Wissen und Vernunft – dem Küken helfen will, dann muss man mit äußerster Vorsicht und sehr langsam und behutsam vorgehen. Die Probleme entstehen meist, weil in Folge eines gestörten Brutklimas die Luftfeuchtigkeit zu gering ist und deshalb das Küken mit der Eihaut verklebt. Man versucht nun zuerst einmal, mit einem feuchten Tuch die verklebten Stellen aufzuweichen. Dann trägt man mit einer stumpfen Pinzette sehr vorsichtig ein Stück Eischale nach dem anderen ab, bis das Küken frei ist. Weil die Eihaut durch kleine Äderchen mit dem Küken verbunden ist, kann es dabei leicht zu (tödlichen) Blutungen kommen. Ist das Küken noch durch eine Art Nabelschnur mit der Eihülle verbunden, kann man die Nabelschnur mit einem Faden abbinden, nach einer Weile fällt sie dann von selbst ab.

Schlüpfen macht ja sooooo müde!

## Kükenfutter

**Am ersten Tag benötigen die Küken kein Futter, sie decken ihren Bedarf durch den beigepackten Dottersack. Für die folgende Zeit gibt's im Fachhandel spezielles Futter zur Aufzucht von Wassergeflügel.**

Kükenfutter für Hühnerküken ist wegen der Inhaltsstoffe für Enten ungeeignet!
Um die aufgenommene Nahrung zu verarbeiten, müssen die Entenküken zusätzlich die Möglichkeit haben, Quarzsand aufzunehmen (siehe Kapitel Haltung - Futter).

**Selbst gemixtes Kükenfutter**

Haferflocken mit Ei und Klee, Rezept von Didi "Runnerduck"

Zu 100 gr Haferflocken ein gewürfeltes, hart gekochtes Hühnerei und ca. 30 g klein geschnittenen, frischen Klee geben und mit etwas Wasser zu einem Brei anrühren.

**Kükenfutter a la Mama Vogel**

| | |
|---|---|
| *1 ½Tassen* | *Kükenstarter für Wassergeflügel* |
| *1 Tasse* | *Haferflocken* |
| *¼* | *klein gehacktes, hart gekochtes Ei* |
| *1* | *handvoll klein gehackter Löwenzahn* |
| *1* | *handvoll klein gehackte Brennnessel* |

Die Menge entspricht einer von mindestens vier täglichen Portionen Kükenfutter für 5-6 Küken in den ersten zwei Wochen. Je nach Wachstum der Küken und wie die Altente mit frisst, wird die Menge erhöht. Immer nur soviel anbieten, wie die Küken schnell verzehren, da nasser Kükenstarter auch schnell sauer werden kann. Ergänzt werden kann diese Rezeptur mit klein gehackten Gänseblümchen, Oregano, Fenchelgrün, Schnittlauch, Kresse, geriebenen Karotten und ab der zweiten Woche mit dem normalen Getreidefutter und etwas Milchprodukten wie Joghurt, Quark und Hüttenkäse.

Kükenküche, Rezept von Marco H.

| | |
|---|---|
| *eine Portion* | *GKF oder Taubenmischfutter; in einer Getreidemühle zu feinem Schrot zermahlen* |
| | *Wasser zum anfeuchten* |
| | *fein gehackte Kräuter (siehe Rezept oben)* |

Schrot, Wasser und Kräuter zu einem sämigen Brei verrühren. Dieses Rezept ist eine Möglichkeit, wenn man auf herkömmlichen Wassergeflügelstarter verzichten möchte.

von Gabi

Mein Nachwuchs (morgen 8 Wochen) ist super entwickelt, bereits größer als die Mutter und wurde gefüttert mit: Kükenkorn vom WLZ = Grundfutter, war immer parat. Weizenkleie, Haferflocken, Dinkelschrot, Maismehl, Körnerkeimlinge oder Gemüsemais aus der Dose, vermischt mit minikleingeschnippelten Brennnesseln, Klee und Löwenzahn (ersatzweise Eisbergsalat), mit Wasser zu Matschepampe angerührt, 2x wöchentlich noch ein rohes Ei unter gemischt = gab's 3x täglich gekochte Kartoffeln, Reis, Nudeln, Salatreste (ohne Salatsoße), gibt's ab und zu auch heute noch mit Körnern vermischt als Extra. Seit sie 6 Wochen alt sind, habe ich sie langsam umgestellt auf Geflügelkorn und Quetschhafer, zuerst auch nass vermischt, jetzt trocken. Ihr Grünzeug sowie Schnecken ohne Ende holen sie sich seither komplett selbst.

Sehr beliebt bei meiner Mannschaft waren immer:

- Zerdrückte Bananen (lässt sich besonders schön durch die Gegend schlabbern)
- Erbsen & Möhrchen aus der Dose (Begeisterung)
- Grüne Bohnen aus der Dose

## Blautinktur

Blautinktur dient der Teil-Desinfektion von Trinkwasser. Es ist in der Regel nur kurzfristig erforderlich bei Stallwechsel von Jungtieren (zum Beispiel bei zugekauften Küken). Diese Jungtiere müssen sich dann evtl. nach dem Umgebungswechsel mit einer Vielzahl von neuen Keimen gleichzeitig auseinandersetzen. In dieser Situation beschränkt man die Anzahl der verschiedenen Keime etwas und vermindert den Umstellungsstress. Langfristig sollte diese Tinktur jedoch nicht angewandt werden, da gerade die Auseinandersetzung mit Keimen zur sog. "stillen Feiung" führt, also zu einer natürlich erworbenen Resistenz gegen eben diese neuen Keime. Küken aus Kunstbrut kann man diese Tinktur in der ersten Woche zum Trinkwasser geben, aber nicht länger, da die Küken nach dem relativ sterilen Milieu des Brutapparates erstmals mit zahlreichen Keimen in Berührung kommen, die Küken aus dem Nest schon als Embryos "kennen gelernt" haben.

Mein erster Tag

## Ab wann dürfen die Kleinen nach draußen

Bei Naturbrut entscheidet die Ente. Es kann gut sein, dass sie schon am zweiten Lebenstag mit den Kleinen ins Wasser geht, das ist kein Problem. Wer Angst hat, kann ja aufpassen dass sie es nicht übertreibt. ☺
Bei Kunstbrut kann man die Küken nach den ersten Lebenstagen bei gutem Wetter nach draußen lassen. In den ersten 4 bis 6 Wochen muss aber ständig eine Wärmequelle zur Verfügung stehen, unter die sich die Küken bei Bedarf flüchten können. Der Strahler wird so platziert, dass die Kleinen sich selbst aussuchen können, wie warm sie es haben wollen.
Die Wärmequelle kann eine Infrarotlampe sein, besser ist ein sog. Dunkelstrahler.

Um den Bewegungsradius der Küken einzuschränken, zäunt man mit dem schon genannten Kotgrubengitter ein oder verwendet einen 50cm hohen Ring aus Hartfaser, der auch gegen Zugluft schützt.
Auch eine Abdeckung nach oben sollte man wegen der gefiederten Räuber nicht vergessen.
Nach langjährigen Fummeleien mit Vogelschutznetz aus dem Baumarkt verwende ich seit einigen Jahren Poly-Netzwerk der Firma Engel Netze:
http://www.engel-netze.de, eMail: info@engel-netze.de
Artikel-Nr. 035 10365, Poly-Netzwerk Maschenweite 32mm Breite 10m Länge beliebig
qm 0,79 Euro
und dazu passend
Artikel-Nr. 340 10670, Spannschnur Polyesther-Flechtleine 7mm, weiss mit Kern,
220m Rolle 57 Euro
Die angegebene Maschenweite ist nicht für ganz kleine Küken geeignet, ich habe mich dennoch dafür entschieden, weil sie das beste Preis/Leistungsverhältnis hat, stabil ist und die Fäden nicht zu dünn sind. Das Material ist mit den Vogelschutznetzen aus dem Baumarkt nicht zu vergleichen, viel stabiler und um vieles leichter in der Handhabung, denn es verhakt und verwurschtelt sich nicht! Wenn man den Verschleiß der Baumarkt-Netze mit einrechnet, ist es sogar noch erheblich billiger.
Hat man per Zufall noch das Gestänge eines Partyzeltes zur Verfügung, so lässt sich im Handumdrehen eine ansehnliche, stabile und zudem transportable Voliere bauen.

Voliere aus Partyzeltgestänge und Teichschutznetz

## Gefahren für Küken

### Erpel (und unter Umständen auch andere Enten)

Der Erpel sollte die ersten 6 bis 8 Wochen unbedingt von Ente und Küken getrennt bleiben, es besteht die grosse Gefahr, dass die Küken vom Erpel getötet werden!
Leider glauben viele Neu-Entenhalter das nicht, deshalb will ich es ausführlich erläutern:

Man hört oft den Spruch: „Nur Menschen bringen sich gegenseitig grundlos um, Tiere tun das nicht“, manchmal noch mit dem Zusatz „sie töten nur was sie anschließend fressen“. Das ist kompletter, idealisierender oder romantisierender Unfug!
Die Eigenart Jungtiere zu töten, liegt in der Natur vieler Rassen. Bei den Carnivoren gibt es zum Beispiel kaum eine Ausnahme, es kommt sowohl bei Primaten als auch bei vielen Vögeln vor, und auch Amphibienweibchen fressen schon gerne mal die eigenen Nachkommen.
Bei (kontinentalen) Hausentenrassen der Gattung "Anas" (und dazu gehört auch die Laufente) ist es nun mal so, 75% der Erpel töten den Nachwuchs, wenn der Raum zum Ausweichen und die Möglichkeit der Erpelgruppenbildung nicht gegeben ist. Und die beiden genannten Faktoren (unbeschränkt Platz und Bildung von Erpelgruppen) sind normalerweise nur in der freien Natur gegeben, weshalb auch der Spruch „Bei den Stockenten am See geht das doch auch“ bei einer „normalen“ Hausentenhaltung ziemlich sinnfrei ist.
25% der Erpel sind Softies, das leugnet niemand. Aber würden Sie ohne rechts und links zu schauen eine Straße bei roter Ampel überqueren, wenn man Ihnen sagt, dass Ihre Chance, nicht vom Auto überfahren zu werden, immerhin bei 25% liegt?
Der Aufwand, den Erpel von Ente und Küken zu trennen, ist nicht zu groß. Der Erpel wird es vielleicht nicht mögen, aber er überlebt es, und wenn er eine zweite Ente hat, wird es ihm ohnehin nicht langweilig. Wer trennen nicht übers Herz bringt, der sollte halt nicht brüten lassen. Was ohnehin die entspannteste Möglichkeit wäre.
Ganz Schlaue lassen Erpel und Küken kontrolliert zusammen, passiert ein paar Stunden nichts, folgern sie daraus, einen ganz liebevollen Erpel zu besitzen und freuen sich. Die Freude hält manchmal Tage, manchmal auch Wochen, dann liegen auf einmal tote Küken im Auslauf, und man stellt fest, dass man sich im Charakter des Erpels doch getäuscht hat. Das macht leider die Küken nicht wieder lebendig. Wenn es irgendwie möglich ist, trennt man „Mutter & Kind“ komplett von der Entengruppe ab (Sichtkontakt wäre trotzdem gut), das lässt die Kleinen stressfrei gross werden. Es sind Fälle aufgetreten, dass Küken von „Tanten“ getötet wurden. Sind die Jungtiere erst einmal 6 bis 8 Wochen alt, dann ist es dem Erpel nicht mehr so einfach möglich, den Nachwuchs ernsthaft zu verletzen.
Nicht unerwähnt sollte bleiben, dass es sich bei Gänsen und Warzenenten ganz anders verhält, da sind die meisten Erpel beziehungsweise Ganter wundervolle Väter.

Endlich im Wasser

## Wasser

Bei Wassergefäßen oder Teichen mit steilen oder glatten Wänden besteht die Möglichkeit, dass Küken auch bei niederen Wasserständen ertrinken. Sie können die Wandungen nicht überwinden; je mehr sie sich bemühen, desto mehr saugt sich der Kükenflaum mit Wasser voll. Die Bürzeldrüse ist bei Küken noch nicht voll funktionsfähig. Küken aus Naturbrut imprägnieren ihren Flaum deshalb mit dem Fett im Gefieder der Mutter. Bei Küken aus Kunstbrut geht dies nicht, die Gefahr des Ertrinkens ist wesentlich höher.

Erster Ausflug Bild: Frank

Einzelkämpfer Bild: Klaus

## Räuber

In Naturseen besteht Gefahr durch Raubfische wie zum Beispiel Hechte oder durch eingeschleppte Ochsenfrösche
Raubvögel, aber auch Krähen, Elstern, Fischreiher und Störche bereichern gerne ihren Speisezettel durch leckere Entenküken.
Bei Katzen, Mauswiesel, Ratten oder Waschbären passen junge Enten perfekt ins Beuteschema, aber auch von räuberischen Igeln wurde schon berichtet!
Mehr Infos dazu im Kapitel „Haltung - Natürliche Feinde“

## Zäune

Besonders bei den Vogelschutznetzen aus dem Baumarkt besteht Gefahr durch Verheddern und Ersticken.

Krabbelt da was? Bild: Frank

**Erstickungsgefahr durch Schnecken**

Besonders bei jungen Enten besteht die Gefahr, dass sie sich mit großen Schnecken übernehmen. Die Schnecke bleibt der Ente im Hals stecken, in der Folge erstickt die Ente. Gegenmaßnahmen: siehe Kapitel Krankheiten – Erste Hilfe - Erstickung

**Man sollte sich vor Augen halten, dass Entenküken so tollpatschig sind wie kleine Kinder.**

## Küken picken sich gegenseitig

Wenn sich Küken untereinander picken, möglicherweise bis Blut läuft, dann ist der Auslauf zu klein und/oder die Tiere sind unterfordert. Ein Fall der häufig eintritt, wenn man zu früh brütet (bei Kunstbrut) und die Küken dann noch lange unter einer Rotlichtlampe auf engem Raum warm gehalten werden müssen. Wenig Auslauf und Abwechslung und durch das Rotlicht nicht abgedunkelte Nacht führen zu Langeweile und dieser "Zupferei", die dann in Federfressen und Kannibalismus übergehen kann. Das ist dann eine Unart, die man kaum mehr unterbinden kann. Sobald einmal Blut geflossen ist, wird die Lage hoffnungslos, selbst Mittel wie Holzteer oder ähnliches helfen selten, wenn man die Umweltbedingungen nicht schnell und nachhaltig ändert.

Abhilfe schafft ein größerer Auslauf und genügend Beschäftigungsmöglichkeiten für die Kleinen. Kurzfristig kann man die Tiere mit Styroporbröckchen beschäftigen. Als Wärmequelle benutzt man sog. Dunkelstrahler, dann kommen die Küken nachts zur Ruhe.

Es ist generell eine gute Idee, Kunstbrut nicht vor Mitte bis Ende April zu beginnen. Die Küken schlüpfen dann nach den Eisheiligen und können tagsüber schon von der ersten Woche an ins Freiland gelassen werden. Für den Knochen- und Gefiederaufbau ist natürliches Sonnenlicht unerlässlich und kaum zu ersetzen. Aber auch diese Küken müssen bei Nacht und an kalten Tagen gewärmt werden.

## Beringen

Gute Gründe, warum Laufenten beringt werden sollten, habe ich schon im Kapitel über die Haltung aufgeführt. Wichtig ist es, die Ringe zum richtigen Zeitpunkt anzubringen, an einem Tag gehen sie noch von allein ab, drei Tage später gehen sie manchmal nicht mehr über das Fußgelenk. Die Ringe werden normalerweise am Fuß so angebracht, dass die Grundlinie der Aufschrift zum Paddel hin zeigt (am besten vom Fachmann mal zeigen lassen). Diese Details sind aber nur wichtig, wenn man seine Tiere auf Ausstellungen zeigen und beurteilen lassen möchte. Die Ringgröße ist 13, zu kleine Ringe werden später zu eng, bei zu großen Ringen besteht die Gefahr, dass die Enten damit hängen bleiben.

Beitrag von Christina

Hallo Laufifreunde,

meine vier Laufis wollte ich beringen, um sie von unserem Nachwuchs zu unterscheiden. Also ab in den Landhandel und Markierungsringe besorgt (Größe 13 wie im Forum angegeben). Habe ca. eine halbe Stunde unter lautem Protest meiner Laufis gebraucht, um allen Ihre Ringe anzudrehen. Sie sitzen etwas locker, aber ließen sich meines Erachtens nicht über das Knöchelgelenk schieben. 5 Minuten Bein schütteln, schnatternd beratschlagt und alle Enten sassen auf der Seite. Füße total zusammen gefaltet und mit Schnabel und erheblichem Zerren waren die Ringe wieder ab und wurden ins Gebüsch gespuckt. Ihr hättet mal mein Gesicht sehen sollen! Nachbarn haben sich kaputt gelacht. Waren die Ringe jetzt doch zu groß?

Gruß Christina

## Wie hindere ich die Ente am Brüten

Oft ist Nachwuchs nicht erwünscht, die Ente hat sich aber nun mal in den Kopf gesetzt zu brüten. Glücklicherweise sind Enten nicht so sture Brüter wie zum Beispiel Hühner, deshalb genügt es oft, das Nest zu plündern, mit etwas Glück stellt die Ente dann die Brut ein.

Hartnäckigen Exemplaren ersetzt man die selbst gelegten durch Gipseier, ausgeblasene, mit Sand oder Gips gefüllte Eier oder Golfbälle. Nach etwa 30 Tagen nimmt man dann die Eier weg und zerstört das Nest, manche Enten brüten sonst bis zum bitteren Ende weiter.

## Küken unterschieben

Oft wird versucht, Küken aus Kunstbrut oder verwaiste Küken einer brütenden Ente unterzuschieben. Das kann gut gehen, muss aber nicht. Wenn man es versucht, sollte es gegen Brutende geschehen. Falls bei der Ente eigene Küken schlüpfen, darf der Altersunterschied der eigenen zu den unter geschobenen Küken nicht größer sein als etwa 2 Tage. Und der beste Zeitpunkt, die Kleinen unterzuschieben ist nachts, wenn die Ente im Dunkeln vor sich hin döst. Am nächsten Morgen haben die Neuzugänge dann schon „Nestgeruch“ angenommen und werden hoffentlich akzeptiert.

## Was ist von Kunstbrut zu halten

Kunstbrut ist für Hobbyhalter immer die zweite Wahl, denn die Ente kann es wesentlich besser!
Falls man sich zur Kunstbrut entschließt, ist ein gutes Buch über das Thema unabdingbar. Und auch das Internet ist eine gute Quelle: http://www.kunstbrut.net.
Akzeptable Brutautomaten, mit denen auch Anfänger zurecht kommen, kosten ab ca. 500 Euro aufwärts, in den unteren Preiskategorien gibt es nur Schrott. Da die Bedienung der Brutmaschinen, abhängig vom Gerätetyp, sehr unterschiedlich ist, möchte ich dazu hier nur den Hinweis geben, dass die exakte Einhaltung der Brutparameter wie Temperatur und Luftfeuchtigkeit sehr wichtig ist. Bei Abweichungen gibt es abgestorbene Embryos oder, noch schlimmer, verkrüppelte Küken.

**Keine Experimente am lebenden Tier!**

### Bruteier

Hat man sich zur Kunstbrut entschlossen, braucht man ja erst einmal eine gewisse Menge an Eiern. Man sammelt nur solche, die einwandfrei aussehen, also keine außergewöhnliche Form oder Kalkablagerungen auf der Schale aufweisen. Die Eier sollen nicht zu gross und auch nicht zu klein sein, etwa 65g wären der Durchschnittswert, aber das schwankt etwas je nach Farbschlag. Und natürlich sollen sie so wenig wie nur möglich verschmutzt sein. Die Eier haben einen natürlichen Schutzüberzug, deshalb darf man sie nicht waschen, höchstens kurz abspülen ohne zu reiben, bürsten oder rubbeln. Wird die Schutzhülle verletzt, öffnet man Keimen den Eingang ins Innere des Eies, die Eier verlieren bei der Lagerung mehr Feuchtigkeit als es normalerweise der Fall wäre. Das alles wirkt sich später negativ auf den Brutverlauf aus.
Optimal lagert man die Bruteier in Räumen mit einer Raumtemperatur von 15 bis 18°C, durchschnittliche Luftfeuchtigkeit etwa 75%. Unter diesen Bedingungen überstehen Bruteier ohne Probleme bis zu 14 Tage. Auch Bruteier, die in einem kühlen Keller gelagert werden, können mit Erfolg zur Brut verwendet werden. In diesem Fall setzt man sie zunächst für zirka eine Stunde der normalen Außentemperatur aus, damit die biochemischen Vorgänge wieder normal ablaufen ehe sie in dem Brutschrank gegeben werden

Die Lagerung der Bruteier erfolgt auf der Spitze stehend (zum Beispiel in einem handelsüblichen Eierkarton), sodass die Luftblase nach oben zeigt. Und es tut ihnen gut, wenn man sie ein wenig schräg stellt und in regelmäßigen Abständen etwas dreht..

In der Natur beginnen die wenigsten Vögel direkt nach der Eiablage mit der Brut. Meist werden erst etliche Eier gesammelt, die Brut beginnt, wenn der Vogel der Ansicht ist das Gelege sei komplett.
Um dies zu imitieren, werden auch zur Kunstbrut vorgesehene Eier nicht „frisch gelegt" in den Brutautomaten gegeben, sondern man lagert in jedem Fall 3 bis 4 Tage.

**Brutparameter**

Um bei Kunstbrut gute Ergebnisse zu erzielen müssen Temperatur, relative Luftfeuchtigkeit, Kühlen (Luftaustausch) und Wenden der Eier genau aufeinander abgestimmt sein. Temperaturschwankungen wirken sich ungünstig auf die Entwicklung des Embryos aus. Bei einem Grad Untertemperatur kann der Embryo schon absterben, vor allem in den ersten 20 Tagen. Später werden längere Auskühlungsphasen eher toleriert, der Schlupf verzögert sich dann allerdings. Höhere Temperaturen während der ersten Tage führen immer zum Absterben der Eier, gegen Ende der Brut findet ein beschleunigtes Wachstum statt, so dass Missbildungen oder verfrühter Schlupf vorkommen. Zu früh geschlüpfte Küken bekommen oft Nabelschnurentzündung. Aber auch bei keinen äußerlich sichtbaren Anzeichen liegen oftmals Wachstumsstörungen, Verdauungsschwierigkeiten oder Deformationen vor. Die selben Probleme entstehen auch bei schlecht gewendeten oder zu alten Eiern.
Eine ausreichende Luftzirkulation im Brüter ist nötig, um Temperatur und Feuchtigkeit gleichmäßig zu verteilen. Aber auch Frischluft muss zugeführt und verteilt werden. Am einfachsten geht das durch Öffnen des Brutapparates. Dadurch erhalten die Eier gleichzeitig die notwendige Kühlung. Besonders in der dritten und vierten Woche, wenn der Embryo bereits Stoffwechsel zeigt, ist Frischluft nötig, da sich in dieser Phase vermehrt Kohlendioxid anhäuft. Daher ist es günstig, Enteneier ab dem vierten Bruttag täglich zwei bis dreimal 15-25 Minuten zu kühlen. Dabei sollte die Eitemperatur auf 30°C absinken, danach aber rasch wieder ansteigen.
Ab dem 2. Bruttag sollten die Eier mindestens dreimal täglich gewendet werden. Bei der Wendung dürfen die Eier aber immer nur in eine Richtung um jeweils circa 160° gedreht werden. Die Stellung des Eies hat große Bedeutung für einen guten Schlupf. Liegt das stumpfe Ende mit der Luftblase erhöht, kann das Küken rechtzeitig die Eihaut durchstoßen und den Sauerstoff aus der Luftkammer nutzen. Zeigt das spitze Ende nach oben, dreht sich das Küken mit dem Kopf dort hin und stirbt an Sauerstoffmangel.

Für Enten gelten folgende Brutdaten:

- Brutzeit: 28 Tage (Warzenenten brauchen 33 Tage)
- Bruttemperatur: 37,5°C, nach 5 Tagen etwas erhöhen.
- Feuchtigkeit: anfangs ca. 55%, nach 10 Tagen 60-70%, beim Schlupf 75%
- Wenden: ab dem 3. Tag die Eier täglich 2mal wenden
- Die letzten 3 Tage nicht mehr wenden
- Kühlen: vom 7. bis 21 Tag täglich circa 20 Minuten kühlen
- die Luftblase besonders am 7. und 14. Tag kontrollieren

**Achtung, die oben genannten Daten stellen nur einen groben Richtwert dar. Je nach Typ des Brutapparates (mit oder ohne Umluftsystem) können Temperatur- und Feuchtigkeitsangaben schwanken, man sollte deshalb stets die Gebrauchsanweisung des jeweils verwendeten Geräts gut studieren!**

## Huhn als Amme

Den Einsatz von Hühnern als Glucken beziehungsweise Ammen für Entenküken sollte man auf begründete Notfälle beschränken. Bei „gemischter Besatzung" wird die Henne das Nest verlassen, sobald die Hühnerküken geschlüpft sind. Die Enteneier (die ja ein paar Tage länger brauchen) bleiben dann angebrütet zurück. Wenn das Huhn nur Enten brütet, dann kann es nützlich sein, die Eier täglich einmal mit lauwarmen Wasser einzusprühen oder kurz(!) einzutauchen, Enteneier brauchen mehr Feuchtigkeit als das Huhn bieten kann.
Nicht verpassen sollte man auf jeden Fall das dumme Gesicht der Glucke, wenn die kleinen Entlein zum ersten Mal das Wasser entdecken!

Die Ente und der Enterich,
Die ziehn den Frosch ganz fürchterlich.

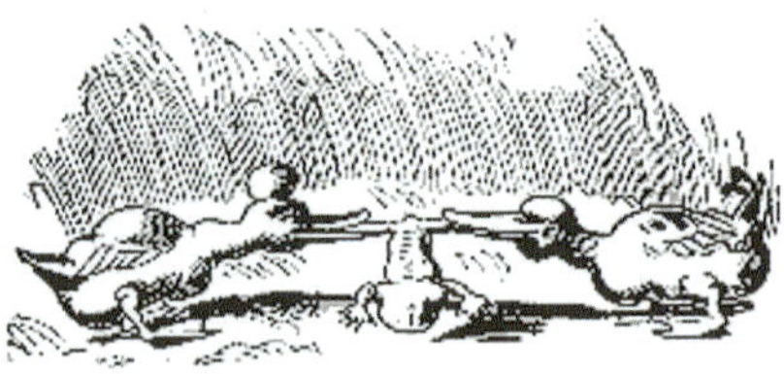

Sie ziehn ihn in die Quere,
Das tut ihm weh gar sehre.

Der Frosch kämpft wie ein Mann. -
Ob das ihm wohl was helfen kann?

Schon hat die eine ihn beim Kopf,
Die andre hält ihr zu den Kropf.

Aus: Die Enten und der Frosch — Wilhelm Busch

# Anatomie

## Sinnesorgane

### Gesichtssinn

Vögel können ebenso wie der Mensch Farben unterscheiden, ein auffälliges, farbiges Federkleid macht nur Sinn, wenn die Kumpels und Partner es auch sehen können. Dass bei Enten die Augen seitlich am Kopf sitzen, hat zur Folge, dass ihr räumliches Sehvermögen nicht besonders ausgeprägt ist, sie jedoch einen größeren Ausschnitt ihrer Umgebung überblicken können ohne den Kopf drehen zu müssen. Die Augen von Vögeln sind auch besonders berührungsempfindlich. Wenn die Oberfläche des Augapfels mit einem Gegenstand in Berührung kommt, gleitet zum Schutz ein drittes „Augenlid", die Nickhaut, über das Auge. Die Nickhaut ist zum Teil durchsichtig und bedeckt unter Wasser die Augen von Schwimm- und Tauchvögeln.

### Gehör

Das Gehör ist für Enten, aber auch für die meisten anderen Vögel ein wichtiges Sinnesorgan. Obwohl die Innenmechanik des Ohres einfacher gebaut ist als bei uns, ist der Hörsinn bei Vögeln dennoch relativ gut entwickelt. Jeder Entenhalter weiss, wie gerne seine Watschler zu einem kleinen Plausch die Köpfe zusammen stecken. Oft erkennen sich Partner und Jungen nicht am Aussehen, sondern an den Stimmen. Dabei hören die meisten Vögel etwa im selben Frequenzbereich wie Menschen, nur tiefe Töne bis 100 Hertz werden nicht wahrgenommen.

## Gleichgewichtssinn

Vögel haben einen ausgezeichneten Gleichgewichtssinn und können auch geringe Schwingungen des Untergrunds wahrnehmen. Das ist wichtig, um auf schwankenden Zweigen das Gleichgewicht zu halten und beim Fliegen Wind und Luftströmungen auszugleichen.

## Geschmackssinn

Im Gegensatz zu uns liegen die Geschmacksknospen der Vögel nicht auf der Zunge, sondern im Bereich des Zungengrunds und im Rachen. Die Anzahl der Geschmacksknospen ist deutlich geringer als bei Säugetieren (Ente etwa 200, Mensch 9.000), dennoch ist der Geschmackssinn gar nicht so schlecht entwickelt.

## Tastsinn

Zur Nahrungssuche wird die sehr berührungsempfindliche Schnabelspitze eingesetzt, auch die Zunge spielt hier eine grosse Rolle.

### Der Entenkopf

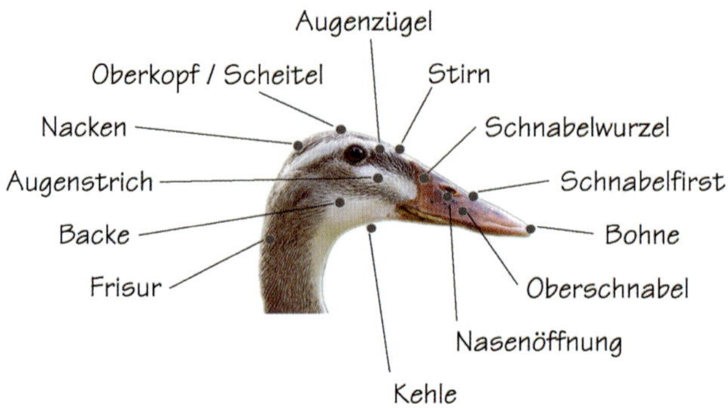

# Gefieder

**Aufgewachsen bin ich in der Großstadt, ohne viel Kontakt zu Tieren, wenn man mal von einer Hauskatze und gelegentlichen weißen Mäusen (bis die Katze sie erwischt hat) absieht. Hab ich mir damals eine Feder vorgestellt, dann war das etwas leichtes, weiches, schön anzusehen, aber schnell kaputt.**

Bezeichnung der Gefiederpartien der Ente, Draufsicht

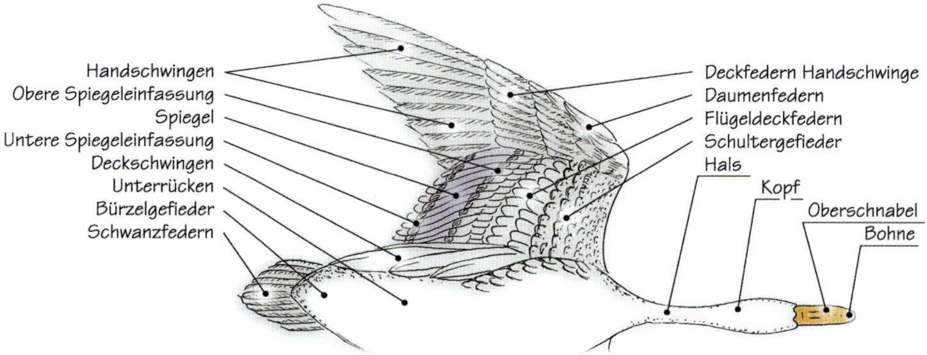


Einen Vogel hätte ich nur ungern angefasst, aus Angst ihm sein Federkleid zu ruinieren. Um so mehr hat es mich erstaunt, als ich zum ersten Mal eine Ente in der Hand hatte. Von wegen fragil und weich, die Federn bilden eine dichte, geschlossene Oberfläche, die gar nicht so leicht zu durchdringen ist. Es bedarf schon einiger Anstrengung, um bis zur Entenhaut vorzustoßen. Und wer eine Ente einmal bei der Gefiederpflege beobachtet hat, der weiss, dass die Federn durchaus auch grobe Behandlung vertragen.

## Konturfedern

Dabei finden sich an so einem Vogel ganz unterschiedliche Federarten. Den leicht sichtbaren, äußeren Teil des Gefieders bilden die so genannten Konturfedern. Eine Konturfeder besteht aus einem mittleren, starken Stamm, dem Federkiel. Er wächst aus einer zylindrischen Muskeltasche in der Haut, der Federscheide. Auf beiden Seiten des Kiels stehen Federstrahlen, die zusammen die flache Federfahne bilden. Dass die einzelnen Federstrahlen ihrerseits wieder aus feinen Filamenten gebildet werden, ist mit bloßem Auge schon nicht mehr zu erkennen. Die Filamente, aber im nächstgrößeren Maßstab auch die Federstrahlen, halten wie ein Reißverschluss zusammen, das heißt sie können geöffnet und auch wieder geschlossen werden. Das geschieht jedes Mal, wenn der Vogel bei der Gefiederpflege eine Feder durch den Schnabel zieht.

Federstrahlen einer Deckfeder

Bei hoher Vergrößerung kann man die kleinen Häkchen erkennen, welche die einzelnen Filamente zusammenhalten. Es ist schwierig, mit Worten so ein Wunderwerk zu beschreiben. Glücklicherweise hat fast jeder schon einmal so eine Feder in Händen gehalten und weiss, welch leichtes und dabei extrem stabiles Gebilde sie darstellt.

## Die Flugfedern

an den Schwingen und am Schwanz sind am kräftigsten, besonders die zwischen Flügelspitze und Ellenbogen. Dabei ist der Flügel so konstruiert, dass die steifsten Federn am äußeren Ende der Handschwinge sitzen, wo beim Fliegen die größten Kräfte angreifen. Weiter zum Körper hin werden die Konturfedern dann biegsamer und elastischer. Sie umschließen den ganzen Körper und tragen dazu bei, den Luftwiderstand minimal zu halten. Und sie bilden eine wasserdichte Decke für die darunter liegende Federschicht, die Daunenfedern.

Entstehende Schwingenfedern

## Daunen

Nur ein geringer Teil der etwa 12000 Federn, aus denen die „Ober- und Unterwäsche" einer Ente besteht, sind Konturfedern. Der weitaus größere Teil entfällt auf die Daunen und andere kleine Federn. Erst bei Betrachtung so einer Daunenfeder unter dem Mikroskop wird klar, mit welchem Meisterstück der Natur man es hier zu tun hat. Anders als bei den Deckfedern, bei denen die Federstrahlen eine glatte Fläche bilden, stehen bei den Daunen die Federstrahlen einzeln und in alle Richtungen. So bildet jede Daunenfeder eine kleine „Luftblase". Und Luft ist ein ganz hervorragender Isolator, vor allem wenn sie nicht zirkulieren kann. So bleibt die Ente im Wasser auch unter extremen Bedingungen meistens warm und trocken. Zusätzlich wirken die vielen „Luftblasen" wie ein Schwimmkörper und tragen die Ente auf dem nassen Element.

### Fadenfedern

Außer den beiden schon genannten Federarten gibt es, zwischen den Konturfedern verteilt, noch Fadenfedern. Da sie mit empfindlichen Nervenenden in Verbindung stehen, nimmt man an, dass die Vögel mit ihnen die Lage der Konturfedern, aber auch Winddruck und Luftströmung erfühlen können.

## Die Bürzeldrüse

Weil ein Wasservogel gerne warm und trocken bleibt, trägt er seine eigene Pflege- und Wartungsstation auf dem Rücken mit. Schiebt man ganz hinten auf dem Rücken der Ente die Federn ein wenig zur Seite, dann kann man an dieser Stelle die Bürzeldrüse finden. Das ist die Quelle des Imprägniermittels, mit dem der Vogel sein Gefieder in Schuss hält. Diese Drüse sondert ein Gemisch von Fett, Wachs und natürlichen Säuren ab, das mit dem Schnabel aufgenommen und auf dem Gefieder verteilt wird. Diese Gefiederpflege wird sehr gewissenhaft durchgeführt und nimmt viel Zeit in Anspruch. Ein gesunder Vogel legt stets Wert auf gepflegtes Aussehen, mehrmals am Tag wird eine Putzpause eingelegt. Eine Portion Bürzelfett wird aus der Drüse gedrückt, jede Feder einzeln sanft knabbernd durch den Schnabel gezogen. Dabei werden Schmutzpartikel entfernt, in Unordnung geratene Federstrahlen wieder schön geordnet und eine neue Imprägnierschicht aufgebracht.

Da mit dem Schnabel der Kopf nicht zu erreichen ist, muss an dieser Stelle mit den Krallen geputzt werden. Das Putzen scheint den Vögeln auch eine Menge Spass zu machen, meist findet es in der Gruppe statt, und ein Teilnehmer der Putzparty nach

Bild: Dieter

dem Anderen plustert sich zum Abschluss auf, flattert mit den Flügeln und schüttelt das Gefieder gut durch. Es ist also ein Event, der auch den sozialen Zusammenhalt der Gruppe fördert.
Übrigens wurde in Zeiten, als Handcreme noch nicht in blauen Dosen verpackt zu kaufen war, das Bürzelfett von Gänsen und Enten als Hautpflegemittel hoch geschätzt, es hilft hervorragend bei strapazierten und rissigen Händen.

## Paddel

**Frage: Bekommen Enten nie kalte Füße?**

**Antwort: Doch - wenn irgendwo in ihrer näheren Umgebung Entenbraten auf dem Speiseplan steht.**

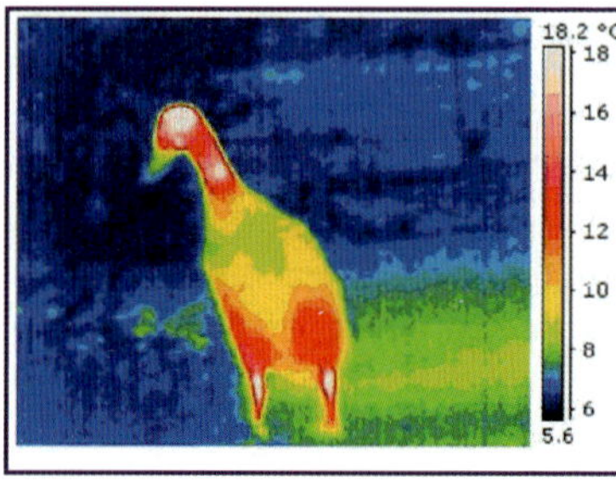

Wärmebild einer Ente

Na schön, das war ein Witz. Wahr ist, dass Enten im Winter in eiskalten Gewässern stehen oder vergnügt über zugefrorene Seen watscheln, ohne sich dabei die Füße abzufrieren. Das funktioniert nur, weil Enten die Durchblutung der Beine wie mit einem Ventil steuern. Bei großer Kälte werden die Arterien verengt, die Füße werden dann nur noch alle paar Minuten mit Blut durchströmt. Das spart viel Wärme, genügt aber trotzdem, um das Gewebe ausreichend zu versorgen. Besonders dramatisch wären Erfrierungen in großen Muskeln. Da trifft es sich gut, dass die federlosen Teile der Vogelbeine nur aus (Horn-)Haut, Sehnen und Knochen bestehen. Es geht also keine Wärme dadurch verloren, dass Blut nahe der Hautoberfläche durch die Muskeln zirkulieren muss.
Außerdem hat die Natur die Tiere zusätzlich mit einer natürlichen „Klimaanlage" ausgerüstet, besser gesagt: mit einem Gegenstrom-Wärmetauscher. Das Funktionsprinzip ist, dass die Arterien, die das warme Blut vom Herzen in den Körper leiten, in den Vogelbeinen und -füßen ganz dicht um die Venen verzweigt sind, die das kalte Blut zurück transportieren. Das bewirkt, dass die Wärme des nach unten strömenden arteriellen Blutes vom kalten venösen Blut aufgenommen wird, noch bevor sie sich in den Füßen ausbreiten kann. Im Zusammenspiel bewirken diese Faktoren, dass das Körperinnere warm (etwa 41 Grad Celsius), die Füße aber kalt (etwa drei Grad) bleiben. Die lebensnotwendige Körperwärme kann nicht über die Füße in den eisigen Boden oder ins Wasser abfließen, was die Tiere vor dem Er- und Anfrieren bewahrt.

Innere Organe der Ente

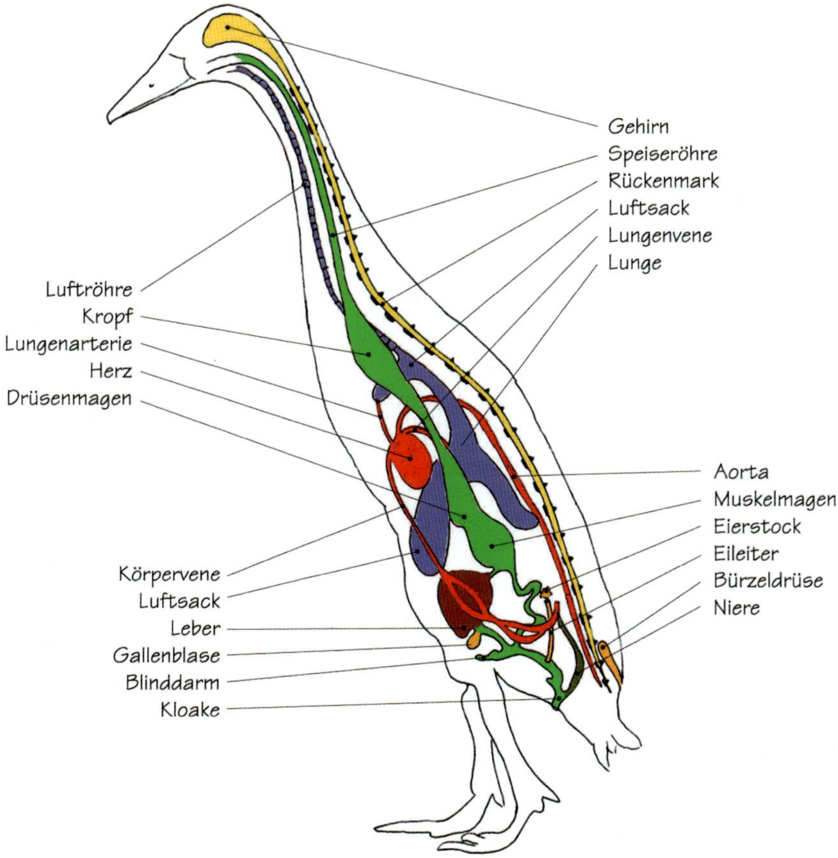

## Körperpartien der Ente

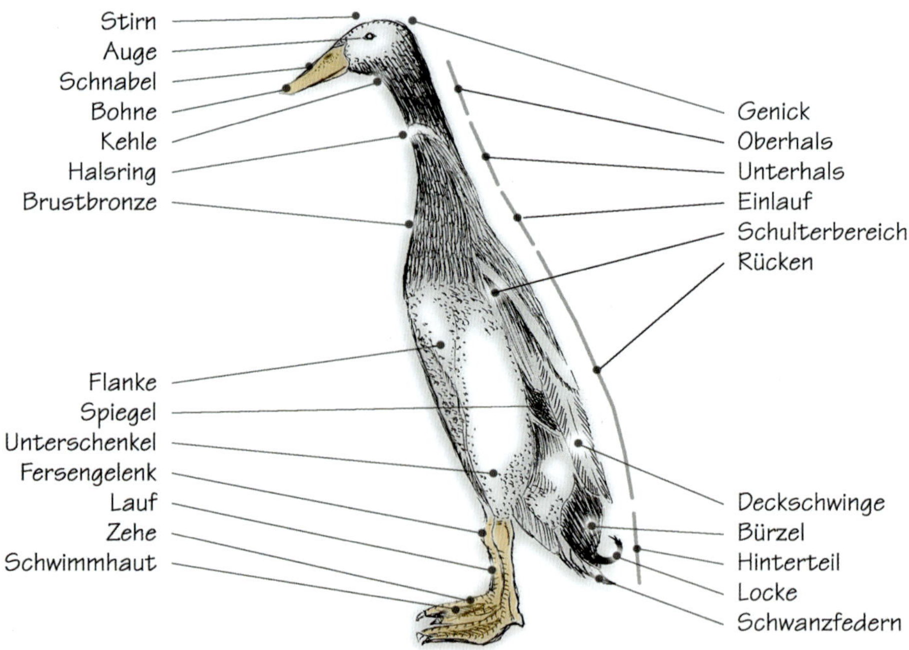

# Krankheiten

## Allgemeine Bemerkungen

**Über Geflügel sollte man wissen, dass es den Tieren schon ganz schön schlecht gehen muss bevor sie sich etwas anmerken lassen. Wahrscheinlich eine Schutzfunktion der Natur, denn auffallend kranke Tiere werden von Räubern leicht als Beute erkannt, und auch die anderen Tiere in der Gruppe sind in der Regel nicht nett zu ihnen. Also heißt die Strategie: Besser nicht auffallen!**

Das bedeutet für den Halter zweierlei:

- Erstens sollte man auf alle, auch auf die geringsten Abweichungen von der Norm achten. Das beginnt schon beim Geruch im Stall, auffälligem Kot, oder wenn ein Tier plötzlich außergewöhnlich zutraulich ist.

- Zweitens ist Eile angesagt, wenn ein Tier wirklich Anzeichen einer Krankheit zeigt. Selbst behandeln sollte man die Tiere nur, wenn die Krankheitsursache klar ist. Also niemals auf Verdacht irgendein Mittel geben! Abgesehen von der Unsicherheit ob es das Richtige ist, haben solche Rundumschläge (meist mit Antibiotika) die Folge, dass die entsprechenden Erreger immer resistenter werden, die Mittel im Laufe der Zeit immer mehr an Wirksamkeit verlieren.

Wenn man also nicht weiss wo es fehlt, dann ist Tierarztbesuch angesagt. Man ist gut beraten, wenn man seinen Tierarzt ausgesucht hat bevor ein Notfall vorliegt, denn geflügelerfahrene Tierärzte sind dünn gesät. Also vorher die nahe gelegenen Tierärzte durchtelefonieren, wer sich mit Geflügel auskennt!. Im Laufentenforum (siehe Linkliste im Anhang) steht eine Liste wassergeflügelerfahrener Tierärzte zur Verfügung, die laufend aktualisiert wird. Weitere Adressquellen sprudeln unter: http//www.vogeldoktor.de

Laufenten sind normalerweise umtriebige, quicklebendige Tiere. Wenn eine lustlos herum sitzt, dann hat sie in der Regel ein Problem. Ob das Problem gravierend ist, kann man unter Umständen durch Wiegen feststellen. Höchste Alarmstufe wäre bei einer ausgewachsenen Ente, wenn sich das Gewicht an 1 kg annähert, ein Erpel sollte nicht unter 1,5 kg wiegen.
Ich hab mich daran gewöhnt, mit Laufenten auch bei kleineren Problemen zum Tierarzt zu gehen. Auch wenn der sich wundert (und jeder Bauer darüber lacht), glaube ich schon, dass dies Sinn macht. Erstens weil ich meine Tiere mag, sie sind es mir wert. Zweitens aber auch (und da verstehe ich die Bauern nicht) weil es ökonomisch vernünftig ist. An den Untersuchungskosten für ein einzelnes Tier zu sparen, und dadurch vielleicht die Gesundheit eines ganzen Bestands durch Infektionen aufs Spiel zu setzen, das entbehrt der Logik. Ein paar Euro Untersuchungskosten fallen im Vergleich zum Risiko des Totalverlusts kaum ins Gewicht.

**Immer wieder kommen auch Leute auf die Idee, im Internet-Laufentenforum nach Behandlungsmöglichkeiten zu fragen, so etwa nach dem Motto: „Meine Ente sitzt lustlos herum, was kann ich tun?". So eine Anfrage ist weitgehend sinnfrei und sehr naiv, wie sollte ein Außenstehender aus der Ferne erraten können was einem Tier fehlt? Er kann die Ente weder sehen, noch abtasten oder riechen; er kennt weder die Gruppe, noch die genauen Gegebenheiten der Haltung.**

Es gibt wenige verantwortungsvolle Forumsteilnehmer die auf eine „diffuse" Anfrage antworten werden. Meist steigen in so ein Thema dann vorzugsweise die immer anwesenden Plaudertaschen ein, mit Beiträgen wie „Das tut mir aber leid für Deine Ente, leider hab ich keine Ahnung was ihr fehlt, aber hoffentlich wird sie bald wieder gesund!". Der Anfragende ist dann oft sauer, wenn keine oder nur unergiebige Antworten kommen, und denkt man will ihm aus Faulheit nicht helfen, oder weil er neu im Forum ist. Stellt man eine Anfrage über das Internet, dann sollte man wenigstens gleich alle relevanten Infos mitgeben; das beginnt mit der Frage seit wann das Tier auffällig ist, Alter des Tiers, wie die Gruppe aussieht, Farbe des Kots, frisst das Tier noch, hat das Tier Übertemperatur und vieles mehr. Je mehr man an Infos liefert, desto höher die Wahrscheinlichkeit dass man kompetente Auskunft erhält. Außerdem sind weniger Rückfragen nötig und es gibt dadurch keine unnötigen Verzögerungen.
Und die wertvolle Zeit, die bis zu einer Antwort verstreicht, ist dann schon das nächste Problem.

Kopiervorlage für Sticker oder Autoaufkleber

## Wann zum Tierarzt

Um abzuchecken, ob ein ernstes Problem vorliegt und ein Tierarztbesuch nötig ist, kann man sich an den nachfolgend genannten Punkten orientieren:

**Schlechter Allgemeinzustand**

- Trübe Augen
- Blasse Schleimhäute
- Ungepflegtes Gefieder
- Kahle Stellen im Gefieder, obwohl weder ein Nest gepolstert wurde, noch Mauserzeit ist
- Verminderte Nahrungsaufnahme
- Hecheln trotz normaler Temperaturen
- Andauerndes Zittern (länger als 1,5-2 Minuten) trotz normaler Temperaturen
- Krämpfe
- Desorientiertheit
- Absondern von der Gruppe

**Beinprobleme/Humpeln**

- Das Bein ist geschwollen, verfärbt, offen verletzt, oder steht seltsam ab
- Das Humpeln geht länger als drei Tage und wird schlimmer
- Die Ente liegt nur noch oder kann nur noch robben (selbst bei phasenweisem Auftreten)
- Zusätzlich Durchfall und/oder schlechter Allgemeinzustand und/oder Legepause

**Legepause**

- Der Allgemeinzustand ist schlecht
- Deutlicher Legebauch
- Vorher wurden Windeier, besonders kleine, große oder unförmige Eier gelegt
- Zusätzliches humpeln oder robben
- Die Kloake wirkt wund, vergrößert oder es hängt ein Stück Legedarm heraus

**Augenprobleme**

- Das Auge wirkt eingetrocknet oder trüb
- Starker Ausfluss/Schaum am Auge
- Häufiges kratzen
- Der Bereich ums Auge wirkt wund
- Der Bereich ums Auge ist federlos
- Schwellung am Auge
- Ein Fremdkörper steckt

**Verletzungen**

- abstehende/hängende Flügel, verdrehte Beingelenke
- Wunden durch Fremdkörper, die tief sind, oder lang, stark bluten
- Bisse bei denen die Haut verletzt wurde -> hohe Infektionsgefahr

Wenn man so einen Notfall hat, dann sollte man schnellstens zum Tierarzt und nicht abwarten bis jemand, der helfen könnte. grade online ist und Zeit hat zu antworten. Denn das kann schnell wertvolle Stunden kosten. Und es ist immer noch besser, zu einem relativ geflügelunerfahrenen Tierarzt zu gehen, als lange nach einem Spezialisten zu suchen. Jeder Tierarzt kann Abstriche machen, Fieber messen, abtasten, Wunden nähen, Brüche schienen und Antibiotika oder Stärkungsspritzen verabreichen. Es besteht ein gewisses Risiko, wenn der Tierarzt kaum oder keine Erfahrung mit Geflügel hat, aber das ist immer noch besser als gar keine Erstversorgung oder Hilfe für den armen Patienten.

## Was kann der Tierarzt unternehmen

Es kommt vor, dass man aus Zeitgründen gezwungen ist einen Tierarzt aufzusuchen, der sich mit Wassergeflügel nicht so gut auskennt. Bis ein erfahrener Kollege gefunden ist, kann man schon einmal folgende Untersuchungen (bzw. was davon sinnvoll ist) in die Wege leiten:

- Kotuntersuchung - bakteriologisch / parasitologisch / mykologisch
- Trachealabstrich - bakteriologisch / parasitologisch / mykologisch
- Antibiogramm - auf welches Antibiotikum spricht der vorliegende Keim an
- Röntgen
- Wundabstrich

## Kotprobe

Wenn man ein Tier zur Untersuchung bringt, braucht man sich um eine Kotprobe im Normalfall nicht zu sorgen, der Tierarzt findet im Transportbehälter was er braucht.
Bringt man die Probe ohne Tier, sollte man dafür sorgen, dass die Probe auf dem Transport nicht auskühlt und sofort unters Mikroskop kommt. Flagellaten sind nur in warmem Kot lebendig und zu sehen.

# Schwächelnde Enten

von Bernd Ullrich

Bei schwächelnden Enten gilt in folgender Reihenfolge:

1. Verdacht auf Kokzidiose. Diese kommt bei Jungtieren oft auch bei "relativ" sauberer Haltung vor. Tiere, die sie überstanden haben und Alttiere sind meist immun dagegen. Die Infektion und ständige Re-Infektion geschieht über die Ausscheidungen der Tiere.
2. Würmer.
3. Ernährungsfehler. Bei vielseitiger und artgerechter Fütterung kann es bei extrem kalkarmen Böden und kalkarmen Wasser auch zu Kalkmangelerscheinungen ("Calcium-Mangel-Tetanie")kommen. Diese äußern sich dann in Lähmungs- und Erschöpfungserscheinungen. In diesem Fall hilft rasch ein Zusatz zum Trinkwasser bzw. zum Futter. (*)
4. Des weiteren kommen natürlich auch noch zahlreiche bakterielle Infektionen in Frage. Hier helfen entsprechende Antibiotika (**); es sollte aber zuvor der Erreger festgestellt werden. Wegen der Bildung von Resistenzen sollten Antibiotika aber nur nach eindeutiger Diagnose und dann in der erforderlichen Menge und einem bestimmten Mindestzeitraum verabreicht werden.

DIESER RAT ERSETZT NICHT DEN GANG ZUM TIERARZT!

Anmerkung

(*) Es muss gesichert sein, dass die Tiere das Wasser auch aufnehmen, bei Zusätzen im Trinkwasser wird oft die Aufnahme verweigert

(**) Antibiotika sind immer verschreibungspflichtig.

Die erwähnten B-Vitamine sollten gespritzt werden, bei Zugabe zum Futter ernährt man unter Umständen sonst noch die Kokzidien mit.

Bild: Permi

# Entenpsychologie

von shirazpat

Hallo alle zusammen,
mal ein paar Eindrücke eines neuen Laufihalters mit kranker Ente.
Habe ich mir doch sehr viele Gedanken gemacht, wie ich dieses kleine, scheue Wesen jeden Tag einfangen kann, ohne dass es Schaden nimmt, um die Medikamente zu geben.

Aus der Sicht von Lisbeth:

1. Tag: Oh weh, der letzte Ententag!

2. Tag: Machen die das jetzt immer um 14:00 Uhr, nicht schön aber danach gibts Mehlwürmer!

3. Tag: Alles in Ordnung, danach gibts Mehlwürmer.

4. Tag: So gegen 14:00 Uhr, wo bleiben meine Mehlwürmer? (fragende Ente im Hauseingang)

5. Tag: wo ist der dicke Mehlwurm auf zwei Beinen, der mir meine Würmer bringt? Ah da - und hinterher!

Lisbeth geht es sehr gut und ich vermeide es zu sprechen, um nicht ständig mit einem gebenden Mehlwurm verglichen zu werden (zur Not zeigt sie mir auch wo die stehen, im Gartenhaus, könnte es ja vergessen haben, nicht aber Lisbeth!
Ich freue mich so sehr, dass sie alles überstanden hat, und muss immer wieder feststellen, dass die beiden eine Bereicherung für uns und unseren Garten sind.

# ERSTE HILFE

**Zu Notfällen kann es immer kommen, Unfälle oder Angriffe durch andere Tiere oder Artgenossen sind nie auszuschließen. Oft kommt es dabei, genau wie beim Menschen, zu Schockzuständen, denen schnell und konsequent begegnet werden muss. Bis man den nächsten Tierarzt erreicht kann es zu spät sein, man muss sofort eine Erstversorgung vornehmen, um den Zustand des Vogels bis zur weiteren Behandlung zu stabilisieren.**

Zuerst sollten die Körperfunktionen des Tieres überprüft werden. Am wichtigsten ist die Farbe der Schleimhäute, rosa ist der Normalzustand. Die Atmung sollte ruhig und regelmäßig erfolgen.

## Anzeichen für Trauma

sind unter anderem:

- Offener Schnabel, schwere Atmung
- Herab hängende Flügel
- Geschlossene Augenlider

## Anzeichen für Schock

sind unter anderem:

- Kalte Füße
- Blutleere, blasse Schleimhäute
- Zittern
- Bewusstlosigkeit
- Zielloses Starren des Vogels

Ein Vogel im Schock sollte, genau wie ein Mensch, ruhig und warm gehalten werden, dazu am besten im Dunkeln, und möglichst nicht hin- und herbewegt werden. Auf die Brustseite legen (dabei auf Verletzungen achten) und, wenn es geht, bei Bewusstsein halten (Ansprechen!). Stärkere Blutungen sollten abgebunden werden, Unterbrechung der Blutzufuhr maximal 30 Minuten, dann kurz Pressverband lockern und wenn nötig wieder abbinden. Die Atmung muss kontrolliert werden, Schnabel, Schnabelhöhle und Luftröhre müssen frei von Fremdkörpern sein. Zum Transport wird das Tier auf einen weichen Lappen oder ein Tuch gebettet, um es vor unnötigem Hin- und Herrollen zu schützen.

## Was unternimmt man bei ...

### Bewusstlosigkeit

Brustlage, Schnabel tiefer lagern um ein Ersticken durch Erbrechen zu verhindern, Schnabelhöhle kontrollieren, etwa vorhandene Fremdkörper entfernen und den Vogel warm halten.

### Atemstillstand

Gleiche Maßnahmen wie bei Bewusstlosigkeit. Man kann versuchen, den Vogel etwa 6-10 mal pro Minute über die Nasenlöcher zu beatmen. Der Schnabel des Tieres wird geschlossen, und mit dem Mund umschließt man die Nasenlöcher. Nun bläst man vorsichtig (sehr vorsichtig, die Luftsäcke können schnell platzen) ein wenig Luft (ca. 30 ml) durch die Nasenlöcher in den Vogel. Bei erfolgreicher Beatmung hebt sich der Brustkorb des Tieres. Laut Auskunft meiner Tierärztin ist diese Methode aber problematisch und nicht unbedingt immer von Erfolg gekrönt. Ich führe diese Art der Beatmung trotzdem hier an, weil bei einem Tier mit Atemstillstand ohnehin nicht mehr viel falsch gemacht werden kann, und einen Versuch kann's immer wert sein.

### Verletzungen

sind bei Unfällen häufig, besonders im Kopfbereich. Bei Kopfverletzungen zeigen sich Blutungen im Gehörgang, am Auge oder auf der Wachshaut. Innere Verletzungen sind häufig durch eine erschwerte Atmung, Husten, blasse Schleimhäute oder auch Hautblasenbildung erkennbar. Gliedmaßenblutungen können abgebunden werden. Wunden sollten frei geschnitten und desinfiziert werden. Das erreicht man am Besten durch Spülen mit kaltem, klarem Wasser, möglicherweise mit etwas Kamillenlösung. Bitte hier kein Blauspray verwenden, da sonst die Wunde wegen der starken Färbung vom Tierarzt nicht mehr richtig beurteilt werden kann! Angelegte Druckverbände verhindern eine Wundverschmutzung und stillen die Blutung. Im Brustbereich bitte keine Druckverbände, das könnte die Atmung behindern.

### Knochenbruch

Instabile Gliedmaßen oder fehlende Belastung von Extremitäten deuten auf Knochenbrüche hin. Als erste Maßnahme werden erst einmal die Knochen stabilisiert. Das beugt weiteren Splitterbrüchen, sowie einer Hautverletzung durch Knochensplitter vor. Dazu fixiert man den gebrochenen sowie die beiden angrenzenden Knochen mit einer Schiene (hier ist ein wenig Kreativität gefragt). Oft sind Brüche bei Vögeln bereits offen (die Haut ist verletzt). Vor der Stabilisierung sollte deshalb eine sterile Abdeckung aufgebracht werden.
Verbände sind das Mittel der Wahl zur Stabilisierung, eine zufriedenstellende Knochenheilung kann man damit aber nicht erreichen. Verbände dienen deshalb nur dem Transport zum Tierarzt, der dann die nötige Operation zur Bruchversorgung durchführt.

## Wunden durch Beutegreifer

Oft entstehen als Folge von Angriffen durch Beutegreifer mehr oder weniger grosse Blessuren, manchmal sind diese Wunden gar nicht zu erkennen oder nur sehr klein und werden nicht ernst genommen. Speziell bei Verletzungen durch Katzen (aber auch bei anderen Beutegreifern) muss man jedoch damit rechnen, dass sich durch die besonders aggressive Maulflora dieser Tiere Infektionen einstellen. Der Tod tritt dann oft plötzlich nach 12 bis 24 Stunden ein. Auch wenn der Vogel zunächst gesund erscheint, ist ein Tierarztbesuch nach einem solchen Ereignis dringend ratsam. Das gilt besonders, wenn Küken betroffen sind!

## Krämpfen

Treten bei einem Vogel Krämpfe auf, dann sollte man versuchen ihn ansprechbar zu halten. Auf jeden Fall sollte man Dauer und Häufigkeit, sowie die durch Krämpfe betroffenen Körperteile notieren. Das gibt dem Tierarzt später wichtige Hinweise auf die Ursache und für die Behandlung der Erkrankung.

## Erstickungsgefahr durch Schnecken

Besonders bei jungen Enten besteht die Gefahr, dass sie sich mit großen Schnecken übernehmen. Die Schnecke zieht sich bei Gefahr zusammen, wer würde ihr das verdenken? Dummerweise bringt das der Schnecke im Entenhals nichts mehr, außer vielleicht der Befriedigung einer späten Rache – die Schnecke bleibt der Ente im Hals stecken, in der Folge erstickt der Vogel.

Gegenmaßnahmen:

- Die Schnecke im Hals nach oben oder unten massieren.
- Die Schnecke mit einer stumpfen Pinzette herausziehen.
- Als vorbeugende Maßnahme stellt man immer genügend Wasser bereit, damit die Ente gut vor- bzw. nachspülen kann.

Bei Erstickungsanfällen einer Ente sollte man unbedingt die Schnabelhöhle kontrollieren, den Kopf nach unten zu halten und jegliche Belastung vom Brustkorb nehmen. Man kann dann versuchen, den Vogel zu beatmen.

## Vergiftungen

Sollten Vergiftungen auftreten, so kann man selbst nur etwas tun, wenn das gefressene Gift bekannt ist und die Aufnahme sofort bemerkt wird. Ein in den Schnabel eingespanntes Gummiband kann den Vogel zum Erbrechen veranlassen. Lauwarmes Salzwasser als Brechmittel zu verwenden ist ein hohes Risiko, da es zu Nierenschäden führen kann. Je nach Gift (ätzen-

de Stoffe), kann das Erbrechen auch von Nachteil sein. Es ist grundsätzlich besser, bei Vergiftungen keine eigenen Maßnahmen zu ergreifen, wenn der Weg zu einem Tierarzt nicht zu weit ist.
Siehe hierzu auch "Krankheiten - Vergiftungsursachen".

Es sollte immer klar sein, dass alle oben aufgeführten Maßnahmen nur Erste Hilfe sind und keine vollständige Behandlung des Tieres bedeuten. Diese Anleitung ist kein Ersatz für einen Besuch beim Tierarzt, der eine gründliche und fachgerechte Versorgung des Vogels durchführt. Und auch kleine Verletzungen oder scheinbar harmlose Unfälle sollte man nicht unterschätzen.

## Entwurmen

**Sehr erfahrene Entenhalter bemerken einen Parasitenbefall am Verhalten und Aussehen der Tiere sowie an anderen Merkmalen. Um den Tieren unnötige Chemie zu ersparen, entwurmen sie nur, wenn der Befall sicher festgestellt ist.**

Für alle anderen gilt: Entwurmt wird normalerweise 2x jährlich, das gebräuchlichste Mittel war lange Zeit Concurat, es fand bei Magen/Darm-Rundwürmern und bei Lungenwürmern Anwendung.. Leider ist es nicht mehr zugelassen, die derzeit verwendbaren Mittel sind unter den Produktnamen Solubenol, Flubenol und Panacur erhältlich. Sie wirken bei Enten (und Gänsen) gegen Nematoden (Fadenwürmer) sowie gegen Cestoden (Bandwürmer).

Nicht für Enten zugelassen ist Dectomax. Der Wirkstoff greift bei einer ganzen Reihe von Magen/Darm-Rundwürmern, bei Lungenwürmern, bei Augenwürmern und bei einigen Ektoparasiten wie Läusen und Spinnentierchen (Arachniden). Zudem ist er sehr komfortabel in der Anwendung, sie erfolgt durch auftragen je eines Tropfens auf die Haut am Hals, am Rücken und oberhalb des Bürzels.

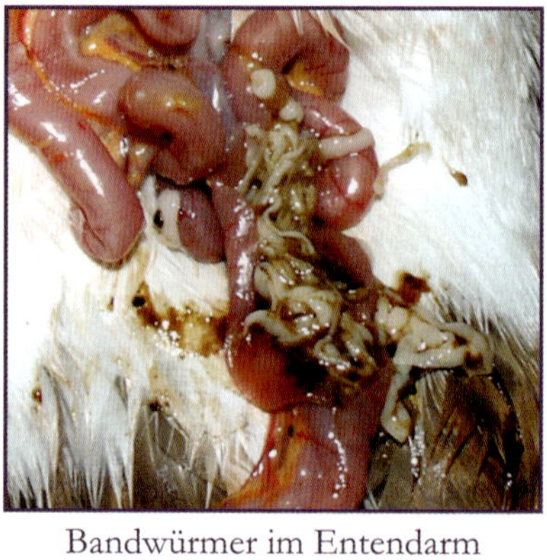
Bandwürmer im Entendarm

Wer seine Enten zum Fressen gern hat, sollte vorsichtshalber nach der Eingabe 7 Tage abwarten. Auch wenn auf der Verpackung nicht vermerkt, kann es nicht schaden auch beim Verzehr der Eier mindestens 10 Tage Wartezeit einzuhalten.

Und hier die lange Version, für alle, die es genauer wissen wollen: Das Thema entwurmen ist weniger eine Sache von Chemie versus Naturheilkunde, sondern einfach eine Abwägung verschiedener Faktoren. Genau so wie Darmerreger haben unsere Enten auch immer Darmparasiten. Schon deshalb, weil sie Schnecken fressen, denn die Schleimer sind Zwischenwirte für verschiedene

Würmer. Dazu kommt die Schmadderei im Schlamm, auch hier werden Würmer, Wurmlarven oder Wurmeier mit aufgenommen, das ist nicht zu verhindern.

Jetzt hat man zwei Möglichkeiten, entweder man entwurmt präventiv oder nur bei Befall.

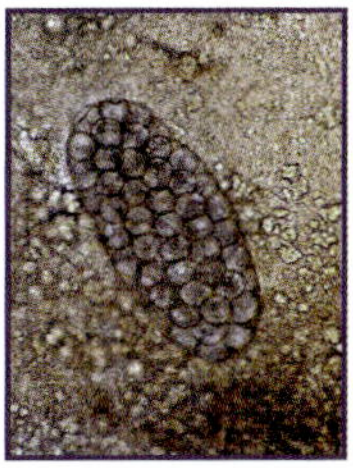
Cestoden-Eipaket

## Präventiv

Es wird 2 mal im Jahr in der Legepause entwurmt, also wenn die Enten gesund sind und nicht wenn sie grade schwächeln oder gar eine Antibiotikabehandlung durchstehen oder gerade durchstehen mussten. Die Risiken sind hier ganz klar die Resistenzbildung, und dass man mit Flubenol/Solubenol nicht alle Wurmarten abtötet. Spul- und Fadenwürmer zum Beispiel sprechen auf Panacur an. Und, bitte, keine Drontaltabletten oder Banmintpaste verwenden, weil man´s grade da hat, das gehört in die Säugetierabteilung. Außerdem putzt eine Entwurmung radikal durch, sie schwächt die Enten also. Um das ein wenig abzufangen, verbindet man die Entwurmung am Besten gleich mit einer Vitamin- und Mineralkur.
Auch eine regelmäßige Zugabe von Thymian zum Futter kann helfen, Wurmbefall vorzubeugen.

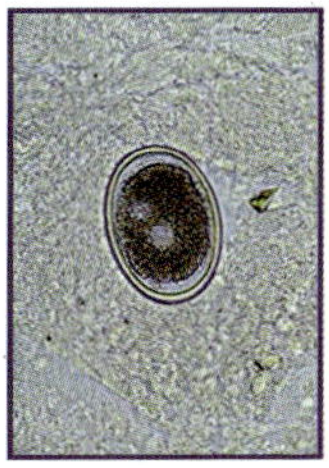
Spulwurmei

Gute Gründe für eine präventive Entwurmung sind:

- kleiner Stall und geringer Auslauf bei größerem Tierbestand
- ein schneckenreiches Jahr
- ein regnerisches Jahr, wo viel im Schlamm geschmaddert wird
- viele Neuzugänge, weil dann der Erregerdruck höher sein kann.

## Bei Befall

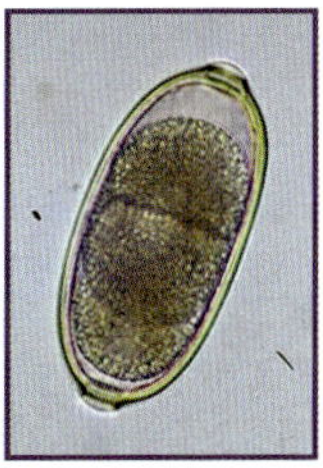
Gabelwurmei

Normalerweise wird ein Befall durch eine Kotuntersuchung festgestellt. Hierbei muss man einiges beachten. Untersuchungen sollten alle drei Monate erfolgen, nicht nur halbjährlich. Man macht eine sogenannte Sammelkotprobe, also entweder morgens beim Stall öffnen alle verfügbaren Häufchen einsammeln, oder die Tiere einen Tag auf kleinem Areal einzäunen und da dann abends die Resultate sammeln. Kotproben nur von einzelnen Tieren liefern manchmal falsche negative Ergebnisse. Dazu kommt, dass ein normaler bis mittelschwerer Befall oft im Labor nicht feststellbar ist. Erst bei starkem Befall sind die Würmer eindeutig nachweisbar, dann sieht man den Enten aber meistens die Verwurmung schon an. Deshalb sollte man regelmäßig die Enten entweder wiegen, oder das

Brustbein abtasten, und bei spürbarem Gewichtsverlust auch außerhalb des dreimonatigen Turnus eine Kotprobe einschicken. Wie man im Einzelfall vorgeht, muss jeder für sich entscheiden und gründlich abwägen. Beide Methoden haben ihre Risiken und Vorteile. Wichtig ist, das man sorgfältig vorgeht und immer das Wohl der Enten im Auge behält.
Ich selber entwurme halbjährlich mit Flubenol und gebe meinen Enten regelmäßig Knoblauch, Neuzugänge bekommen eine vierwöchige Knoblauchkur verordnet, dieser steht auch für alle anderen mindestens einmal wöchentlich auf dem Speiseplan. Und, wie schon erwähnt, tut auch eine gelegentliche Gabe von Thymian ihre Wirkung

von @ndré - Böser Bandwurm

wusstet Ihr, dass Cestoden (wie Bandwürmer auf schlau heißen) weder von Flubenol noch von Concurat beeindruckt sind? Außerdem sind sie bei vier (Hühner-)Kotproben, die jede Menge Bandwurmproglottiden (wie Bandwurmglieder auf schlau heißen) aufwiesen, vom Institut für Parasitologie nicht im Kot entdeckt worden. Erst nach Einsendung der Proglottiden, in Spiritus eingelegt, erfolgte eine Diagnose.
Nun bekommt mein Federvieh Droncit mit dem Wirkstoff Praxiquantol, um diese Gesellen loszuwerden. Dieses Mittel ist eigentlich für Pferde, und die Eierwartezeit ist deshalb natürlich nicht auf dem Mittel angegeben, jedoch für essbares Gewebe wird sie mit 0 beziffert und von meinem Tierarzt auch für Eier in 0 uminterpretiert. Da ich großen Respekt vor dieser Gifterei habe, schmeiße ich die Eier trotzdem 2 Wochen an die Wand.

**Es gibt Wurmarten, die auf die oben beschriebene Behandlung nicht ansprechen. Im Zweifelsfall sollte deshalb immer ein erfahrener Tierarzt zu Rate gezogen werden.**

Wirkstoffe gegen die verschiedenen Wurmarten - von Mitch

Also, Benzimidazole wie z.B. Flubenol, Solubenol oder Panacur greifen bei Enten/Gänsen im Gastrointestinaltrakt bei Nematoden (Fadenwürmer) und Cestoden (Bandwürmern.
Doramectin (Dektomax) ist für Rinder, Schafe und Schweine freigegeben. Der Wirkstoff ist recht breit angelegt und greift bei einer langen Liste von Magen/Darm-Rundwürmern, auch Lungenwürmern und Augenwürmern sowie gegen einige Ektoparasiten wie Läuse und Spinnentierchen (Arachniden).
Levamisol (Concurat) greift beim Geflügel bei spezifischen Magen/Darm-Rundwürmern und Lungenwürmern.
Sollte dieses zu oberflächlich sein, findest Du eine spezifische Aufzählung unter der Webadresse http://www-vetpharm.uzh.ch/perldocs/wirksto.htm.

LG Det

# Impfen

Geimpft werden kann gegen:

- Virus-Hepatitis (setzt besonders Küken zu). Geimpft werden die Elterntiere 2 Wochen vor Brutbeginn sowie die Küken am ersten Lebenstag
- Geflügel-Cholera
- Entenpest

Welche Impfung davon sinnvoll ist, kann man beim Tierarzt erfragen.
Hat man außer den Watschlern noch anderes Geflügel, dann kann es eventuell nötig sein gegen Krankheiten zu impfen an denen Enten nicht selbst erkranken, die aber von den Tieren auf andere Rassen übertragen werden können (zum Beispiel Newcastle Disease).

Forumsbeitrag von Bernd

Wohl dem, der in einem Geflügel- oder Kleintierzuchtverein organisiert ist. Den Impfstoff erhält man vom Geflügelzuchtwart des Vereins zweimal jährlich nach Absprache, denn es müssen vom Verein Gebinde für mindestens 1.000 oder 2.000 Hühner (so erinnere ich mich) abgenommen werden. Der Impfstoff wird dem Trinkwasser morgens nach Anleitung zugesetzt. Bei meinen vielen Viechern (zum Beispiel 40 Hühnern) hat mich das vor einer Woche 2,00 Euro für alle Tiere gekostet. Wassergeflügel muss nicht geimpft werden, es kann aber diese Krankheit übertragen obwohl es selber nicht krank werden kann. Für Laufentenhalter mit Hühnern empfiehlt es sich daher, alle Tiere zu impfen. Zudem sollte eine Impfung der Hühnerküken gegen die Mareksche Krankheit in der ersten Lebenswoche einmalig erfolgen, man sollte nur bereits geimpfte Tiere einstellen oder als Züchter dies mit seinem Verein organisieren. Hier geben auch Amtsveterinäre gern Auskunft, die ja die Geflügelzuchten überwachen.

# Häufige Erkrankungen

## Erhöhte Temperatur

**Die Normaltemperatur der Enten liegt bei 41°C. Es hat schon Tierärzte gegeben, die das nicht wussten!**

Die Messung der Temperatur ist einfach, wer schon mal bei sich selbst gemessen hat, weiss wie es geht.

Kleiner Hinweis: man misst weder unter der Zunge, noch unter der Achsel ☺
Es kann nicht schaden, das Thermometer ein wenig anzufeuchten oder einzucremen, dann rutschts besser.

## Zu niedrige Temperatur

**Bei Enten ist eine zu niedrige Temperatur. viel kritischer als beim Menschen. Weniger als 2°C Untertemperatur darf eine Ente nicht haben, sonst muss sie sofort zum Tierarzt!**

## Aspergillose

Sporen der Aspergillus-Schimmelpilze werden von den Tieren eingeatmet und mit der Nahrung aufgenommen. Es kann zu einem Befall der Lunge, der Luftsäcke oder des Verdauungstrakts kommen. Die Inkubationszeit (Zeit zwischen Infektion und Auftreten von Anzeichen der Krankheit) kann Wochen, sogar Monate betragen.

Im Körper scheidet der Pilz ständig stark giftige Stoffwechselprodukte aus, ein Befall ist ausgesprochen schwer zu behandeln, die verfügbaren Medikamente (aus der Humanmedizin) haben meist erhebliche Nebenwirkungen. Aspergillose tritt hauptsächlich in der warmen Jahreszeit und bei hoher Luftfeuchtigkeit auf, wenn sich die Schimmelpilze so richtig wohl fühlen. Die Sterblichkeit ist sehr hoch, meist tritt der Tod innerhalb weniger Tage ein. Oft sind die Tiere in dieser Zeit durch die Mauser geschwächt, was den tragischen Verlauf der Krankheit noch beschleunigt. Außerdem gibt es noch eine chronische Art der Aspergillose, bei der die Tiere durch Kurzatmigkeit, Müdigkeit, großen Durst, Hustenanfälle und Abmagerung auffallen.

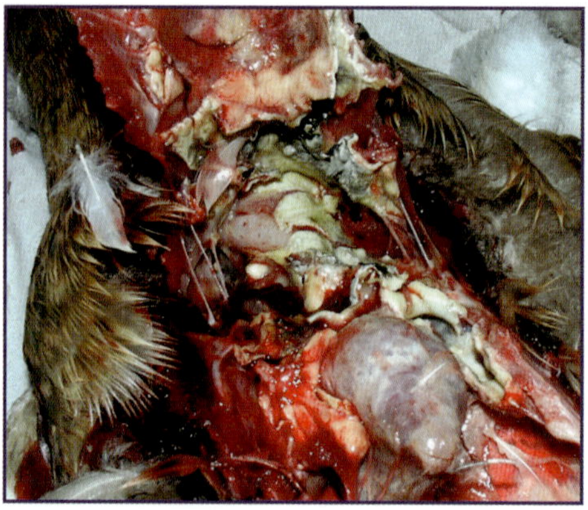

Aspergillose im Brustraum

Während es kaum wirksame Arzneimittel gegen Schimmelpilzgifte gibt, hat die Natur selbst Strategien entwickelt um damit zurechtzukommen. Fettlösliche Vitamine bilden einen körpereigenen, natürlichen Schutz gegen Schimmelpilzgift. Leider sind die, oft im Fertigfutter enthaltenen, künstlichen Vitamine meist nicht wirksam, das gilt vor allem für die Wirksamkeit gegen Gifte der Cumarin-Derivate, aber auch bei Infektionen wie beispielsweise Aspergillose.

Naturidentisches Vitamin K1 gibt es in der Apotheke z.B. unter dem Namen „Kanavit-Tropfen", es kann bei Bedarf dem Futter zur Stärkung der Abwehr gegen bestimmte Pilzgifte zugemischt werden.

## Bindehautentzündung (Konjunktivitis)

Relativ häufig bei Wassergeflügel sind Bindehautentzündungen.
Ursachen sind beispielsweise Fremdkörper im Auge, kleine Verletzungen, schmutziges Wasser oder Zugluft. Aber auch Allergien, z.B. durch Pollenflug, kommen in Frage.
Symptome:

- Das Auge tränt
- Es kann sich Schaum bilden
- Das Auge kann ganz zuschwellen
- Die Ente kratzt sich
- Eventuell verkrustete, offene Stellen ums Auge (unabhängig von der Mauser!)

Abhilfe:

**Bei starken Symptomen oder fortgeschrittenem Verlauf bitte gleich zu Punkt 4 gehen!**

1. Bei nur leichten Symptomen kann man Euphrasia (Augentrost) versuchen. Man tropft 2-3x am Tag einen Tropfen in das betroffene Auge. Bitte nicht homöopathisch über das Trinkwasser geben, das ist wahrscheinlich nutzlos. Anwendung äußerlich, nicht homöopathisch verdünnt.
2. Kamille kann verwendet werden, aber da sie austrocknend wirkt, muss sie 1:10 verdünnt werden. Bei Teeansatz gilt: Mindestens dreimal filtrieren und das Filtrat dazwischen immer absetzen lassen! Kamille hat sehr feine Pollen und diese können bei einer mechanischen Reizung eine Entzündung noch verschlimmern. Um diese Arbeitsschritte zu umgehen, könnte man auf Kamillenlösung aus der Apotheke zurückgreifen.
   Um die Ente zur Augenspülung zu überreden, legt man in einen hohen Topf ein Leckerli, füllt die Kamillenlösung ein und hofft, dass die Ente auch tatsächlich den Kopf hinein steckt.
3. In der Humanmedizin behandelt man Störungen der Konjunktiven (Bindehäute) alternativ auch mit Conjunktisan B (VitOrgan). Insbesondere bei Allergien kann Conjunktisan helfen, es wird 2 x täglich in das betroffene Auge geträufelt. Im akuten Fall hat sich (ein Tropfen in jedes Auge) Procain 1% (Steigerwald, das einzige Procain ohne Konservierungsstoffe) bewährt. Procain ist ein Lokalanästhetikum, das in der Neuraltherapie eingesetzt wird, mit gefäßerweiternden und entzündungshemmenden Komponenten.
4. Sollte dies nach 2-3 Tagen nicht anschlagen, wechselt man auf ein Lokal-Antibiotikum (Nebacetinsalbe, verschreibungspflichtig). Hier muss man unbedingt die auf der Packungsbeilage beschriebene Behandlungsdauer einhalten!

5. Bringt auch dies nichts, muss der Arzt einen Augenabstrich machen, um die genaue Ursache der Entzündung zu ermitteln. Es könnte sich auch um eine Viren- oder eine Pilzinfektion handeln, die dann spezifisch behandelt werden muss.

Achtung: Bei Geflügel nie kortisonhaltige Salben verwenden!

## Botulismus

**Diese Krankheit betrifft nahezu alle Wasservögel. Sie tritt an heißen Sommertagen auf, wenn das Wasser, in dem sich die Tiere aufhalten, aufgrund seiner Sauerstoffarmut alkalisch reagiert.**

Vorwiegend kommen Gartenteiche als Ursache in Frage. Daher sollte man diese Wasserstellen im Hochsommer stets mit frischem Wasser versorgen. Wenn sich die Bakterien (Clostridium botulinum) massiv vermehren, geben sie ein starkes Nervengift ab, das stärkste bekannte bakterielle Toxin, bereits 0,1 µg sind für den Menschen tödlich. Vor allem Enten, aber auch Gänse nehmen dieses Gift dann beim Gründeln auf. Erste Anzeichen bei Vergiftungen mit Typ A dieser Bakterien (es existieren mehrere Typen) sind Sehstörungen, gefolgt von Schluckbeschwerden, die ca. eine Woche anhalten. Die Krankheitskeime können auch in feuchtem Futter, Fliegenlarven und Küchenabfällen vorhanden sein. Will man bei verdächtigem Futter auf Nummer Sicher gehen, kann man es gründlich erhitzen (80 °C für 15 Minuten).Das Gift ist hitzeinstabil und wird dann unschädlich. Bei mit dem Typ C geschädigten Tieren ist der Bewegungsablauf gestört, zunächst in der Bein- und Flügelmuskulatur. Die Tiere zeigen unkoordinierten Gang und schleifen die Flügel nach. Nach einigen Tagen ist auch die Halsmuskulatur geschwächt, so dass die Ente den Hals nicht mehr heben kann und mit ausgestrecktem Kopf am Boden liegt. Meist nimmt das Tier in dieser Phase keine Nahrung mehr auf, da die Speiseröhrenmuskulatur bereits ihre Funktion eingestellt hat. Der Tod tritt schließlich dadurch ein, dass die Atmungsmuskulatur versagt.

## Durchfall

erkennt man an der Konsistenz und Farbe des Entenkots. Die sonst getrennt sichtbaren grünen und weißen Anteile fließen ineinander, der grüne Anteil fließt auseinander und bildet einen Hof, der Kot ist insgesamt matschig.
Ursache: einseitiges Futter, gefrorenes oder verdorbenes Futter. Durchfall kann auch nur ein Symptom für andere Krankheiten sein, hier muss man weiter forschen, wenn verdorbenes Futter auszuschließen ist.
Behandelt wird, ähnlich wie beim Menschen, mit Aktivkohle, Kamillen- oder Pfefferminztee, oder abgekochtem Reiswasser.

## Flagellaten

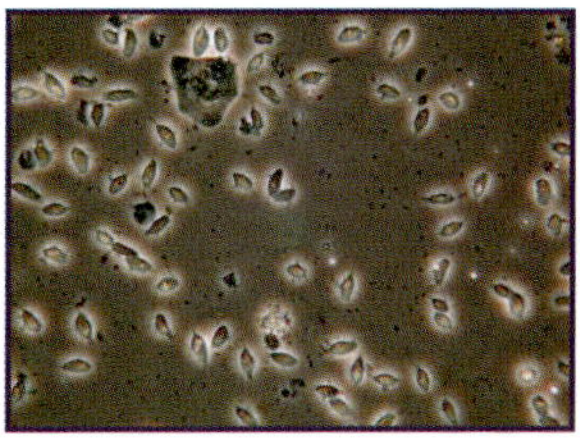

sind im Darm lebende Einzeller, bei der Ente handelt es sich um Trichonomaden. Die Tierchen sind unter dem Mikroskop gut zu sehen, aber nur, wenn die Kotprobe warm und frisch ist.
Bekämpft wird mit Ronidazol, das unter dem Produktnamen "Ridzol 10% BT" beim Tierarzt zu erhalten ist. Die Dosierung ist 4 Gramm pro 1 Liter Trinkwasser, es kann in der entsprechenden Menge aber auch unters Futter gemischt werden.

## Gicht

Wie beim Menschen, tritt Gicht verstärkt bei älteren Tieren auf. Grund ist meist die Verfütterung von zu eiweißreicher Nahrung. Die Gicht tritt in zwei Formen auf, einerseits kann sie die Gelenke befallen, andererseits die Eingeweide, beide Formen können aber auch gemeinsam auftreten. Die erkrankten Tiere zeigen wenig Appetit und magern ab.

## Geflügelcholera

Die Symptome zeigen sich 12 bis 48 Stunden, manchmal erst bis zu 9 Tage nach der Infektion:

- Bläuliche Verfärbung des Schnabels, Übelriechender Durchfall, fleckig-blutig, später grünlichrot
- Freßunlust, Durst.

Der Tod kann sehr rasch, ohne große Krankheitsanzeichen, bereits nach einem Tag eintreten, bei langsamerem Verlauf nach bis zu 2 Wochen. Die Ansteckung erfolgt über infizierte Tiere aus verseuchten Beständen, Wildvögel, Ratten und Mäuse, Vogelmilben und verseuchte Teiche. Behandelt wird mit Sulfonamiden oder Antibiotika, und zwar vom Tierarzt. Die Geflügelcholera ist meldepflichtig!

## Gelenk-Sehnenscheidenentzündung (Ansteckende -)

Symptome: Lähmungserscheinungen, seltener Gelenkschwellungen, bei vollem Ausbruch unheilbar
Therapie: im Frühstadium mit Antibiotika heilbar

## Kokzidiose

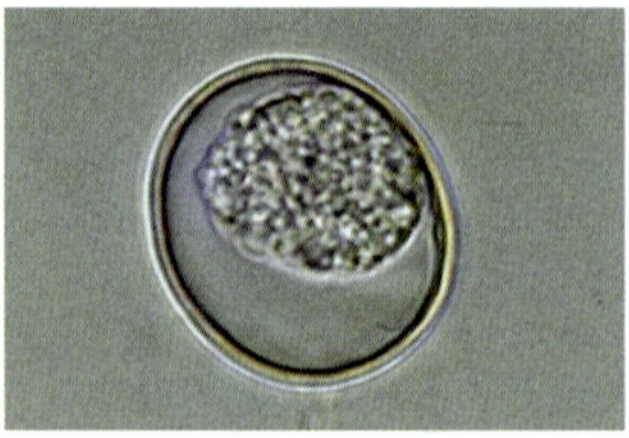

Eine Erkrankung bei Geflügel, die meist seuchenartig auftritt. Verursacht wird sie durch verschiedene Arten von Einzellern, die in die Darmschleimhaut eindringen und sich dort vermehren. Befallene Tiere magern rasch ab und können nach 2 bis 8 Tagen sterben. Anzeichen der Krankheit sind Gewichtsverlust, Schwäche, Wachstumsstörungen und manchmal Durchfall (weißgelbe Farbe, käsige Beschaffenheit). Bei Küken kann der Kot auch geronnenes Blut enthalten. Gesunde, starke Tiere zeigen manchmal keine Krankheitsanzeichen, auch wenn sie in gewissem Maße infiziert sind. Aber auch ohne Anzeichen können sie Erreger ausscheiden und andere, schwächere Tiere infizieren.

Die Behandlung erfolgt durch Gaben von Antibiotika, zusätzlich können B-Vitamine verabreicht werden. Die Vitamine sollten gespritzt werden, bei Zugabe zum Futter ernährt man unter Umständen sonst noch die Kokzidien mit.

von Bernd Ullrich

Kokzidose kann man riechen, der ganze Stall riecht unangenehm. Die befallenen Tiere werden sehr schnell schwächer, d.h. man muss sehr rasch und sorgfältig mit BAYCOX intervenieren. Darüber hinaus ist absolute Sauberkeit von Futter und Trinkwasser erforderlich. Meist werden Jungtiere befallen, die sich nicht richtig mit der aktuellen bakteriellen Umwelt im Stall auseinandersetzen konnten d.h. fehlende "stille Feihung" (zum Beispiel Zukäufe). Deswegen sollen frisch geschlüpfte Küken schon alsbald mit dem Kot ihrer Mitbewohner in Berührung kommen, um Abwehrkräfte gegen das bestehende bakterielle Klima zu entwickeln. Bei einer verschleppten, chronischen Kokzidiose hilft leider nur, den gesamten Bestand zu euthanasieren.

von Lexx

Zitat von Mitch:
„Diese Tiere sind aber auch ohne Krankheitsanzeichen auf jeden Fall sogenannte Dauerausscheider"
Bevor jetzt Panik ausbricht, es ist tatsächlich so dass jede unserer Enten Salmonellen und Kokzidien hat. Aber, genau wie bei uns die E.Colis im Darm, macht die Menge die Krankheit. Solange wir normal viele E.Colis im Darm haben, sind wir gesund, dann einmal in einem Badesee geschwommen, mit zu vielen E.Colis drin, Wasser geschluckt und hat man die Flitzekacke ;). Anderes Beispiel, mein großer Sohnemann ist ja hier mit Enten aufgewachsen (zeitweise 13 Stück), darunter Aufstallungsbedingungen, Nase im Misthaufen, mit´m Bobbybike im Stall fahren,

zusammen im Plantschbecken sitzen etc., immer fit, nie eine Erkrankung gehabt. Das Kind fällt einmal in den Bach, kurz nachdem rund rum Jauche ausgebracht wurde und hat Salmonellen. Also auch da, die Menge macht´s. Meine Enten als Normalausscheider haben nicht genug Erreger ausgeschieden um Leo erkranken zu lassen, die Jauche im Bach hatte aber die ausreichende Konzentration.
Gut, was passiert, wenn´s zu viel ist? Allgemein erklärt, die Erreger besiedeln den Darmtrakt und ernähren sich dort vom anverdauten Nahrungsbrei. Dabei vermehren sie sich auch, nur eben, wenn´s ein Normalmaß hat, dann hält es sich die Waage zwischen Vermehrung und Ausscheidung durch den Wirt. Zu viele vermehren sich aber stärker als sie ausgeschieden werden können. Das Problem ist, die Erreger ernähren sich, geben ihre Ausscheidungen von sich und diese "Bakterien-Toxine" lösen dann Durchfall aus. Entweder durch das Gift, das der Körper loswerden will, oder durch Lähmung der Darmschleimhaut. Dadurch kann aber der Darm dem Kot kein Wasser mehr entziehen, wodurch der Wirt auch zu wenig Mineralien und Nährstoffe abbekommt. Was folgt ist Dehydration und Mangel. Das ist die hauptsächliche Gefahr an Darmerregern. Behandelt werden muss mit einem erregerspezifischen Antibiotikum. Elektrolyte und Durchfallstopper werden bei Geflügel selten vom Tierarzt eingesetzt, aber dafür hat man dann die Hausmittel.
Nochmal, jedes Federtier hat die Erreger, scheidet sie auch aus, deswegen Dauerauscheider. Nur, wenn die Tiere fit und gesund sind und man mit der Hygiene nicht schlampt, bzw. die Bestandsdichte nicht zu groß werden lässt, dann passiert normalerweise auch nichts. Auch jetzt nicht nach jedem Misten mit Sagrotan ran an den Stall, das ist auch Quatsch, so kann sich keine Immunabwehr bilden.
Also einfach darauf achten, dass Futter- und Wassernäpfe sauber, Futter und Wasser stets frisch sind, der Stall normal sauber ist, und auch den Auslauf und die Badegelegenheiten bitte nicht außer Acht lassen. Die Tiere gesund halten und wenig Stress zumuten, dann passiert normalerweise nicht viel.

## Leberentzündung (Hepatitis)

Symptome: Gleichgewichtsstörungen, Mattigkeit, Blauverfärbung des Schnabels, hauptsächlich bei jungen Enten bis zu 5 Wochen, hohe Sterblichkeit
Therapie: nur vorbeugende Impfung möglich

## Legenot

Symptome: Gekrümmter Rücken, hängende Flügel, Tier sitzt oft apathisch herum, pumpende Bewegungen mit dem Hinterleib

**Achtung! Hier ist besondere Eile geboten!**

Es muss herausgefunden werden, ob es ein Ei mit oder ohne Schale (Windei) ist; ohne Schale kann man es zerstören, um der Ente Erleichterung zu verschaffen.
Bei „normalen“ Eiern spritzt der Tierarzt ein Mittel zur Förderung der “Wehen” und verabreicht ein Gleitmittel. Danach sollte das Ei innerhalb von 15 Minuten da sein.
Do-it-Yourself-Methode: Man schnappt sich die Ente, reibt die Kloake (wo das Ei heraus kommt) mit Vaseline ein und drückt dann das Ei so vorsichtig es geht heraus (Drücken und Haut gleichzeitig zurückschieben).
Achtung - gleich nach dem Ei kommt oft eine kleine Explosion von Entenkacke nach!
Meist hat so ein Vorgang auch Entzündungen zur Folge, die man mit einem entsprechenden Antibiotikum (Baytril) behandeln sollte.

### Legenot, von Manuela

Gestern ging es unserer Liesbeth sehr schlecht. Sie konnte nicht mehr laufen und rutschte morgens schon auf dem Bauch aus dem Stall. Ich beobachtete sie über mehrere Stunden und entschloss mich dann, sie im großen Heueimer in unserer Badewanne unterzubringen. Nachmittags fuhren wir zum Tierarzt, der Legenot diagnostizierte. Liesbeth wurde operiert, erhielt ein Antibiotikum und wurde entlassen. Es hieß: Ich solle sie ruhig zurück ins Gehege setzen aber darauf achten, dass sie frisst und von den Anderen nicht gemobbt wird. Wir setzten sie zuhause also in einen separaten Stall.
Sie hat es leider nicht geschafft. Gestern abend um 23.00 h war sie bereits tot. ..... In jedem Fall ist höchste Eile geboten.
In unserem Fall haben wir gewartet bis der Tierarzt um 16.00 Uhr Sprechstunde hat. Das war eindeutig zu lange!

**Besondere Beobachtung verdienen junge Enten vor der ersten Eiablage. Die Tiere haben noch nicht die nötige “Übung”, und die Schale der allerersten Eier kann sehr rau sein.**

### Erfahrungsbericht zu Legenot von Sabine

Emily ist jetzt fünf Jahre alt. Im ersten Legejahr hatte sie so gut wie keine Probleme mit der Eierlegerei. Je älter sie wurde umso häufiger stellten sich Legeprobleme bis hin zur akuten Legenot und einhergehender Lebensgefahr ein. Erst waren es sporadisch auftretende Legedarmentzündungen, die mit Antibiotika behandelt wurden oder Legeprobleme mit einzelnen Eiern. Die Legeprobleme wurden anfangs mit Schmerzmittel und Krampflöser, sowie einem zusätzlichen homöopathischen Medikament behandelt und Emily konnte das Ei, das normalerweise eine feste Schale hatte, selbst loswerden. Dann legte sie ab und zu Windeier, die sie meistens unter großen Qualen ohne Hilfe loswerden konnte.

Der Tierarzt hat allerdings auch schon Windeier in der Ente zerstört. Die Legedarmentzündungen waren durch Windeier mit halb oder noch halbflüssig ausgebildeten Kalkschalen sowie einem schlechten Allgemeinzustand der Ente erkennbar.
Diese Eier bedeuten für das Tier qualvolle Stunden um das Ei heraus zu pressen, was durch die weiche Schale fast unmöglich ist.
Bei Emily machten sich die Beschwerden wie folgt bemerkbar: Zuerst lief sie „nur" holperig (breitbeinig), sie war nach Möglichkeit im Teich und lag ruhig im Wasser, die Beine nach hinten gestreckt und die Augen immer wieder zugekniffen, was bei ihr auf starke Schmerzen hindeutet. Gefressen hat sie dann nicht mehr. An Land war sie nach einer Zeit nicht mehr in der Lage zu laufen, es wurde unter Zuhilfenahme der Flügel gerobbt bzw. sie lag nur noch. Stellte man Emily auf die Beine, taumelte sie und fiel früher oder später wieder hin. Nahm man sie auf den Arm, spürte man den extremen Herzschlag, der Kopf hing herab, sie reagierte überhaupt nicht mehr, gequakt wurde schon gar nicht. Ähnliche Symptome traten bei Emily auch auf wenn sie Legeprobleme mit einem Ei mit normaler Schale hatte.
Als Emily vier Jahre alt war, traten neben Legeproblemen auch zwei Legedarmentzündungen innerhalb kurzer Zeit auf, so dass wir sie zusätzlich zum Antibiotikum erstmals über einen kurzen Zeitraum mit Hormonen behandelt haben. Durch die Hormonbehandlung sollte die Eierproduktion unterbunden werden, damit sich der angegriffene Legeapparat wieder erholen konnte.
Zwischen den Problemen gab es immer wieder unterschiedlich lange Phasen, in denen alles problemlos ablief oder sie mal ein Windei legte, wir aber nicht eingreifen mussten.
Die Legeperiode 2008 begann ohne Probleme, die ersten Eier hatten eine normale feste Schale und die Ente keine Beschwerden. Beim 6. Ei in diesem Jahr trat wieder Legenot auf, es ging der Ente innerhalb sehr kurzer Zeit extrem schlecht. Der herbeigerufene Tierarzt konnte kein Ei ertasten und gab wieder Schmerzmittel und Krampflöser. Da es der Ente nach zwei Stunden noch schlechter ging, suchten wir Abends nochmals den Tierarzt auf. Zu dem Zeitpunkt war dann das Ei zu ertasten, es hatte eine nicht ganz feste und sehr raue Schale, was Emily scheinbar entsetzliche Schmerzen bereitete.
Der Tierarzt zerstörte das Ei im Legedarm, gab ein Antibiotikum sowie Gleitmittel in den Darm, damit der Rest des Eies, vor allem die Schale, ohne weitere Schmerzen ausgeschieden werden konnte. Sobald das Ei zerstört ist, merkt man dem gequälten Tier sofort eine Erleichterung an.

Insgesamt konnten wir drei verschiedene Legeprobleme feststellen:

- Eier mit harter Schale, die nach Behandlung mit Schmerzmittel und Krampf löser ohne weiteres Eingreifen, aber unter großen Qualen, gelegt werden konn ten
- Windeier, die die Ente unter Schmerzen und Qualen selbst loswerden konnte
- Windeier sowie Eier mit fester Schale, die der Tierarzt in der Ente zerstören musste

## Paratyphus – Salmonellose

Diese Krankheit wird durch unterschiedliche Salmonella-Bakterien hervorgerufen, die hauptsächlich im Darmtrakt Entzündungen verursachen. 1936 wurde wegen Salmonellen-Erkrankungen beim Menschen die „Enteneier-Verordnung" in Kraft gesetzt: Beim Verkauf von Enteneiern muss darauf hingewiesen werden, dass vor dem Verzehr mindestens zehn Minuten gekocht werden muss. In Zeiten, in denen Enten ihr Futter noch auf Dorfstraßen und Abfallhaufen selber suchten, hatte dies auch sicher seine Berechtigung. Folge dieser Verordnung war, dass Enteneier letztendlich vom Markt verschwanden und bis heute (völlig zu Unrecht) einen schlechten Ruf genießen. Heute auftretende Salmonelleninfektionen beim Menschen haben meist ganz andere Gründe (siehe z.B.
http://www.thueringen.de/de/publikationen/pic/pubdownload448.pdf
oder
http://www.animal-health-online.de/drms/klein/salmonellen.htm).

Salmonellen sind in der Natur fast überall vorhanden, und Wassergeflügel erkrankt normalerweise nur, wenn es wiederholt größere Mengen von Erregern aufnimmt. Die Bakterien werden beim Fressen aufgenommen, dringen in die Darmschleimhaut ein und vermehren sich dort. Es bildet sich eine Darmentzündung, in der Folge wird die Darmwand durchlässig für die Keime, die dann über den Blutkreislauf in die Leber und andere Organe wandern. Die befallenen Tiere wirken matt und müde, fressen nicht, zeigen starken Durchfall und damit einhergehenden Durst, das Gefieder wird gesträubt und ist um die Kloake herum wegen des Durchfalls verklebt. Befallene Tiere haben ein hohes Wärmebedürfnis. Am stärksten sind Küken betroffen, die höchsten Verluste treten in der zweiten Lebenswoche auf. Infizierte ausgewachsene Tiere zeigen oft kaum Anzeichen der Krankheit, können aber die Erreger monatelang mit dem Kot ausscheiden. Ein weiterer Übertragungsweg ist die Verbreitung über Eier. Salmonellen können auf Eier bereits über das Sperma des Erpels, häufiger über den Eierstock, aber auch später durch anhaftenden Schmutz übertragen werden, da die Erreger durch die Schalenporen ins Ei eindringen können. Salmonellose kann mit Antibiotika oder Chemotherapeutika durch den Tierarzt behandelt werden. Zur Vorbeugung gehört, neben einer ordentlichen Stallhygiene, dass man nur einwandfreies Futter anbietet. Wo möglich, sollen Kontakte zu Wildvögeln vermieden werden.

## Vogelkrankheit (Entenornithose)

Symptome: Mattigkeit, unsicherer Gang, Augenentzündung, Abmagerung, kaum Futteraufnahme; kommt bei Tieren jeden Alters vor
Therapie: Medikamentöse Behandlung durch Tierarzt über einen Zeitraum von 3-4 Wochen
Besonderheit: Die Krankheit ist meldepflichtig, sie ist mit der Papageienkrankheit verwandt und kann auch für den Menschen gefährlich werden

## (Ekto-) Parasiten

Parasiten befallen ein Lebewesen oder Pflanzen, um sich von ihrem Wirt zu ernähren. Dabei schwächen sie das befallene Lebewesen oder verursachen Infektionen. Sie können Ursache von Juckreiz, Schmerzen und/oder körperlichen Schädigungen sein.Auch wenn Parasitenbefall den Wirt nicht lebensbedrohlich schädigt, wirkt er sich doch stets negativ auf dessen Wachstum, Wohlbefinden, Infektanfälligkeit, Fortpflanzung oder Lebensdauer aus. So können giftige Stoffwechselprodukte des Parasiten, zurückgebliebene innere oder äußere Verletzungen oder der Entzug von Nahrung eine Verkürzung des Lebens zur Folge haben, insbesondere bei weiteren ungünstigen Umweltbedingungen.
Als Ektoparasiten bezeichnet man Parasiten, die den Wirt außerhalb des Körpers besiedeln.

### Milben

Bekannte Parasiten sind Milben und Federlinge. Die Behandlung erfolgt äußerlich durch Besprühen und Einpudern unter das Gefieder. Ein gutes (aber für Geflügel leider nicht zugelassenes Mittel) ist Dectomax Pour On, durch nur 3 Tropfen auf die Entenhaut ist die Behandlung für die Tiere weniger stressig als beim Einpudern.

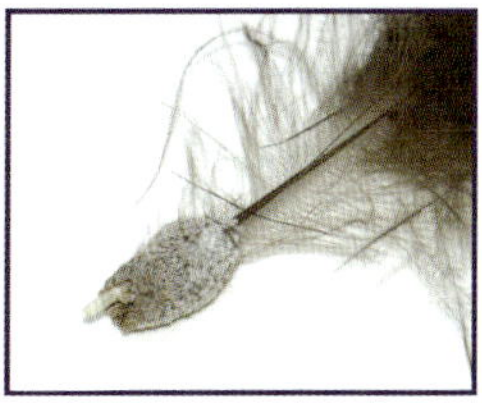
Federkiel-Milben

### Rote Vogelmilbe

Die Rote Vogelmilbe ist eine der aggressivsten Milbenarten.Sie befällt das Tier nur nachts, tagsüber lebt sie in Ritzen des Stalles und zum Beispiel an der Unterseite von Hühnersitzstangen. Die Insekten lieben Wärme und gedeihen im Sommer oder bei geheizten Ställen prächtig. Im Stall kann sie man recht einfach mit handelsüblichen Mitteln bekämpfen (zum Beispiel Parasit-Ex Art-Nr. K261 bei http://www.bruja.de). Man behandelt den gut abgedichteten Stall gründlich, lässt das Mittel nach Anweisung einwirken und lüftet dann gut durch bevor man die Tiere wieder in den Stall lässt.
Es gibt derzeit nur wenige zugelassene Mittel, die direkt am Tier angewendet werden dürfen. Besonders sog. „Spot-On"-Mittel sind sehr wirksam, sie werden in einzelnen Tropfen auf Hals und Rücken des Tieres aufgebracht. Bitte beim Tierarzt anzufragen, welches Mittel zugelassen ist. Möglicherweise kann auch eine Geflügelfarm in der Nähe Auskunft geben.

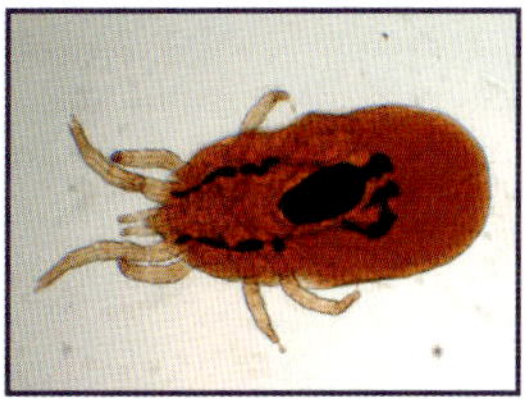
Rote Vogelmilbe

### Federlinge

Federlinge ernähren sich von Hautschuppen und den Hornteilen der Federn. In der Regel erfolgt eine starke Vermehrung nur bei geschwächten Tieren, dann muss mit Kontaktinsektiziden behandelt werden.

Federling

## Knochenbrüche

Eine Heilung kann immer versucht werden, wenn das gebrochene Glied nicht vollständig abgebrochen oder zersplittert ist. Problematisch wird ein Bruch, wenn sich die Bruchstelle zu nahe an einem Gelenk befindet.

## Humpeln

Laufenten haben empfindliche Beine. Es kommt häufig vor, dass die Tiere humpeln, ohne dass man feststellen könnte, wie und wo sich die Tiere verletzt haben. Wenn keine Verletzung oder Schwellung sichtbar und die Temperatur der Gelenke normal (nicht heiss) ist, hat man eine gute Chance, dass das Humpeln innerhalb einiger Tage von selbst zurückgeht. Auf jeden Fall sollte man diese Fälle genau beobachten und, wenn es nicht von selbst besser wird, den Tierarzt aufsuchen.

## Beinprobleme

**Wer einmal fasziniert eine Laufente in voller Fahrt genau beobachtet hat, der weiss, zu welchen Leistungen ihr Laufwerk fähig ist. Die Beinchen bewegen sich so schnell, dass man es kaum verfolgen kann, der Vortrieb ist enorm.**

Leider sind die Beine, ganz ähnlich wie technisch hochgezüchtete Triebwerke, anfällig für Störungen (sprich: Verletzungen) und andere negative Einflüsse. Deshalb hört man relativ oft von Beinproblemen, meist humpelt die Ente, in schlimmen Fällen wird nur noch vorwärts gerobbt.
Das leidige Problem ist hier wieder, dass wirklich geflügelerfahrene Tierärzte dünn gesät sind. Diagnosen wie "Das Tier hat eine Seuche und muss getötet werden, ebenso der andere Bestand an Federtieren" sind leider keine seltenen Ausnahmen.
Als Hilfestellung kann ich hier nur eine (sicher unvollständige) Liste der möglichen Ursachen anbieten, in der Hoffnung, dass sorgfältige Tierärzte alle diese Möglichkeiten in Erwägung ziehen.

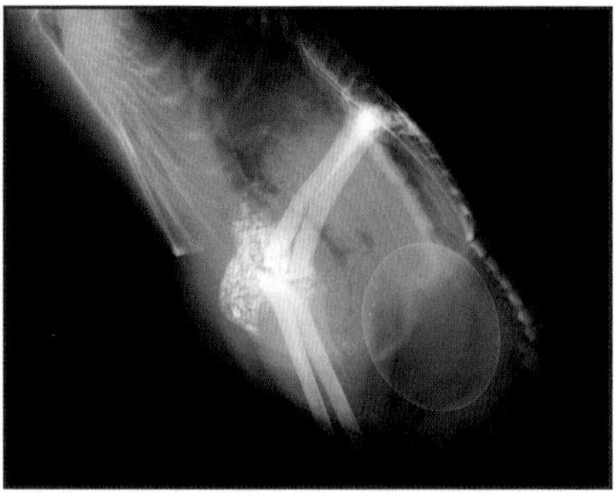

Röntgenbild Hinterleib (mit Ei)

Die mir bekannten Ursachen bei Beinproblemen sind:

- Arthrose
- Ballengeschwüre
- Befall mit Darmparasiten
- Eileiterentzündung
- extrem schlechte Wasserqualität im Hochsommer
- Gelenkbruch (evtl. mit Absplitterung)
- Gelenkentzündung (evtl. mit Flüssigkeitserguss)
- Infektion der Inneren Organe, dadurch Druck auf die Nervenbahn
- Kalkmangel
- Legenot
- Nierenprobleme bzw. Probleme mit dem Harnleiter
- Prellung
- psychogene Gangstörungen (kein Witz!)
- Salmonellenbefall
- Stachel eingetreten
- Verstauchung
- Verrenkung

**Es ist klar, dass jeweils spezifisch behandelt werden muss. Wie, das muss der Tierarzt nach Untersuchung des Tiers entscheiden.**

## Verletzungen der Ente durch Erpel im Hormonkoller

Besonders im Frühjahr, wenn der Hormonpegel am Höchsten ist, aber auch bei Haltungen mit einem ungünstigen Geschlechterverhältnis, kann es zu mehr oder weniger schweren Verletzungen der Ente durch den (oder die) aufsitzenden Erpel kommen. Findet der Tretakt im Wasser statt, kann die Ente ertrinken, besonders wenn mehrere Erpel nacheinander aufsitzen. Daneben kommt es zu Verletzungen der Wirbelsäule und der Flügel. Am häufigsten jedoch ist ein kahler, entzündeter Hals, dort, wo der Erpel die Ente mit dem Schnabel festhält. Hier hilft, ein wenig Salbe (zum Beispiel Hametum) auf Hals und auf die mitgenommenen Flügelstellen aufzutragen. Das ist gut für die Heilung, dem Erpel wird' s nicht schmecken und es ist rutschig, so dass er nicht mehr richtig zukneifen kann.
Und dann sollte man sich schleunigst überlegen, das Geschlechterverhältnis in der Gruppe ausgeglichen zu gestalten.

von Silvana

Wenn mein Erpel gar zu wild ist stell ich ihm einen Spiegel in den Rasen und dann hat er keine Zeit seine Liebste zu begatten, sondern muss den Erpel verjagen. Nach einer viertel bis halben Stunde ist er müde.

## Mangelerscheinungen

von madi-w

Es scheint durchaus häufiger als angenommen zu solchen Problemen - manchmal auch mit Todesfolge - zu kommen. Das Zusammenspiel von Mauser und nicht nachlassender Legetätigkeit könnte der Auslöser dazu sein. Vor drei Jahren hatte unsere Kiki eine solche Tierarzt-Diagnose, nachdem sie einen "Knickhals" bekommen hatte - innerhalb von 15 min.!!! Der erste Tierarzt hat Vergiftungserscheinungen diagnostiziert, was es definitiv nicht war und uns, weil es uns extrem abwegig erschien, zu einem weiteren Tierarzt getrieben, der dann auf Mangelerscheinungen tippte. Durch hohe Gaben von Calcium, Vitamin B plus K, plus prophylaktischer Entwurmung,. war das nach eine Woche wieder OK.
Eines unserer letztjährigen Küken, als eine jetzt einjährige, sehr kräftige und sehr legefreudige Ente ist den Besitzern vor zwei Wochen gestorben. Da es sich um Freunde von uns handelt, haben wir das sehr direkt mitbekommen. Ente war am frühen Nachmittag noch total fit, nachdem unsere Freundin vom Spaziergang mit den Hunden zurück kam, ca 2h später, lag die Ente apathisch auf der Wiese. Sie sind sofort zum Tierarzt gefahren, Diagnose: akuter Calciummangel. Die Ente wurde direkt versorgt, über Nacht dort behalten und war leider am nächsten Morgen tot. Sie hat extrem viele und große Eier gelegt.
Wie bei uns ist das Grundstück mit allem an Grünzeug ausgestattet was sich Ente nur wünschen kann. Trotzdem scheint es in manchen Kombinationen nicht zu reichen. Wenn bei unseren zur Mauserzeit das Legen nicht nachlässt/aufhört bekommen die Mädeln seit dem Vorfall mit Kiki jedenfalls rechtzeitig eine Dröhnung :-)))

## Windeier

von ETraudel

Wie es sich gerade trifft ist in meinem eben erhaltenen Newsletter meiner Laufigemeinschaft etwas über die Eier die nur die Membrane haben, keine Schale. Ich übersetze mal (und bütte, bütte, Lexx, falls du dies siehst, mache bitte Korrektur wenn ich die falschen Ausdrücke verwendet habe - du weißt, Englisch ist nun meine erste Sprache):
Wenn junge Enten zuerst legen kommen diese weichen Eierschalen manchmal vor. Oft erledigt sich die Sache in der ersten Woche.

Wenn nicht, ist hier eine Check Liste:

1. Wenn die Enten frei laufen können und einen Teil ihres Futters - Nacktschnecken, Würmer, Gras usw. selber finden, empfiehlt es sich, die Enten eine kurze Zeit nur mit Körnern zu füttern um zu sehen, ob das hilft die Schale zu bilden.
2. Testen Sie den PH-Wert ihres Bodens. Ist er niedrig, so um 4, dann kann es sein, dass die Freiland Diät der Ente nicht genügend Mineralien enthält. Versuchen Sie den Boden mit Kalk zu düngen, um einen PH Wert von 6-7 zu erreichen, oder, noch besser, nehmen Sie verkalkten Seetang. Der enthält eine größere Vielfalt an Mineralien.
3. Geben Sie kein Austernschrot. Das enthält zwar viel Kalzium, aber der Phosphoranteil ist gering. Es würde, über einen längeren Zeitraum gesehen, der Bildung der Schalen nicht helfen. Eine Nachhilfe mit Kalzium ist zwar kurzzeitig OK, aber das richtige Gleichgewicht von Kalzium, Phosphor und Vitamin D muss erreicht werden.
4. Gemischter Geflügelgrit ist besser als Austernschrot. Die kleinen Kalksteinstückchen liefern Kalk, eine bestimmte Menge Magnesium ist auch dabei, abhängig davon welche Art von Kalkstein benutzt wird. Die unlöslichen Kiesstückchen helfen der Ente ihr Futter im Muskelmagen zu zermahlen und die Nährstoffe zu nutzen. Enten brauchen hartes Material zum Zermahlen ihres Futters um gesund zu bleiben. Dies ist besonders wichtig wenn der Boden weicher Lehm ist. Sogar Kieselsteinstückchen alleine (ohne Kalkstein) empfehlen sich um das Kalk/Phosphor Gleichgewicht hinzukriegen wenn Probleme da sind.
5. Wenn die Enten Schwierigkeiten haben mit der Schalenbildung, sollte man sie nicht mit künstlichem Licht zum Legen zwingen. Mehr als 300 Eier zu legen ist nicht artgerecht.
6. Wenn sie schon am Legen sind, empfiehlt es sich ihre eigenen Schalen an sie zurückzufüttern wenn der Inhalt schon verwendet ist. Backen Sie die Schalen zuerst im Backofen. Nehmen Sie keine Eierschalen von anderem Geflügel (um die Verbreitung von Krankheiten zu verhindern).

Eine meiner Campbells produzierte mehrere weiche Eier als sie Ende Januar zu legen anfing. Nach einiger Zeit des Zufütterns von gemischtem Geflügelgrit war sie OK und die Schalen sind nun bestens. Wir haben übrigens Lehmboden hier.

PS. Enteneier müssen sowieso dicker in der Schale sein als die der Hühner, weil sie so oft aus dem Stall gekickt werden!

## Mauserprobleme

Mauserprobleme entstehen meist in der Mauser vom Pracht- ins Schlichtkleid, wenn alle Federn ausgetauscht werden sollen. Oft sind nur einzelne Tiere betroffen, überwiegend Enten die viel gelegt haben.
Die Mauser beginnt entweder (im Vergleich zu anderen Enten )verzögert oder gar nicht.
Die Mauser stoppt, wird also nicht beendet oder dauert länger als vier Wochen.
Manchmal wird auch beschrieben, dass die Enten nicht sofort die nächsten Federn nachschieben, sondern dass vereinzelte, kahle Stellen übrig bleiben, an denen die neuen Federn extrem langsam nachwachsen, speziell an den Flügeln. Seltener ist, dass die Enten Beinprobleme bekommen (eine Art Übergangsostheoporose), oder dass sich die Schnabelhaut schlecht, beziehungsweise gar nicht häutet.

# Vergiftungsursachen

## Allgemeine Vergiftungen

Es kommt relativ häufig vor, dass Enten Dinge fressen die für uns Menschen nicht zuträglich wären. Besonders Gartenpflanzen wird oft Giftigkeit nachgesagt (Beispiele: Eibe, Krokus). Dies ist nur teilweise wahr, oft sind nur Pflanzenteile giftig, oder nur eine bestimmte Art der Pflanzen ist für Menschen oder Tiere schädlich, oder es existiert ein bestimmter Zeitraum (Jahreszeit), in dem die Pflanze gefährlich ist. Weiterhin kommt hinzu, dass die "Giftwirkung" sehr unterschiedlich sein kann, da reicht das Spektrum von leichtem Unwohlsein über Brechdurchfall bis hin zum Exitus. Vor allem aber kann die Wirkung eines speziellen Gifts bei Menschen ganz anders ausfallen als bei Enten!

**Langer Rede kurzer Sinn: Keine Panik!**

Normalerweise wissen die Watschler selber ganz gut was ihnen bekommt, und fressen nichts was ihnen schadet. Leider bestätigen auch hier Ausnahmen die Regel.

## Bleivergiftung

Zitat aus "Der Widersinn der Jagd", Kapitel über Bleischrot:

"Viele Wasservögel nehmen diese Bleikügelchen bei der Nahrungsaufnahme zusammen mit den Insekten und Algen auf. Besonders betroffen sind die Enten, denn zur Verdauung brauchen sie kleine Kieselsteine, die sie vom Boden aufnehmen und schlucken ... Werden diese

Schrote von den Wasservögeln geschluckt, zersetzt die Magensäure das Blei in lösliches Bleisalz, das in den Blutkreislauf gelangt und sich in den Nieren und der Leber anreichert und dadurch zu einer schweren, möglicherweise tödlich verlaufenden Vergiftung führt. Tiere, die unter Bleivergiftung leiden, werden flugunfähig; die Flügel hängen schlaff am Körper herab und die Füße können das Körpergewicht nicht mehr tragen ... Eine Bleivergiftung kann zu Muskellähmungen führen. Diese wirken sich in Form einer reduzierten peristaltischen Tätigkeit auch auf den Darm aus. Die Folge sind Verdauungsstörungen, die Gallenblase bläht sich auf, die Ausscheidungen werden grün und wässrig."

Von den beschriebenen Symptomen hört man immer wieder, es ist eine Möglichkeit, die man nicht ausschließen sollte.

## Vergiftungen durch Mäuse- oder Rattengift

Mäusegift - von Bernd

Wiederholt erhalte ich derzeit Nachricht über plötzliches Ableben bis dahin munterer Laufenten in Kleingärten. Der Tod tritt rasch ein und ist erkennbar sehr qualvoll. Der Grund: Giftweizen, unsachgemäß gegen Mäuse ausgelegt, die jetzt im Herbst unsere Gärten und Häuser erobern. Ein Korn reicht! Außerdem kann Giftweizen auch dann lebensgefährlich sein, wenn er für die Enten nicht zugänglich ist, sie nehmen ihn mit den toten Mäusen auf. Nicht weniger gefährlich ist Mäuse- und Rattengift auf Cumarinbasis, hier tritt der Tod unauffällig ein, das Siechtum zieht sich oft über Tage hin, die Enten sterben an inneren Blutungen.
Vorschlag: Schlag- oder Lebendfallen gegen Mäuse und Ratten einsetzen. Mäuse und Ratten sind Zwischenwirte des Spulwurms, ihre Flöhe Zwischenwirt des Bandwurms, also zum Verzehr nur bedingt zu empfehlen.

## Risspilze

Wiederholt wurde von Enten berichtet, die vermutlich an einer Vergiftung durch Risspilze gestorben sind. Die Pilze waren im Garten gewachsen und sind muscarinhaltig. Nachfolgend deshalb ein paar Bilder der Übeltäter.

### Giftpflanzen

Genaueres hierzu ist im Kapitel „Haltung – Gefahren – Giftpflanzen im Garten“ zu lesen.

### Weitere Verdächtige

Zeigt ein Vogel Symptome einer Vergiftung und keine der oben genannten Ursachen kommt in Frage, dann sollte man auch Vergiftungen durch Holzschutzmittel, Insektizide, Schneckenkorn oder Saatgutbeizen in Betracht ziehen.

## Federn fallen aus

In schöner Regelmäßigkeit kommen im Frühjahr und Herbst die Hilferufe:
"Meine Ente verliert Federn, der ganze Garten liegt schon voll. WAS FEHLT IHR??"
Wenn sich die Ente sonst nicht auffällig verhält, keine Krankheitszeichen wie Mattigkeit, Augenfluss, Nasenfluss oder ähnliches zeigt, und auch keine kleinen Tiere zwischen den Federn spazieren laufen, dann mausert sie! (Siehe Kapitel "Haltung - Mauser")
Da hilft nur ruhig bleiben, irgendwann ist sie runderneuert und noch viel schöner als vorher.

## Flügel pumpen

Es kommt vor, dass Enten beginnen, mit den Flügeln zu „pumpen“. Das passiert hauptsächlich, wenn sie sich zur Ruhe abgelegt haben. An manchen Tagen könnte man es damit erklären, dass es der Ente zu warm ist und sie „ventiliert“, aber diese Erklärung greift bei kaltem Wetter nicht. Eine wirkliche Ursache (wie z.B. Ektoparasiten) habe ich noch nie finden können, deshalb bereitet mir dieses Verhalten bei meinen Tieren wenig Sorge. Im Internetforum wurde darauf hingewiesen, dass Flügelzucken ein Anzeichen für einen Befall mit Luftröhrenwürmern sein könnte, auch das hat sich bei meinen Tieren noch nie bestätigt.

## Wann trenne ich ein Tier von der Gruppe

Eine Sache von Abwägung und gesundem Menschenverstand. Ein krankes Tier braucht Ruhe, aber eine Ente ist auch ein Gruppentier und braucht die Gemeinschaft der Gruppenmitglieder. Bei schlimmen, akuten Krankheitszuständen trennt man, ist das Tier auf dem Weg der Genesung, dann kann man es wieder zu den Anderen lassen. Um es nicht zu überanstrengen, schränkt man am Besten die Bewegungsfreiheit des ganzen Trupps etwas ein.

## Behandlungskosten

Keine Schmerzgrenze - von Stefan

... auf die Frage, welche Behandlungskosten für eine Ente noch in Kauf genommen werden sollten.

Wir haben genau aus diesem Grund eine lahmende Ente aufgenommen: Ihr sollte der Hals umgedreht werden. Sie humpelte und konnte sich in der großen Meute beim Züchter natürlich nicht durchsetzen.
Heute bin ich froh, dass wir sie aufgenommen haben. Sie hat sich nämlich super entwickelt und humpelt nicht mehr (sie heißt jetzt nur noch Humpel: Schicksal ☺ ).
Wir sind mit ihr zum Tierarzt gegangen und haben sie untersuchen lassen. Ausschlaggebend für uns war, ob die Ente sich quält oder ob sie ein fast ganz normales Leben führen könnte. Nicht, was es kosten könnte. Die Tierarzt hat uns genau diese Frage gestellt: Was sind sie bereit zu investieren? Ihre Worte waren: Wir könnten jetzt neurologische Untersuchungen durchführen, Bluttests usw. Da wir uns nicht sicher waren, haben wir die Tierärztin entscheiden lassen. Sie ist dann nach umfangreichen Tastübungen und Untersuchungen zu dem Schluss gekommen: Der Ente fehlt nichts, vielleicht ist im Ei ein Teil des linken Beines abgeklemmt worden, aber Schmerzen würde sie nicht empfinden, halt zu vergleichen mit einem humpelnden Menschen. Als sie die Untersuchung beendet hatte, fragten wir nach den Kosten: Das sei schon in Ordnung, schön dass sie der Ente das Leben gerettet haben. Und wir konnten, ohne einen Pfennig bezahlen zu müssen, wieder gehen.
Ich denke, dass jeder, der seine Laufis lieb gewonnen hat, da keine Schmerzgrenze kennen sollte. Keine Untersuchung oder auch Operation (wenn sie sinnvoll ist) kann so teuer sein, als dass man dem Leben seiner Ente ein vorzeitiges Ende bereiten sollte. Dies ist natürlich die Meinung eines privaten Laufihalters, der seine Laufis in die Familie integriert hat. Denke, dass Züchter das durchaus anders sehen werden.

# Wie gebe ich ein Medikament ein

### Tabletten

Bei Tabletten kann man folgendermaßen vorgehen:
Der Ente mit einer Hand den Schnabel aufdrücken und einen Finger quer in den Schnabel stecken (der Finger fixiert hierbei die Zunge). Mit der anderen Hand die Tablette tief in den Schlund schieben, kurzfristig den Schnabel zuhalten.
Oft funktioniert auch, die Tablette in ein Stückchen Weißbrot einzukneten. Weitere Varianten: Verstecken in einer Hörnchennudel oder in einer aufgeschnittenen Garnele

### Flüssigkeiten

Einer Ente ein flüssiges Medikament einzugeben ist nicht immer einfach. Am besten geht's zu zweit, einer hält, einer gibt ein. Man zieht die untere Schnabelhälfte vorsichtig nach unten (nicht die obere nach oben, sonst legt die Ente die Zunge vor den Schlund). Mit einer Einwegspritze (natürlich ohne Nadel) gibt man dann das Medikament, schluckweise portioniert, hinten in den Rachen ein.
Dabei berührt man nach Möglichkeit den Rachenraum nicht, sondern (wenn der Schluck drin ist) leicht mit der Spritze den Zungengrund (Zunge hinten), das löst einen Schluckreflex aus. Mit Schwund (beim Medikament) muss gerechnet werden ☺
Eine noch bessere Methode um Medikamente einzugeben ist die Vorgehensweise, die weiter unten unter "Zwangsernährung" beschrieben ist.

### Pulver

Bei pulverförmigen Medikamenten oder zerriebenen Tabletten gibt man das Pulver in die Geflügelkörnermischung. Ein Schuss Sonnenblumen- oder Olivenöl bewirkt, dass das Pulver an den Körnern haftet.

## Baytril

Weil Wassergeflügel bei einer Infektion relativ spät mit Symptomen reagiert und die Krankheit sich dann oft schon im fortgeschrittenen Stadium befindet, kann eine exakte Keimbestimmung einfach zu lange dauern. Hier ist Baytril das Mittel der Wahl, ein von Tierärzten häufig verordnetes Breitband-Antibiotikum, das gegen Infektionen aller Art eingesetzt wird. Weil Enten einen anderen Stoffwechsel haben als „normale" Kleintiere, wird generell etwa um das Doppelte höher dosiert (!) als in den Tabellen für gleichschwere Säugetiere angegeben.
Der in Baytril enthaltene Wirkstoff ist Enrofloxacin, die Tagesdosierung beträgt 10 Milligramm pro Kilo Körpergewicht über 3 bis 5 Tage.

Für die jeweilige tatsächliche Menge, die man geben muss, ist natürlich ausschlaggebend, welche Darreichungsform von Baytril (Tabletten, 10%ige Lösung, 0,5%ige Lösung) man verwendet. Der Gehalt von Enrofloxacin ist auf der Packung angegeben, man braucht nur entsprechend umzurechnen.
Und noch eins: Gaben übers Trinkwasser sind bei Enten immer ein Glücksspiel, das wird nix Genaues. In den Schnabel einzugeben ist auch nicht das Gelbe, man kann nie ganz sicher sein wie viel wirklich geschluckt wird. Ich gebe deshalb Medikamente immer über den Schlauch direkt in den Schlund ein.

## Zwangsernährung

**Wenn die Ente von sich aus nicht mehr frisst, geht sie ohne Hilfe schnell zugrunde. Hat man den Tierarzt konsultiert und die Krankheit ist festgestellt, kann es trotz erfolgversprechender Therapie vorkommen, dass die Ente aus Fressunlust verhungert. Das muss nicht sein, es gibt die Möglichkeit die Ente über einen Schlauch zu ernähren. Man kann sich vom Tierarzt zeigen lassen wie das geht, und welche Mengen an Nahrung man zuführen muss.**

Das Prinzip ist folgendes: Man nimmt einen Plastikschlauch, Außendurchmesser etwa 6mm, und eine Einwegspritze, so um die 10 bis 20ccm. Den Schlauch legt man in lauwarmes Wasser, damit er weich und biegsam wird; vor dem Einführen in die Speiseröhre gibt man ein paar Tropfen Speiseöl darauf, damit er besser rutscht. Wenn der Schlauch warm ist, führt man ihn in den Schlund der Ente ein. Am einfachsten geht das, wenn man den Schlauch an der linken Schnabelseite ansetzt und schräg nach rechts hinten über den Zungengrund einschiebt, dann gleitet er am besten. Der Schlauch sollte bis in den Kropf eingeführt werden. Wenn es Bedenken gibt, dass man die Luftröhre statt der Speiseröhre erwischt hat - im Fall der Luftröhre würde das Tier sichtbare Atemprobleme bekommen.
In die Spritze kommt Babybrei aus den normalen Hipp-Gläschen, möglichst auch ein wenig anwärmen. Es muss was Dünnes sein, damit es den Schlauch gut passieren kann, eventuell etwas mit Wasser verdünnen, alle Geschmacksrichtungen sind erlaubt. Pro Mahlzeit werden etwa 20 bis 40ccm gegeben, nicht zu viel auf einmal, und das Ganze 3 mal täglich.
Diese Prozedur hört sich vielleicht kompliziert an und ist beim ersten Mal sicher ungewohnt, aber eigentlich geht es einfacher als man denkt. Man sollte keine allzu grosse Angst haben der Ente weh zu tun. Denn die Alternative ist immer, dass sie ohne Hilfe stirbt. Wir haben auf diese Art schon etliche Vögel gerettet, die inzwischen wieder fidel und munter sind, und wir sind froh, dass wir es versucht haben.
Vor der nächsten (Zwangs-)Fütterung kontrolliert man den Kropf, ob die letzte Portion auch verarbeitet wurde. Es gibt Fälle, bei denen die Verdauung nicht funktioniert, das Futter bleibt im Kropf und fängt an zu gären. Das ist leicht durch Abtasten festzustellen, der Kropf ist dann weich und schwabbelig. Dann darf man natürlich kein weiteres Futter geben.

## Vitamine und Mineralien

Ständige Vitaminzugabe bei Enten, die jeden Tag ins Freie kommen und Auslauf im Grünen und einen Teich haben, ist völlig überflüssig. Die Tiere finden im Futter die erforderlichen Vitamine ausreichend vor, bzw. können diese daraus selbst produzieren. Zusätzlich verabreichte Vitamine werden ungenutzt wieder ausgeschieden oder können sogar schädlich sein. Nur in begründeten Ausnahmefällen, wenn das Tier krank oder geschwächt ist und man davon ausgehen muss, das es selbst nicht hinreichend Vitamine produzieren kann, kann man Vitamine zufüttern. Im Allgemeinen aber ist es wichtiger, für eine ausreichende Versorgung mit Mineralien zu sorgen, denn die Verabreichung von Vitaminen nützt mehr dem Hersteller als dem Tier.

## Hausmittel und Kräuterapotheke

**Hausmittel kennt jeder vom eigenen Gebrauch, die Hühnersuppe bei Grippe und die heiße Zitrone mit Honig, Kamillen- und Fencheltee bei Bauchschmerzen und Coca Cola mit Salzstangen bei Durchfall.**

Ist das Haustier krank, weiß man nicht unbedingt, ob man ihm mit Hausmitteln etwas Gutes tun kann. Aber es gibt durchaus einige Hausmittel für kranke Laufenten, genauso wie manches Kraut gewachsen ist, um das Immunsystem zu unterstützen und zu fördern. Allerdings ersparen solche Mittelchen weder den Tierarzt, noch schulmedizinische Arznei, wenn die Enten ernsthaft krank sind. Oregano heilt keine ausgebrochene Kokzidiose, Beinwell allein keine Beinentzündung, und mit einer Knoblauchkur allein bekommt man keinen schweren Wurmbefall in den Griff. Aber man kann die Heilung unterstützen, oder das Risiko eines Krankheitsausbruchs vermindern.
Die hier aufgezählten Kräuter und Hausmittel sind erprobt und garantiert unbedenklich für Laufenten.

Und noch ein wichtiger Hinweis: **Kein Griff in den Medizinschrank von Mensch und felltragendem Haustier, auch wenn man glaubt, das entsprechende Medikament könnte helfen.** Der Stoffwechsel von Vogel und Säugetier weist viele Unterschiede auf, Risiken und Nebenwirkungen lassen sich nicht 1:1 umrechnen. So gilt zum Beispiel Avocado als ein durchaus gesundes Nahrungsmittel für Menschen und hat in der humanen Naturheilkunde einen festen Platz für Haut und Haare, ist aber für Laufenten absolut tödlich!

# Präventive Mittel gegen Darmerreger und Darmparasiten

## Entenwürze

Man mischt zu gleichen Teilen getrockneten Knoblauch (Würmer), gerebelten Oregano (Kokzidien) und Chilliflocken (Salmonellen).
Von dieser Entenwürze mischt man 1 bis 2x die Woche etwa einen halben EL je Ente unter das Futter. Feuchtet man das Futter mit etwas Öl an (2 bis 3 EL), dann bleiben die Kräuter daran haften. Die Wirkstoffe halten den Befall von Würmern und Darmerregern auf einem gesunden Mass. Die Entenwürze ist auch für Küken geeignet, kann also von Anfang an gefüttert werden.

## Apfelessig und Klaus-Blautinktur

Beide Präparate hemmen die Vermehrung von Darmerregern im Trinkwasser. Blautinktur schützt außerdem noch zusätzlich vor Diphterie- und Schnupfenerregern.
Apfelessig kann man das ganze Jahr über, täglich dem Trinkwasser zufügen, man rechnet etwa 1 bis 2 EL Apfelessig auf 1 Liter Wasser. Eine regelmäßige Zugabe ist durchaus empfehlenswert, da er auch ein Lieferant für Mineralien (v.a. Kalium) und Vitaminen ist.
Klaus-Blautinktur empfiehlt sich besonders bei der Kükenaufzucht, wenn Tiere erkrankt sind oder waren, sowie bei Neuzugängen. Die jeweils empfohlene Verdünnung entnimmt man den Herstellerangaben.

## Knoblauchkur

Man rechnet pro Ente etwa 1 bis 2 mittelgroße Knoblauchzehen. Diese werden klein geschnitten oder einfach angequetscht, Schälen ist nicht notwendig. Die Knoblauchstücke gibt man in das Trinkwasser der Enten. Während der ersten 4 Wochen, auch bei Neuzugängen, täglich, danach 1x wöchentlich. Der Knoblauch hält eine Verwurmung bei den meisten Wurmarten auf normalem Niveau. Sicher ist diese Prophylaxe trotzdem nur in Verbindung mit einer vierteljährlichen Kotuntersuchung durch einen Tierarzt, wenn man damit eine halbjährliche präventive Entwurmung umgehen möchte.
Ebenfalls eine wurmtreibende Wirkung besitzen Speisekürbisse, gelbe Rüben/Karotten (fein geraspelt), Zwiebeln, Schnittlauch und Pfirsiche.

## Thymian

Neuere Studien haben gezeigt, dass regelmäßige Gaben von Thymian gut gegen Wurmbefall schützen.

## Präventive Mittel gegen äußerliche Parasiten

Es ist selten, aber durchaus möglich, dass Laufenten, genau wie Hühner, von äußeren Parasiten befallen werden. Hierbei kann es sich um Flöhe, Federlinge und im schlimmsten Fall um Vogelmilben (rote und nordische) handeln. Ein schwerer Vogelmilbenbefall kann eine Laufente durchaus so schwächen, das sie daran stirbt. Bei einem akuten Befall kommt man um die chemische Keule oftmals nicht herum, aber auch hier kann man präventiv einiges ausrichten.

### Kieselgur

Kieselgur wirkt zweifach. Einerseits zerschneiden die winzigen Kristalle den Chitinpanzer der Plagegeister, andererseits zerstört es den Lipidpanzer und entzieht den Insekten Wasser, sie trocknen aus und sterben. Man zerstäubt das Kieselgur im Stall und zwar so, dass es in jede Ritze dringt. Das geht entweder mit einer Zerstäuberflasche, oder man wirft es von Hand gegen die Stallwände, auf die Einstreu und an die Stalldecke. Dabei sollte man unbedingt vermeiden den Staub einzuatmen und auch Handschuhe tragen. Da Kieselgur sehr fein ist, reichen kleine Mengen aus, um einen Blutsaugerbefall weitestgehend zu vermeiden. Bei jedem Misten wird wieder Kieselgur in die Einstreu gemischt. Dadurch bepudern sich auch die Enten, wenn sie nachts darin schlafen.

### Beifuß und Rhainfarn

Beide Pflanzen wirken auf Insekten wie ein natürliches Abwehrmittel. Man mischt die zerkleinerten Pflanzenteile unter die Einstreu, oder hängt einen Strauß davon in eine Stallecke, möglichst außer Zertrampelte. Pro m² Stallfläche rechnet man etwa eine halbe bis eine ganze Hand voll beider Kräuter. In Stallnähe gepflanzt, wirken sie auch von dort aus durch ihre Ausdünstungen.
Ebenfalls durch Geruch wirksam sind schwarzer Holunder, Heiligenkraut, Mutterkraut und Gartenchrysanthemen.

### Insektenpulverkraut/Pyrethrum

Das Insektenpulverkraut, auch dalmatinische Insektenblume genannt, ist die wirksamste Pflanze aus der Chrysanthemenfamilie. Sie wirkt neurotoxisch auf alle Insekten und Kaltblüter. Bei einer äußerlichen Anwendung besteht allerdings keinerlei Vergiftungsgefahr für Säugetiere und Vögel. Auch Einatmen von geringen Mengen ist unbedenklich. Erhältlich ist die Insektenblume unter dem Namen "Pyrethrum".
Bei akutem Befall werden der Stall und die Enten eingepudert. Die Wirkung setzt schnell ein, ist aber kein Langzeitschutz, man muss eine Behandlung gegebenenfalls wiederholen.
Ein präventiver Einsatz lohnt sich bei Neuzugängen, einem neuen "gebrauchten" Stall, und wenn mit den Enten gemeinsam gehaltenes Geflügel befallen ist.

## Förderung der Legeleistung

Manche Laufenten legen unregelmäßig oder mit vielen Pausen. Manchmal kann man durch zusätzliche Fütterung ölreicher Saaten (Leinsamen, geschälte Sonnenblumenkerne oder Hanfsaat) helfen, manchmal mit einem Mineral- und Vitaminpräparat (siehe Kapitel "Fütterung"). Will man eine gute Legeleistung erhalten, kann man zusätzlich noch etwas nachhelfen, und zwar mit Haferkeimen:
Normaler Saathafer (kein entspelzter, der keimt nicht) vom Landhandel wird gut gespült und eine Stunde eingeweicht, danach nochmal kurz gespült und auf einem Keimrahmen verteilt. Bei einer Temperatur von 18° bis 20°C lässt man ihn zwei Tage keimen. Die Körner dürfen dabei nie austrocknen. Die Keimlinge mischt man mehrmals wöchentlich unter das Futter. Am besten zieht man auf zwei Rahmen Keimlinge mit einem Tag Keimzeit Unterschied. Verbessert sich die Legeleistung bei reinrassigen Laufenten nicht oder treten Symptome einer Legenot auf, ist der Gang zum Tierarzt zu empfehlen.

## Stärkung des Immunsystems

Zur Förderung des Immunsystems trägt in allerersten Linie eine bedarfsgerechte Fütterung bei. Während und nach einer Erkrankung oder Wurmkur kann man es mit Kamillentee, Zwiebeln, Knoblauch, Äpfeln und Möhren und Apfelessig zusätzlich unterstützen.

## Entgiftung - Leberkur

Die Leber hat im Körper die Funktion des Entgiftens und beeinflusst auch den Stoffwechsel beim Glukose-, Fett- und Proteinabbau. Durch Fehlfütterung oder häufige Medikamentengaben kann die Leber geschädigt werden. Kräftigend und schützend für die Leber wirken die Samen der Mariendistel. Man füttert 2 bis 3x die Woche 1 bis 2 TL pro Ente. Für eine zweiwöchige Leberkur erhöht man die Menge auf einen EL täglich und füttert zusätzlich täglich frische, oder getrocknete Brennnesseln.

## Beinprobleme

Immer wieder haben Laufis Beinprobleme, die Ursachen können vielfältig sein. Allen gemeinsam aber sind Schmerzen, die zu humpeln, manchmal auch zu robben führen. Schmerzlindernd und die Heilung fördernd (unterstützend zur individuellen Therapie durch einen Tierarzt) ist ein Aufguss aus der Beinwellwurzel. Dazu wird ein EL zerkleinerte, getrocknete Wurzel mit einem Liter kochendem Wasser aufgegossen und eine Stunde ziehen gelassen. Diesen Aufguss verdünnt man 1:5 mit dem Trinkwasser und gibt auch etwas ins Badewasser. Hat man frischen Beinwell zur Hand, kann man auch täglich eine Hand voll klein geschnittener Blätter füttern.

## Blutergüsse, Quetschungen, Wunden

Um die Abheilung bei solchen Verletzungen zu fördern, kann man auf Rotöl (Johanniskrautöl) zurückgreifen. Es wirkt abschwellend und zusammenziehend und lindert die Schmerzen. Bei Wunden ist darauf zu achten, das diese sauber und trocken sind bevor man das Rotöl verwendet. Man trägt es 2 bis 3x täglich mit einem Wattestäbchen direkt auf die betroffene Stelle auf.

## Durchfall

Das Vorgehen bei Durchfall ist bereits unter „Krankheiten – Häufige Erkrankungen" beschrieben. Nachdem die Ursache abgeklärt (und behandelt) ist, muss man verhindern, dass die Laufis Mangelerscheinungen bekommen oder austrocknen, denn bei Durchfall kann der Körper nicht genügend Nährstoffe und Flüssigkeit aus dem Darm aufnehmen. Cola und Salzstangen sind bei Laufis allerdings nicht das Mittel der Wahl.

### Elektrolytlösung für Laufenten

- 1 Liter stilles Mineralwasser
- 1 TL Traubenzucker
- 1 EL Hafer- oder Reisschmelzflocken (kalt löslich)
- 1 Schnapsglas ACE oder Multivitaminsaft

Diese Lösung wird anstatt Trinkwasser gegeben. Trinken die Enten nicht selbstständig, sollte man versuchen stündlich mindestens 50 ml mit einer Spritze einzuflößen.

### Möhren-Kartoffelgemüse

Möhren und Kartoffeln werden in der Menge 1:1 ungeschält klein geschnitten und mit möglichst wenig Wasser mindestens 20 Minuten weichgeköchelt. Man füttert entweder püriert mit dem Futter vermischt oder in Stücken. Übriges Kochwasser kann anstatt des Saftes für die Elektrolytlösung verwendet werden. Sehr fein und flüssig püriert ist der Brei auch zur Zwangsernährung geeignet.

**Brombeer- oder Himbeerblätter**

Man gießt einen EL getrocknete Blätter mit 500 ml kochendem Wasser auf und lässt zugedeckt 10-15 Minuten ziehen. Der Tee wird abgekühlt und unverdünnt als Trinkwasser angeboten. Alternativ kann man eine handvoll frische Blätter kleingeschnitten unter das Futter mischen.

Ebenfalls wirksam sind Kamillentee, Brennnesseltee, mit Schale geriebener Apfel (Pektin), getrocknete Heidelbeeren und zermatschte Banane.
Wichtig ist, dass man die Maßnahmen mindestens bis drei Tage nach dem Ende des Durchfalls fortsetzt. So lange der Durchfall anhält, ist unbedingt auf einwandfreies Futter, sauberes Trinkwasser, sauberen Stall und Auslauf zu achten.

## Atemwegsprobleme

Die Ursachen können sehr vielseitig sein, aber stets bekommen die Enten nur schwer oder kaum Luft, oder sie leiden unter Husten, bzw. fast schon asthmatischen Anfällen.
Da die krankheitsspezifische Behandlung durch den Tierarzt in den seltensten Fällen diese Beschwerden direkt lindert, sollte man seinem kleinen Patienten etwas Gutes tun.

Am einfachsten geht das mit verdünntem Pfefferminz-, Thymian-, oder Erkältungs- bzw. Husten-Bronchialtee im Trinkwasser. Auch wirksam sind frischgehackte Zwiebeln als tägliche Futterzugabe.

Man kann die Tiere auch inhalieren lassen. Man hängt dazu entweder einen Kräuterstrauss (Thymian, Oregano, Pfefferminze, Rosmarin, Salbei, Lavendel) in den Stall oder das Krankenquartier, oder man gibt die zerkleinerten Blätter in die Einstreu.

Eine weitere Möglichkeit ist, außerhalb der Reichweite der Enten ein Gefäß mit heißem Wasser anzubringen und dort ätherische Öle hinein zu geben (Eukalyptus, Minze oder Thymian). Die Enten dürfen die Öle nicht mit dem Schnabel aufnehmen, eine solche Konzentration könnte erst recht Atemprobleme verursachen.

Bild: Dieter

# Behördenwahnsinn Vogelgrippe

## Aufstallung

Im Frühjahr 2005 machte sich langsam ein Schreckgespenst in der europäischen Medienlandschaft breit. Die Vogelgrippe, richtig eigentlich Geflügelpest oder Aviäre Influenza (AI), Typus H5N1, hatte angefangen sich nach Russland auszubreiten. Im August des selben Jahres erklärten deutsche Minister Handlungsbedarf und begannen Geflügelimporte zu stoppen. Mitte August wurde beschlossen, dass weitergehende „Handlungsmaßnahmen zum Schutze deutschen Geflügels und der Bevölkerung" getroffen werden müssen und mit den Geflügelpestausbrüchen in der Türkei im Oktober wurden sie dann umgesetzt. Die erste bundesweite bzw. kurz darauf fast gänzlich europaweite Aufstallung begann. Jegliches Geflügel musste bis Mitte Dezember im Stall oder in wildvogelsicheren Ausläufen bleiben.
Aber wozu die ganze Aufregung? Viele wussten damals nicht, dass das Virus H5N1 bereits seit Jahren in asiatischen Ländern aktiv und trotz weitgreifender Keulungsmaßnahmen nicht unter Kontrolle zu bekommen war. Es waren Menschen daran erkrankt und gestorben, H5N1 gehört somit in die Gruppe der Zoonosen, das sind Tierkrankheiten, die auch auf Menschen übergehen können. Besonders gefährdet sind Hühner und Puten, da diese nach einer Infektion innerhalb von 24 bis 48 Stunden verenden, ein Heilmittel gibt es bislang nicht. Dies bedeutet für geflügelwirtschaftliche Betriebe einen immensen finanziellen Verlust, da auch nicht infiziertes Geflügel gekeult wird und die Stallungen über längere Zeit nicht wieder mit Geflügel besetzt werden dürfen.
2006, als man gerade wieder anfing sich an normale Verhältnisse zu gewöhnen, wurde per Eilverordnung eine weitere Aufstallung angeordnet, das H5N1 Virus hatte die Türkei, Italien und Österreich und damit tatsächlich Europa erreicht.
Fast zeitgleich wurden vor der Insel Rügen viele tote Schwäne entdeckt und am 15 Februar lagen die ersten Testergebnisse vor und es wurde klar, H5N1 war nun auch in Deutschland angekommen.

Der Aufstallungsbeginn wurde sofort vorgezogen, sämtliche möglichen Ausnahmen wurden vom BMELV untersagt, wieder musste alles Geflügel hinter Gitter. Diese (bis jetzt) letzte bundesweite tatsächliche Aufstallung sollte bis Mai andauern (in Österreich und der Schweiz wurde die Aufstallung 2007 und 2008 übrigens endgültig aufgehoben) und H5N1 sollte auch weiterhin immer wieder auftauchen.

## Was genau ist Aufstallung, was muss man beachten

Im Grunde wurde die Aufstallung in Deutschland seit 2006 nicht aufgehoben, was bedeutet, dass freilaufendes Geflügel eine Ausnahmebewilligung braucht bzw. hat. Dies gilt für Geflügel, welches nicht in der Nähe sogenannter Risikogebiete gehalten wird. Diese Risikogebiete bezeichnen Regionen, wo eine hohe Wild- oder Zugvogeldichte herrscht, oder viel Nutzgeflügel gehalten wird. Das können Seen oder Naturschutzgebiete sein, aber auch Gegenden, wo viele Geflügelgroßbetriebe auf wenigen Quadratkilometern ansässig sind. Dort muss laut aktueller Geflügelpest-Verordnung vom 18.10.2007 jegliches Geflügel dauerhaft im Stall oder in wildvogelsicheren Ausläufen bleiben. Diese Ausläufe müssen rundum und auch von oben so geschlossen sein, dass Wildvögel nicht hinein können. Für alle anderen Halter gilt die Ausnahmebewilligung.

Jeder Geflügelhalter ist zudem verpflichtet:

- je nach Bundesland das Geflügel auch bei der Tierseuchenkasse anzumelden
- ein Register zu führen, wo aktuell gehaltene Tiere, Zu- und Abgänge verzeichnet sind (mit Herkunfts- und Bestimmungsort)
- die Geflügelhaltung beim zuständigen Veterinäramt zu melden
- wildvogelunzugänglich zu füttern und zu tränken
- entweder Sentinel-/Indikatortiere (Wachteln, Hühner, Puten) mit den Laufenten zu halten und sollte eins davon sterben, dieses in einem Labor auf H5N1 und H7N7 untersuchen zu lassen
- oder regelmäßig bei den Laufenten serologische Abstriche zu machen und diese untersuchen zu lassen, auf H5N1 und H7N7 (die Untersuchungsergebnisse muss man ein Jahr aufbewahren und auf Verlangen dem Veterinäramt vorlegen)
- Abgabe- und Ausstellungstiere vorher von einem Tierarzt untersuchen zu lassen

Sollte wieder eine tatsächliche Aufstallung verordnet werden, ist zu empfehlen, einen guten Auslauf zu bauen. Provisorien sind vielleicht billig, haben sich in der Praxis aber nicht bewährt. Auch sollte man versuchen, diesen so komfortabel wie nur möglich für die Laufenten zu gestalten, um sie physisch und psychisch gesund zu erhalten.

## Wie hoch ist das Infektionsrisiko für Laufenten

Eine genaue Risikoziffer lässt sich nicht festlegen, es ist allerdings sehr unwahrscheinlich, dass sich Laufenten in Haustierhaltung infizieren. Auch erkrankt Wassergeflügel nur dann ernsthaft und tödlich an H5N1, wenn die Tiere geschwächt sind. Deswegen ist eine Aufstallung, bei der die Tiere unter nicht artgerechten Bedingungen gehalten werden müssen, als wirksames Schutzmittel denkbar ungeeignet. Allerdings können infizierte Laufenten das Virus über den Kot ausscheiden und dadurch auf anderes Geflügel übertragen, ohne das sie selbst Krankheitssymptome zeigen. Dieser Umstand hat dazu beigetragen, dass man Wassergeflügel als Vektor für H5N1 bezeichnet, also als möglicher, unerkannter Virenüberträger.
**Das ist auch der Grund, warum sogenannte "Sentineltiere" in die Haltung genommen werden sollen. Denn zum Beispiel ein Huhn würde schnell Krankheitssymptome zeigen oder sterben, wenn es im gleichen Stall wie infiziertes Wassergeflügel lebt.**

Bislang ist auch nicht ausreichend geklärt, wie das Virus von Asien aus bis nach Europa und mittlerweile Afrika vordringen konnte. Zug- und Wildvögel, die Wunschkandidaten der Geflügelindustrie, scheiden nach aktuellem Stand der Forschung zunehmend aus, das beweisen Untersuchungen aus jüngster Zeit. In Frage kommen internationale Geflügeltransporte und importierte Geflügelprodukte. Außerdem immer wieder im Verdacht steht aus Asien importiertes und hier zu Geflügelfutter verarbeitetes Fischmehl, welches nicht vorschriftsmäßig durcherhitzt wurde. Beim jüngsten Fall von H5N1 bei Hausgeflügel in Deutschland wurden Geflügelkarkassen, die nicht abgekocht an Hühner verfüttert wurden, als Ursache ausgemacht. Bei vielen weiteren Fällen konnte aber nie ein konkreter Übertragungsweg festgestellt werden.

## Kann man sich selber auch infizieren

Eigentlich nein, wenn man die einfachsten Hygienemaßnahmen beachtet. Das Virus muss tief in die Lunge, oder oral in den Körper gelangen, damit man sich als Mensch infiziert. Man ist also ausreichend geschützt, wenn man nicht grade mit der Nase im Laufentenkot tief einatmet, keine rohen Geflügelprodukte verzehrt und sich nach dem Stall misten, oder nach Verarbeitung von Geflügelprodukten, die Hände wäscht. Die WHO empfiehlt außerdem eine jährliche Grippeimpfung, da das H5N1 Virus ein humanes Grippevirus benötigt, um einen Menschen tatsächlich krank machend zu infizieren. Auch gibt es, im Gegensatz zum Geflügel, für Menschen Medikamente, welche bei rechtzeitiger Diagnose und Verabreichung gute

Heilungschancen bieten. Ob man die regelmäßigen Pandemiewarnungen aufgrund der Aggressivität und der starken Mutationsbreite des Erregers extrem ernst nehmen sollte, muss jeder selbst entscheiden.

## Was passiert bei einem Ausbruch

Wird Geflügelpest bei einem toten Haus- oder Wildvogel festgestellt, werden Sperr- und Beobachtungsgebiete eingerichtet. Ein Sperrgebiet umfasst ein Gebiet von 3km Radius rund um den Fundort. Geflügel innerhalb dieses Radius muss aufgestallt werden und wird von Veterinärbeamten untersucht und beprobt. Hält die zuständige Behörde es für notwendig, kann es zur Keulung kommen. Diese ist aber weder von der EU noch dem BMELV zwingend vorgeschrieben. Zusätzlich wird ein Beobachtungsgebiet festgelegt, dieses umfasst mit dem Sperrgebiet einen Radius von mindestens 10 Kilometern. Innerhalb von diesen Gebieten dürfen lebendes Geflügel oder Geflügelprodukte nicht transportiert werden, außer nach vorheriger Genehmigung. Ebenso dürfen keine Geflügelmärkte oder -ausstellungen abgehalten werden. Es darf auch kein Geflügel in die Gebiete hinein oder heraus gebracht werden. Hält es die zuständige Behörde für angebracht, wird auch innerhalb des Beobachtungsgebiets das Geflügel beprobt, nachdem es erfasst wurde.Bei einem größeren Ausbruch kann die EU das Einrichten einer Kontrollzone fordern, diese umfasst mit Sperr- und Beobachtungsgebiet max. 13km Radius und unterliegt den gleichen Auflagen, wie Sperr- und Beobachtungsgebiete. Diese zeitlich begrenzten Maßnahmen dauern ab dem zuletzt festgestellten Fall 21 bis 30 Tage an.

## Gibt es Impfstoffe

Aktuell gibt es verschiedene Impfstoffe. Von der EU zugelassen sind die einer französischen und einer holländischen Firma. In Deutschland und anderen EU-Ländern, sowie in der Schweiz kommen diese allerdings nur bei in Zoos gehaltenen Vögeln und bei seltenen Geflügelbeständen unter strengen Auflagen zum Einsatz. Da der Impfstoff bei Wirtschaftsgeflügel nicht einsetzbar ist und nur eine flächendeckende Impfung erfolgreich wäre, darf er bei Hausgeflügel auch nicht verwendet werden. Seit Jahren arbeitet das Friedrich-Löffler-Institut an einem AI-Markerimpfstoff, der auch in Feldversuchen schon getestet wird, ein konkretes Zulassungsdatum ist allerdings noch nicht bekannt.

## Weitere Informationsquellen

Den vollständigen Verordnungstext mit genauer Definition von Risikogebieten, Sentineltiere und den genauen Untersuchungsabständen, Vorgehensweisen bei einem Ausbruch und Impfung finden Sie bei: *http://bundesrecht.juris.de/geflpestschv/*

Informationen zu H5N1, Impfung, Verordnungen und Aktionen gegen die Aufstallung, speziell für Laufentenhalter: http://www.zel-eu.de/ *(Zentralverband europäischer Laufentenhalter)*

und Tips für die Aufstallung:: http://www.laufis.de/aufstallung

EU-Zulassung des H5N1 Impfstoffs:
http://www.emea.europa.eu/vetdocs/PDFs/EPAR/nobilisinfluenzah5n2/V-118-de1.pdf

Informationen zu Sentineltierhaltung und H5N1: http://www.huehner-info.de

## Sonst noch Fragen?

Man weiss, wie gerne sich die Medien auf sensationsträchtige Inhalte stürzen. Um ein Thema aber dauerhaft am Kochen zu erhalten, bedarf es eines Wechselspiels von Medien, Politik, Interessenverbänden, Industrie und sonstigen Profiteuren. Deshalb ist die Frage erlaubt und naheliegend: Wer zieht Nutzen aus einer anhaltenden Verunsicherung der Bevölkerung und einer dauerhaften Aufstallung von Hausgeflügel? Man muss nicht lange suchen, um hier fündig zu werden. Da ist zunächst die Pharmaindustrie, die ein weitgehend nutzloses Medikament (Tamiflu) in immensen Mengen vermarktet. Gleich danach kommt das Friedrich-Löffler-Institut, das seit Jahren einen Impfstoff stets knapp vor der Fertigstellung hat und Fördergelder in dreistelliger Millionenhöhe einstreicht. Pikantes Detail: Der erste Ausbruch von Vogelgrippe in Deutschland ereignete sich just 20km entfernt von Riems, dem Standort des Instituts. Natürlich sind sich die dortigen Experten mit allen zuständigen Politikern einig, dass keinerlei Zusammenhang besteht. Und nicht zuletzt wird die Geflügelindustrie nicht müde zu betonen, wie hygienisch und gut doch die Haltung in Legebatterien ist, wo das Geflügel keinen Kontakt zur Außenwelt hat. Nebenbei kann man der Bio-Konkurrenz noch das Leben mit unmöglich zu erfüllenden Auflagen schwer machen. Dass Politiker immer gerne jede Gelegenheit nutzen, um sich mit blindem Aktionismus und markigen Sprüchen in den Medien zu präsentieren, ist man ohnehin gewöhnt. Und es sorgt wenigstens für ein bisschen Heiterkeit, wenn „monatelang vorbereitete Verordnungstexte“ präsentiert werden, die vor Fehlern und Ungereimtheiten nur so strotzen.
Wenn so viele, einflussreiche Gruppen aus einem Thema Nutzen saugen können, wen kümmert es da schon, dass bisher in Deutschland keine einzige infizierte Hausente entdeckt wurde, und weder Erkrankungen und schon gar keine Todesfälle von Menschen bekannt sind.

Sicher ist eines – neben einigen Behörden, die nach Auffinden von infizierten Tieren mit Augenmaß und Anstand gehandelt haben, gab es viele Fälle, in dem das Vorgehen nicht dem eines demokratischen Rechtsstaats entsprach. Razzien um 3 Uhr morgens, gewaltsames Eindringen in Häuser und Wohnungen, Wegnahme und Tötungen von (gesunden bzw. nicht getesteten) Haustieren vor den Augen der Halter (in vielen Fällen Kinder) sind dokumentiert. Das alles sind Dinge, die ich vor Zeiten der Vogelgrippe längst vergangenen Zeiten oder einer totalitären Bananenrepublik zugeordnet hätte.

Im Gedenken an all die sinnlos getöteten Vögel — Bild: sarduck

# Das traurigste Kapitel

... beginnt immer, wenn eine Ente so krank oder verletzt ist, dass man gezwungen ist, sie von ihrem Leid zu erlösen. Leider ist auch das ein Teil der Verantwortung, die man mit der Haltung eines Haustiers übernimmt. Und wenn man nicht befürchtet, wegen grosser Ungeschicklichkeit Fehler zu machen, sollte man dieser Verantwortung auch selber nachkommen und sich nicht an Andere wenden von denen man annimmt, sie wären weniger zart besaitet. Wie man eine Ente tötet hängt vom persönlichen Hintergrund ab. Jemand, der im ländlichen Umfeld aufgewachsen ist, wird sein Tier wohl nicht vom Tierarzt einschläfern lassen. Nimmt man die Sache selbst in die Hand, muss man die dazu vom Tierschutzgesetz geforderte Fachkunde besitzen. Wer die nicht hat, sollte unverzüglich einen Tierarzt zu Rate ziehen.

## Ente tot: Veterinäruntersuchungsämter

Wenn eine Ente stirbt, ist das zunächst einmal immer sehr traurig, besonders wenn man eine enge Beziehung zu dem Tier hatte.
Nicht immer ist die Todesursache klar, manchmal steht man vor einem Rätsel, gestern war die Ente noch quicklebendig, heute findet man sie tot im Stall. Besonders bei solchen Fällen ist es wichtig, nicht dem ersten Impuls zu folgen und die Ente irgendwo einzugraben, denn es sollte herausgefunden werden, wo die Todesursache zu suchen ist. Weil viele Tierärzte nicht in der Lage sind, eine Autopsie durchzuführen, schickt man die tote Ente am besten schnellstmöglich zur zuständigen Landesuntersuchungsanstalt. Wenn ein Versand nicht umgehend möglich ist, kann das Tier einstweilen auch eingefroren werden. Die Aufklärung der Todesursache hilft nicht nur den anderen, noch lebenden Enten der Gruppe, eine kurze Information im Laufentenforum kann auch allen anderen Haltern helfen, Verluste zu vermeiden.
Eine komplette Liste der Staatlichen Veterinär- und Lebensmitteluntersuchungsämter finden Sie im Anhang.

Nach all den Krankheiten eine positive Geschichte ... von Tina

Also die Geschichte gehört erzählt:
Daisy, meine weiße Laufiente..und glaubt es oder nicht: Donalds grosse Liebe...
Vor ein paar Wochen begann das Drama. Daisy, immer vorneweg und frech, zieht sich zurück - verdächtig! Ab zum Tierarzt - röntgen - Befund: Alte Verletzung, angebrochener Flügel, durch das Treten wieder aktiv. - 7 Tage Antibiotikum - alles OK.
3 Wochen später Behandlung aller Geflügelten, auch der Enten, wegen Coli-Bakterien. 10 Tage Antibiotikum. Am nächsten Tag sondert sich die Süße ab, will nicht gehen, frisst kaum. Tierarzt Befund: Breakdown wegen zuviel Antibiotikum.
Ab ins Krankengehege zu den abgetrennten Hühnern - Extrabadewanne - Extrafutter – Daisy geht es kaum besser - nicht in 3 Wochen - sie frisst - der Durchfall ist weg - sie ist nur nachts bei den Erpeln wenn alle schlafen. Lungenödem wegen zuwenig Bewegung., ich raff mich auf zum Personal-Trainer – mach Bewegungstraining - auch das Problem ist gelöst - aber der Ente geht es kaum besser - sie ist matt und nur ihr geliebter Donald verbringt den halben Tag Schnabel an Schnabel, nur durch den Zaun getrennt, mit ihr. Aber komischerweise wird es nicht besser.
Gestern dann die Wende: Männeken fängt sie ein weil wir arbeiten gehen müssen und trägt sie aus Zeitmangel in den Extrastall - kreischt auf - er hat sich an der Ente GESTOCHEN - da ragt irgendwas raus aus ihrem Leib - unter dem rechten Flügel.
PANIK - ein Knochen - gebrochen und gesplittert - so sieht es aus - AB ZUM DOC – mit Angst und Bauchweh, sie ist Everybodys Darling. ALLES soll unternommen werden sie zu retten! Der Doc braucht 3 Minuten und eine Zange und holt - TATA - einen 6 cm langen Nagel aus der Ente - den hat sie sich anscheinend vor 3 Wochen von unten eingetreten – der Teufel weiss woher - er ist gewandert und oben wieder rausgekommen, ohne Organe zu verletzen - oh Mann - kann man das glauben?
Ich bin völlig fertig, Daisy fröhlich und fast wieder fit, nur z.Zt. noch im Extraauslauf und nachts in einer Einzelbox in die sie FREIWILLIG UND ALLEINE läuft.
Also MIR kann keiner mehr sagen dass Enten doof sind und auch nicht das sie keine Beziehung zueinander aufbauen!

Bild: Frank

## Zum Ausklang und nicht ganz ernst gemeint

# Wie die Laufenten entstanden sind

**Hallo Leute!**

**Mein Name ist Samo; aber alle nennen mich immer "Professor". Tatsächlich bin ich nur ein ganz normaler Erpel, mit viel Glück ein wenig älter geworden als die anderen. Naja, ein bisschen Grips hat schon auch dazugehört, aber das ist wieder eine andere Geschichte ...**

Viele Jahre hab ich gegrübelt, wie ich das anstelle, den Menschen eine Geschichte zu erzählen. Als ich noch jung und proper war, da hatt ich allerdings Wichtigeres zu tun. Wie alle bin ich mit den Kumpels rumgezogen, keine Schnecke war vor mir sicher! Jetzt bin ich alt, und wenn ich mich nicht verzählt hab, sind es inzwischen 13 Sommer und Winter, die ich gesehen habe. Ich kann nicht mehr so stramm aufrecht watscheln wie die jungen Banausen, die sich in letzter Zeit immer öfter über mich lustig machen; letzthin haben sich doch tatsächlich drei von den Lümmels zusammengetan und sich dann auf mich draufgesetzt. Kein Respekt vor dem Alter, und obendrein wird man auch noch verspottet!

Glücklicherweise sind die fast den ganzen Tag unterwegs. Ich bleib derweil beim Haus und sinniere und philosophiere so vor mich hin; naja, ich schnabel mal hier ein wenig und da ein wenig, halt meine Federn in Schuss so gut ich das noch kann, steck oft mal meinen Schnabel für ein Viertelstündchen unter den Flügel und behalt trotzdem alles im Auge.
Und nun bin ich draufgekommen, wie ich Euch die wunderbare Geschichte von der Entstehung der Laufenten erzählen kann.
Der Mensch nämlich, den ich mir hier im Haus halte (hab ihn dazu abgerichtet, mir regelmäßig ein paar Körner oder andere leckere Sachen hinzustellen), tippt in seiner Freizeit immer auf so einem Ding, das er Laptopp nennt. Weiss nicht, was es mit einem Topp zu tun hat ... aber ich schweif schon wieder ab. Was wollt ich grad - ah ja - also mit dem Laptopp unterhält er sich mit anderen Menschen irgendwo, anscheinend weil er nicht laut genug quaken kann (und fliegen schon sowieso nicht, der fette Knödel). Weil er davon immer sehr müde

wird, legt er sich mittags meist auf ein sehr komisches Dings. Ist schon ein merkwürdiges Tier, so ein Mensch; nicht mal einen Flügel, unter den er seine Nase stecken könnte, wenn ihm nach Dösen zumute ist. Da er dabei die Verandatür immer einen Spalt auf lässt, hab ich mir seinen Laptopp mal vorgenommen.

Das war gar nicht so einfach, da ran zu kommen; und die blöde Tastatur ist offenbar extra für seine ungeschickten, plumpen Menschenpatscher gemacht. Weil ich aber nicht umsonst "Professor" genannt werde, hab ich schnell herausgefunden, wo der Schnabel langgeht. Natürlich muss ich vorsichtig sein, dass er nix merkt. Aber solang er so laut schnarcht, kann ich schnatterknattermässig in die Tasten hacken.

Also, was ich Euch erzählen wollte:

Ihr wisst ja inzwischen, dass ich Samo heiße. Das ist aber nicht mein voller Name, denn tatsächlich heiße ich Samowander Surdischanagar. Das ist für eine Laufente nicht ungewöhnlich, denn wie Euch ja bekannt ist, kommen wir aus Indien.
Es hat ziemlich lang gedauert, bis ich herausgefunden habe was dieser Name denn bedeutet. Das Problem von uns Laufenten ist meistens, dass wir schon in früher Jugend von unseren Eltern und Geschwistern getrennt werden. Einerseits ist das schön, man kommt rum, lernt die Welt und neue Freunde kennen, vielleicht findet man sogar eine hübsche, liebevolle und kuschelige Ente. Andererseits ist es blöd, Mama hat nicht viel Zeit den Kleinen was vom Leben zu erzählen und was man so wissen muss, um eine ordentliche Ente zu werden. Und man erfährt in so einem Fall auch wenig von den Großenten und Urgroßenten und Ururgroßenten ....
Im Lauf der Zeit hab ich mit vielen Kollegen gesprochen, und es hat sich herausgestellt dass Surdischanagar der Name einer Stadt war, die heute Srinagar heißt. Sie liegt in Indien, (wo ja bekanntlich das Großnest aller Laufenten stand), zwischen hohen Bergen und an einem großen See.
Über die Entstehung von uns Laufis gibt es ja viele Legenden und Geschichten, die abends im Stall leise von den Alten an die Jungen weiter geschnattert werden. Aber mir gefällt die am besten, die am Ufer des Dal-Sees bei Srinagar spielt, ist ja klar, wenn ich schon aus einem so berühmten Geschlecht stamme, dass man sogar eine Stadt danach benannt hat, die in einer Legende vorkommt!
Immer, wenn der Sommer in Indien besonders heiss war, begab sich der indische König Ashoka ins Gebirge in seinen Palast am Dal-See, denn dort war die Luft kühl und klar, viel frischer als in den heißen und staubigen Ebenen oder im stickig-feuchten Süden.
Der See war ein Paradies für alle Arten von Wasservögeln, natürlich gab's alle möglichen Enten, aber auch buntschillernde Eisvögel und Golddrosseln, Wasseramseln und Adler. Der See selbst war teils mit Seerosenblättern und Hyazinthteppichen überwachsen, und Bauern hatten schwimmende Gärten angelegt, wo vom Kürbis bis zur Tomate allerlei Gemüse geerntet werden konnte.

Über all dem thronte am Ufer der prächtige Palast des Königs, mit Springbrunnen und Gärten, breiten Treppen und Schatten spendenden, breiten Bäumen.
Eines Tages hatte sich nun der König Ashoka (meine Studien ergaben, dass sich das Ganze so etwa vor 2200 Jahren abgespielt hat) an der schönen Umgebung so sehr erfreut, dass er spontan beschloss seine Ente anzubalzen, pardon, er wollte natürlich seiner Frau ein Geschenk machen, er ging in seine Schatzkammer, die mit Gold, Geschmeide und anderem unnützen Zeig gut gefüllt war und kramte dort herum, bis er ein wunderschönes Halsband mit Diamanten und Smaragden fand. Als er es stolz seiner Frau um den Hals legen wollte, zeigte die auf den schimmernden See, wo grade ein paar Eisvögel beim Fischen und Enten beim Grundeln waren, und meinte: "Was soll ich mich mit Deinen Diamanten behängen; so schön und elegant wie ein Eisvogel werd ich mit allen Diamanten der Welt nie und nimmer. Und was soll ich mit den Smaragden, sieh dir doch nur dort die Enten an; das Grün auf ihren Flügeln schillert tausendmal schöner als dein schönster Smaragd."

Der König wusste, dass man einer Frau nicht widersprechen darf, außerdem war er nicht auf den Kopf gefallen, er dachte kurz darüber nach, seiner Frau einen Eisvogel zu fangen und zu schenken. Da er aber ein kluger König war, sah er sofort, dass man einen Eisvogel nicht einsperren konnte, ohne ihm das Herz zu brechen. Deshalb ließ er vor seinem Palast einen großen Teich ausheben und ihn mit allem ausstatten, was Enten so brauchen und lieben.

Dann schickte er seine Leute aus, um vorsichtig ein Dutzend Enten zu fangen. Das sollten unter allen Enten nur die mit dem schönsten Smaragd auf den Flügeln, und selbstverständlich nur die elegantesten und vornehmsten sein. Als sie gefangen und im Teich untergebracht waren, rief er sie zusammen und hielt er ihnen eine kleine Ansprache. Nämlich dass er sie aus allen Enten auf dem Dal-See ausgewählt hätte, weil auf diesem See die schönsten Enten der Welt schwimmen und sie von allen Enten auf diesem See wiederum die schönsten und elegantesten, graziösesten und vornehmsten seien. Dass sie von ihm und seinen Leuten in Zukunft mit den feinsten Leckerbissen, die es zu schnabeln gibt, versorgt würden, und auch alle Feinde wie Adler oder Füchse (die es dort mengenmäßig gab) von seinen Kriegern ferngehalten würden. Dafür müssten sie nichts weiter tun als nur seiner Frau zu gefallen.

Es war nicht nur so, dass die Enten diesen Vorschlag schlecht ablehnen konnten. Nein, sie waren über das Angebot, dass von allen Tieren ausgerechnet sie ausgewählt worden waren, so stolz, dass sie anfingen nicht mehr zu watscheln, sondern nur noch hoch aufgerichtet und mit stolzgeschwellter Brust hin- und hergingen und liefen. (Böse Zungen behaupten, sie hätten eigentlich nur ständig versucht, über den Rand der vielen Springbrunnen zu blinzeln, um an die dort schwimmenden Goldfische zu kommen. Aber Neider gibts halt immer ...)

Und weil sie keine Feinde hatten, die sie fürchten mussten, haben sie sich so vermehrt dass sie bald auch in alle anderen Paläste des Königs gebracht werden konnten. Und oft wurden sie Gesandten anderer Könige als kostbares Geschenk mitgegeben, und sie wurden stolzer und stolzer und gingen an Land nur noch so aufrecht als ob sie einen Spazierstock verschluckt hätten, gerade so aufrecht, dass sie nicht nach hinten umkippten.

Das ist eine der Legenden, wie wir Laufenten entstanden sind. Wie ich kürzlich von einem Eisvogel, der jedes Jahr im Frühling hier durchkommt, erfahren hab, gibt es die Stadt Srinagar noch immer, viele seiner Nichten und Neffen wohnen auch noch dort. Leider wusste er nichts Genaueres, er sagte, er hat nur sehr lockeren Kontakt, weil es sehr sehr weit weg ist. Fest steht, dass wir Enten immer noch zu den vornehmsten Vögeln gehören, selbst wenn wir inzwischen auch bei normalen Menschen wohnen (wenn man bei Menschen von "normal" reden kann, manchmal sind die schon ein wenig sonderbar).

Aber manchmal auch ganz brauchbar, wie würd ich sonst an einen Laptopp kommen? So, und jetzt hab ich Kohldampf, tippen macht hungrig, und ich seh lieber mal zu, wo ich einen Topp mit Futter finde!

Bis demnächst

**Euer Professor Samo**

So - damit wäre das Buch eigentlich zu Ende.

Aber dann hat sich die Druckerei gemeldet, aus technischen Gründen ist es einfacher, ein Buch mit 208 Seiten zu machen als mit 202.

Also gibt´s noch eine Geschichte als Bonus:

# McEntosh & die Duckess

## Warum Laufenten Schnecken fressen

**Die Geschichte spielt in Schottland, und sie muss sich wohl so zur Mitte des 19. Jahrhunderts zugetragen haben.**

**Wie Ihr sicher wisst, kamen die ersten Laufenten um 1830 nach England, genauer gesagt nach Cumbrien und Dumfries, das liegt an der Westküste dies- und jenseits der Grenze nach Schottland. Weil die Menschen furchtbar wasserscheu sind, haben sie sich grosse Schüsseln gebaut, mit denen sie auf dem Wasser hin- und herschippern können. Das nennen sie "Schiffe", und der Obererpel von einem solchen Schiff (den alle anderen nur mit "Kapitän" ansprechen dürfen) hat die Laufenten mitgebracht, wahrscheinlich von Lombok aus dem Malayischen Archipel, und an Freunde und Bekannte verteilt.**

**Die Nachfahren dieser Enten müssen es wohl gewesen sein, von denen meine Geschichte erzählt.**

**Und das ist sie:**

Es war im Südwesten von Schottland, vor langer, langer Zeit.
Der Erpel McEntosh flanierte mit der Dame seines Herzens, Duckess von Enterness, an den Rändern des Hochmoores von Snecallom entlang, in unnachahmlicher Eleganz und Lässigkeit mal hier, mal da mit spitzem Schnabel nach einem Käferchen oder Würmchen stöbernd.

Als sie so vergnüglich plaudernd (und ab und an wie beiläufig bohrend) dahinspazierten, hörten sie aus einiger Entfernung einen heftigen, man kann fast sagen ungeziemlichen Streit.

Nun sind Enten ja einerseits sehr vornehme Tiere, speziell Laufenten sind von derart natürlicher Eleganz und Adel, dass sie sich gewöhnlich nicht in die Niederungen des Streits des gewöhnlichen Pöbels begeben.

Da aber andererseits der immer heftiger werdende Streit nur zu hören, nicht aber zu sehen war, schlenderten die beiden fast ohne Absicht in die fragliche Richtung.

Gross war ihre Verwunderung, als sie zweier Nacktschnecken ansichtig wurden, die sich heftig in den nicht vorhandenen Haaren lagen.

Es waren zwei Prachtexemplare, eine pechschwarz, eine purpurrot, beide gestikulierten erregt mit den Fühlern, und die Schleimspuren ringsum zeugten davon, dass sich der Streit schon eine Weile hinziehen musste.

Beide waren ziemlich in ihren Disput vertieft, böse Schmähungen gingen hin und her, es war von schwarzen Amigos und roten Socken die Rede und derlei Dingen mehr, bis sie plötzlich bemerkten, dass sie nicht mehr alleine waren.

Aber die Unterbrechung ihres Streits war nur kurz, nun begannen die beiden auf Seine Lordschaft McEntosh und Lady Enterness einzureden, und zwar mit einer Geschwindigkeit, die jeder Rennschnecke Ehre gemacht hätte, noch dazu beide zur gleichen Zeit.
Es war nicht leicht herauszufinden, was denn nun der Gegenstand des Streitgesprächs war, aber nach einer Weile kristallisierte es sich heraus; das Problem war die Länge. Jede der beiden nahm für sich nämlich in Anspruch, die längste Schnecke im Hochmoor von Snecallom zu sein, ja von ganz Schottland, oder vielleicht sogar überhaupt weltweit? Und dabei ging es doch jeder von ihnen nicht nur um die eigene, herausgehobene und außergewöhnliche Person, nein,

jede reklamierte für sich, Vertreter einer Art zu sein, die im Molluskenreich Ihresgleichen suchte; eben die grazile, großartige, intelligente und allen anderen Schnecken weit überlegene rote (oder eben schwarze) Rasse.

Leider hatte keiner der Kontrahenten einen klaren Plan, wie sich das denn hätte beweisen lassen.
Lord McEntosh legte den Kopf schief, erst lang auf die eine, dann länger auf die andere Seite. Er nahm einen kleinen Schluck des hervorragenden Snecallommer Moorwassers, schüttelte einen überflüssigen Tropfen dezent von der Schnabelspitze und brachte mit einer geübten Bewegung seine anmutig gezwirbelte Schwanzfeder in die geziemende Form. Dann erklärte er, wie er sich die Lösung des Problems vorstellen könnte.

Als schottischer Gentlemen (und ein solcher ist immer auch Sportsman) würde es ihm eine Ehre sein, den Streit zu entscheiden. An seiner Unparteilichkeit würde ja sicher keiner zweifeln, außerdem wären Wetten um nicht zu geringe Beträge willkommen.

Die beiden Kontrahenten ließen sich das nicht zweimal sagen; als Schiedsrichter wäre er ihnen hochwillkommen, und wie er sich die Durchführung des Wettbewerbs denn vorstellen würde? (Leider hatte man kein Wettgeld zur Hand, weil man auf die Spritztour die Schneckenhäuser nicht mitgenommen habe).

"Ganz einfach", antwortete der Lord. "Wir beide, meine Wenigkeit und Lady Enterness, sind in aller Bescheidenheit für unsere grazilen, eleganten und langen Hälse in Schottland (und darüberhinaus) weithin bekannt. Wir sperren unsere Schnäbel auf. Ihr kriecht rückwärts hinein, und wenn ihr mit dem Hinterteil im Kropf angekommen seid, dann wird sich herausstellen, wessen Fühler oder gar Kopf noch aus dem Schnabel herausschaut."

Gesagt, getan; die beiden Schnecken legten den Rückwärtsgang ein, und nachdem der Lord sie nochmals zur Vorsicht ermahnt hatte (er war von vornehmster rehbrauner Farbe und wäre über Schleimspuren auf seinem gepflegten Gefieder gar nicht amused gewesen), begannen sie rückwärts in den Hals der Enten zu kriechen, die schwarze in den Schlund des Lords und die rote in den schlanken Hals der Lady.

Es dauerte seine Zeit, aber schließlich waren sie beide mit dem Hinterteil unten angekommen, nur Kopf und Fühler waren im Schnabel der Enten noch zu sehen.

Was denn nun sei, wollten sie wissen, und wer denn jetzt gewonnen hätte.

Nun musste Lord McEntosh seinen Kopf wieder schief legen, erst auf die eine, dann noch länger als vorher auf die andere Seite.

Aber es schien, als wollte ihm diesmal die richtige Idee nicht kommen.

Er meinte zu den Schnecken, sie möchten sich doch ein wenig zurückziehen, wenn ihnen das keine weiteren Umstände bereite, dass er sich mit der Lady in Ruhe über seinen Schiedsspruch beraten könne.

Das taten die beiden, und als sie im Schlund verschwunden waren, meinte der Lord zu seiner Lady: "Sag, Teuerste, hast Du so etwas schon einmal erlebt? Ein wirklich merkwürdiges Gefühl im Hals, aber eigentlich gar nicht so übel". Die Lady kicherte und gluckste "Ja, es kitzelt am Gaumen. Und so einen Hauch von bitterer Orangenmarmelade haftet an meiner Roten." "Jetzt, wo Du es sagst, Teuerste" lächelte der Lord, "meine Schwarze erinnert mich eher an Lakritz, mit vielleicht einer Spur von Minze..." "Ja," nickte die Lady heftig, "eigentlich gar nicht so übel!" "Superb" bekräftigte der Lord streckte zustimmend seinen langen Hals ein paarmal schnell vor und zurück.

Beide nahmen noch einen guten Schluck Moorwasser, um nachzuspülen, und wackelten dann vergnügt von dannen.

Und sie nahmen sich vor, das nächste Mal jeweils von der anderen Sorte zu probieren, und zuhause auch allen Genossen davon zu erzählen, welch hervorragende Delikatessen sie entdeckt hätten.

Seit jener Zeit dinieren Laufenten mit Vorliebe jene unvergleichlich zarten, schmackhaften Geschöpfe, und es wurden noch viele köstliche Geschmacksrichtungen entdeckt, von kernigerdig bis zartbitter-modrig und mit allen Nuancen dazwischen.

Ob sich die Geschichte ganz genau so zugetragen hat, kann ich nicht sagen, aber seit vielen Generationen wird sie so überliefert und erzählt. Wers nicht glaubt, der kann den Wahrheitsgehalt leicht und problemlos überprüfen - probiert einfach mal so eine köstliche rote oder schwarze Schnecke, Ihr werdet sehen, es gibt nichts Besseres!

Bis demnächst

**Euer Professor Samo**

Noch mehr Geschichten findet Ihr unter http://www.laufis.de/story/

# Anhang

## Staatliche Veterinär- und Lebensmitteluntersuchungsämter

### Baden-Württemberg

Staatl. Tierärztliches Untersuchungsamt
Czernyring 22
69115 Heidelberg
Tel.: +49 / 6221 / 2 36 02
Einzugsgebiet: Regierungsbezirk Karlsruhe (Nordbaden)

Staatl. Tierärztliches Untersuchungsamt
Schaflandstr. 3/2 und 3/3
70736 Fellbach
Tel.: +49 / 711 / 3426 1234
Einzugsgebiet: Regierungsbezirk Stuttgart

(Nord-Württemberg)
Expreßgut: Stuttgart Hbf
Tierhygienisches Institut Freiburg CVUA
Bissierstr. 5
(Postfach 100462, 79123 Freiburg )
79114 Freiburg
Tel.: +49 / 761 / 8855 - 0
Einzugsgebiet: Regierungsbezirk Freiburg (Südbaden)

Staatl. Tierärztliches Untersuchungsamt
Löwenbreitestr. 18/20
88326 Aulendorf
Tel.: +49 7525 942 - 0
Einzugsgebiet: Regierungsbezirk Tübingen (Südwürttemberg-Hohenzollern)
Expreßgut: Stuttgart Hbf

## Bayern

Landesuntersuchungsamt f. d. Gesundheitswesen Südbayern
Fachbereich Veterinärmedizin
Veterinärstr. 2 (Postfach 55)
85674 Oberschleißheim
Tel.: +49 / 89 / 3 15 15 26 + 27

Landesuntersuchungsamt f. d. Gesundheitswesen Nordbayern
Fachbereich Veterinärmedizin
Flurstr. 20
90419 Nürnberg
Tel.: +49 / 91 / 33 02 51

## Berlin - Brandenburg

landkreisabhängig,
siehe http://www.landeslabor.berlin-brandenburg.de/sixcms/detail.php/bb1.c.177488.de

## Bremen

Landesuntersuchungsamt für Chemie, Hygiene und Veterinärmedizin
- Veterinärdiagnostik -
Lloydstr. 4
28217 Bremen
Tel.: +49 / 421 / 36 18 260

## Hamburg

Veterinäruntersuchungsanstalt Hamburg
Lagerstr. 36

20357 Hamburg
Tel.: +49 / 40 / 3504 0

## Hessen

Staatl. Medizinal-, Lebensmittel- und Veterinäruntersuchungsamt
Nordhessen
Druseltalstr. 61 -67
34131 Kassel
Tel.: +49 / 561 / 3 10 10

Südhessen
Hasengartenstr. 24
65189 Wiesbaden
Tel.: +49 / 611 / 76080

Mittelhessen
Wolframstr. 33
35683 Dillenburg
Tel.: +49 / 2771 / 34016 - 19

## Mecklenburg-Vorpommern

Landesveterinär- und Lebensmitteluntersuchungsamt Rostock
Thierfelder Str. 18/19
18059 Rostock
Tel.: +49 / 381 / 4035 - 0

## Niedersachsen

Staatl. Veterinäruntersuchungsamt Hannover
Eintrachtweg 17
30173 Hannover
Tel.: +49 / 511 / 28897 - 0

Staatl. Veterinäruntersuchungsamt Oldenburg
Heckenweg 6
21680 Stade
Tel.: +49 / 4141 / 9336

Staatl. Veterinäruntersuchungsamt Oldenburg
Philosophenweg 38
26121 Oldenburg
Tel.: +49 / 441 / 9713 - 0
Fax: +49 / 385 / 86 49 89

Institut für Pathologie der tierärztlichen Hochschule Hannover
Bischofsholer Damm 15
30173 Hannover
Tel.: +49 / 511 / 81 13-5 69
Fax.: +49 / 511 / 28 89 799
Hinweis: Nicht bei Tollwutverdacht!

## Nordrhein-Westfalen

Staatl. Veterinäruntersuchungsamt
Deutscher Ring 100
47798 Krefeld
Tel.: +49 / 02151 / 787092

Staatl. Veterinäruntersuchungsamt
Nieberdingstr. 30a
48155 Münster
Tel.: +49 / 251 / 384833 - 11

Staatl. Veterinäruntersuchungsamt
Postfach 2754
32717 Detmold
Tel.: +49 / 5231 / 9 11 -9

Staatl. Veterinäruntersuchungsamt
Zur Taubeneiche 10-12
59821 Arnsberg
Tel.: +49 / 2931 / 809 - 0

## Rheinland-Pfalz

Landesveterinäruntersuchungsamt für Rheinland-Pfalz
Blücherstr. 34 (Postfach 1320)
56073 Koblenz
Tel.: +49 / 261 / 404050

## Saarland

Staatl. Veterinäruntersuchungsamt
Hellwigstr. 8-10 (Postfach 1350)
66121 Saarbrücken
Tel.: +49 / 681 / 30000

## Sachsen

Staatl. Veterinäruntersuchungsamt
Reichenbachstr. 71-73
01217 Dresden
Tel.: +49 / 351 / 8144 - 0

Staatl. Veterinäruntersuchungsamt
Zschopauer Str. 87
09111 Chemnitz
Tel.: +49 / 371 / 6009 - 0

Staatl. Veterinäruntersuchungsamt
Beethovenstr. 25
04107 Leipzig
Tel.: +49 / 341 / 9788 - 0

## Sachsen-Anhalt

landkreisabhängig.
siehe http://www.sachsen-anhalt.de/LPSA/index.php?id=fld6kg7ooadgg

## Schleswig-Holstein

Veterinäruntersuchungsamt des Landes Schleswig-Holstein
Max-Eyth-Str. 5 (Postfach 2743)
24537 Neumünster
Tel.: +49 / 4321 / 904 - 5

## Thüringen

Thüringer Medizinal- Lebensmittel- und Veterinäruntersuchungsamt
Juri-Gagarin-Ring 124
99084 Erfurt
Tel.: +49 361 / 378 - 0

# Links und Adressen

## Weblinks

### Infos zum Thema

DIE Laufenten-Website http://www.laufenten.de
Das zugehörige Forum
http://www.forumromanum.de/member/forum/forum.cgi?USER=user_5785
Website des Buches http://www.laufis.de
Sonderverein der Laufentenzüchter Deutschlands: http://www.laufenten-sv.de
Entensounds http://www.laufis.de/laute/
Entwicklung eines Eies http://www.pfauenforum.de/haltung/ei.html
Geflügel allgemein http://www.huehner-info.de
Kunstbrut http://www.kunstbrut.net
Wassergeflügelerfahrene Tierärzte
http://www.baseportal.de/cgi-bin/baseportal.pl?htx=/Laufenten/laufenten
http://www.sittiche.de/arztadressen.htm
http://www.vogeldoktor.de

### Zubehör - Handel

Alles was man so braucht:http:// www.bruja.de
http://www.asm-aschheim.de
Schutznetze http://www.engel-netze.de

## Adressen

Vorstand des Sondervereins der Laufenten-Züchter
Markus Kollhoff, Adenauer Ring 63, 49393 Lohne
Redaktion Laufentenexpress (Organ des SV der Laufentenzüchter)
Clemens Schlotböller, Bördenweg 1, 59069 Hamm

## Literaturhinweise


Clauss, Bjoern: Ente, Gans & Co.
Leopold Stocker Verlag 2004 ISBN 3-7020-1061-0

Lüthgen, Werner: Wassergeflügelkrankheiten
Oertel + Spörer 2002 ISBN 3-88627-509-4

Oldenettel, Johannes Ziergeflügel halten
Ulmer 1998 ISBN 3-8001-7384-0

Platzbecker, Martin Der grosse Geflügelstandard Band 3
Oertel + Spörer 2000 ISBN 3-88627-219-2

Ashton, C. & M. The Indian Runner Duck
Feathered World 2002 ISBN 0-907769-33-0

Unterweger, W.-D. & U. Das Hühnerbuch
Stocker Verlag 2002 ISBN 3-7020-0944-2

Sperl, Theodor Hühnerzucht für jedermann
Oertel + Spörer 1999 ISBN 3-88627-226-5

Carlo Consiglio Vom Widersinn der Jagd
Zweitausendeins 2001 ISBN 3-86150-372-7

# Farbschläge

## Wildfarbig

### Erpel:

Kopf und Hals smaragdgrün, das untere Drittel durch einen reinweißen, nach hinten nicht geschlossenen Halsring von der braunroten Brustfarbe getrennt. Der Oberrücken ist graubraun und geht allmählich in den schwarzen, grünschillernden Unterrücken über. Bürzel und Schwanz zeigen schwarzgrüne Färbung, Flügel dunkelgrau mit leichtem Braunton. Spiegel dunkelblau glänzend, durch schmale schwarze und dann weiße Streifen eingefasst. Die Unterseite der Flügel ist rahmweiß. Ab Brustbein zeigen Bauch , Flanken, After und Schenkel ein fleckenloses, zartes Perlgrau mit gleichmäßiger, dunkler Wellung. Schwanzlocke schwarz, Stoßfedern grauschwarz. Schnabelfarbe weidengrün mit dunklem First und schwarzer Bohne, Lauffarbe orangefarbig.

### Ente:

Grundfarbe ein über den ganzen Körper gleichmäßig verteiltes Goldbraun, jede Feder mit schwarzbrauner, scharfer Zeichnung versehen. Zügel und Kehle goldbraun. Sichtbare Schwingen dunkelbraun, Spiegel wie beim Erpel,.braungelb mit schwarzer Schnabelfarbe, Sattelzeichnung und Bohne. Lauffarbe etwas dunkler als beim Erpel gestattet.

## Forellenfarbig

### Erpel:

Kopf und Hals grün, weisser, hinten nicht geschlossener Halsring, Brust weinrot, leicht gerieselt. Flügel silbergrau, Rücken dunkel, im Bürzelbereich silbergrau gesäumt. Bauch einschließlich Flanken und Schenkel aufgehelltes Perlgrau mit zarter dunkler Wellung, Schwanz schwarz mit dunkler Locke, Stoßfedern silbergrau, Spiegel blauglänzend. Schnabelfarbe hellweidengrün mit dunkler Bohne, Lauffarbe orangefarbig.

**Ente:**

Grundfarbe hellbraun mit Silberfaktor, der in Afterbereich und Bürzelpartie ausgeprägter hervortritt. Zügel, Kehle, Rücken und After etwas heller. Klare und scharfe braune, längliche bis gerundete Tupfen auf Bauch, Rücken, Bürzel und im Afterbereich. Säumung auf Decken, Schultern und Flügeln. Rückendecken und grosse Flügeldecken braun gesäumt. Spiegel wie beim Erpel. Schnabelfarbe orangefarbig mit dunklen Tupfen. Lauffarbe orangefarbig.

## Silber-Wildfarbig

**Erpel:**

Die Grundfarbe ist silbrig-rahmweiss. Brust, Halsansatz, Nacken und Schultern sind rotbraun mit silberweißer Säumung. Bauch und Flankengefieder silberfarbig-rahmweiss. Bürzel braunschwarz, Unterrücken silbergrau mit dunklen Tupfen, jede Feder weiss gesäumt. Schwanz gelbgrau mit hellerem Aussensaum, Schwanzlocken schwarz. Flügel weiss, leicht grau gemischt, mit grünglänzenden Spiegeln mit weisser Einfassung. Kopf schwarz, grün schillernd, mit ausgeprägtem, nicht zu schmalem, an der Rückseite gut schließendem Halsring. Schnabelfarbe grau- bis weidengrün, Lauffarbe orangefarbig.

**Ente:**

Die Grundfarbe ist gelblich-weiss. Obere Brust, Halsansatz, Nacken und Rücken leicht braungestrichelt. Unterrücken gelbgrau mit dunklen Tupfen und weißem Federsaum. Die Grundfarbe ist stark vorherrschend. Untere Brust und Bauch rahmweiss. Bürzel kräftig braungefleckt. Auf den Flügeln blauer, klar abgegrenzter Spiegel, Schwanzfedern hellbraun, Kopf bräunlich-gelb mit dunkler Strichelung. Kopf- und Oberhalsfarbe bei Jungenten deutlich zum hellen Unterhals absetzend. Schnabelfarbe grau bis graugrün. Lauffarbe etwas dunkler als beim Erpel.

## Weiss

### Erpel & Ente:

Reinweiß ohne gelben Anflug, der aber bei sehr gutem Typ nicht schwer zu strafen ist. Schnabelfarbe zitronengelb mit heller Bohne. Bei Alttieren sind grüne Flecken und dunkle Bohne gestattet.

## Schwarz

### Erpel & Ente:

Reinschwarz mit smaragdgrünem Glanz Schnabelfarbe dunkelolivgrün bis schwarz, Lauffarbe dunkel, fast schwarz.

## Braun

### Erpel & Ente:

Ein möglichst gleichmäßiges Braun, geschlechtsbedingt ist der Erpel an Kopf, Hals, Spiegel und Schwanzdecken etwas dunkler. Schnabelfarbe dunkelgraubraun, Lauffarbe braun. Dies ist wahrscheinlich die Originalfarbe der ursprünglichen Laufenten.

## Blau

### Erpel & Ente:

Gleichmäßiges intensives Blau (Grau) über den ganzen Körper, ohne Spiegel. Schwarze Spritzer gestattet. Schnabelfarbe schiefergrau bis grünlich mit schwarzer Bohne, Lauffarbe schiefergrau bis braun.

## Rehfarbig-Weißgescheckt

### Erpel & Ente:

Die Farbe ist bei beiden Geschlechtern fast gleich. Kopf und Backen dunkelrehbraun. Die Kopfzeichnung ist von der Backenzeichnung durch einen weißen Streifen, der sich auch um das Auge zieht, geschieden, so dass das Auge frei im Weißen liegt. Beim Erpel ist die Kopfzeichnung dunkler bis braunschwarz. Am Schnabelgrund ist die Kopfzeichnung gleichmäßig weiss gesäumt. Hals weiss, das untere Drittel und die Brust rehbraun, Rücken, Schultern und Schwanz rehbraun mit angedeuteter Wildzeichnung. Beim Erpel sind Rücken, Unterschwanz und Schwanzdecken dunkler. Flügel, Schwingen und Bauch weiss. Lediglich an den Schenkeln sind in sich geschlossene, rehbraune Farbfelder. Schnabelfarbe gelb mit grünen Tupfen und schwarzer Bohne, zumindest schwarzem Bohnenstrich. Bei figürlich gleicher Qualität sind Tiere mit dunkler Bohne vorzuziehen. Lauffarbe orangefarbig.

## Erbsgelb

### Erpel:

Kopf graubraun bis zum hinten offenen weißen Halsring. Brust braunrot (Brand). Rücken erbsgelb, zum Schwanzende etwas dunkler. Spiegel braungrau, Bauch und Stoß cremefarbig. Schnabel gelb mit leicht grünlicher Tönung und brauner Bohne, Lauffarbe orangefarbig.

### Ente:

Kopf, Hals, Rücken bis Schwanz und Brust erbsgelb. Zügel und Kehle cremefarbig, Flügelbug und Schwingen hellcremefarbig, Spiegel braungrau. Schnabelfarbe braungelb mit leicht grünlicher Tönung, braune Bohne. Lauffarbe orangefarbig.

## Blau-Gelb

**Erpel:**

Kopf und Hals bis zum offenen weißen Halsring taubenblau, Unterhals, Flügelbug mit Schultern und Brust braunrot mit feinem Silbersaum. Rücken und Bauch roggenmehlfarbig, Unterrücken mit Bürzel, Locke und Unterschwanz bis zum After sind taubenblau. Flügel blassblaugrau mit taubenblauem Spiegel und weiss-blauer Einfassung.. Schnabelfarbe gelb bis grünliche Tönung mit gelber Bohne, leicht angelaufene Schnabelbohne vorläufig gestattet, Lauffarbe orangefarbig.

**Ente:**

Kopf, Hals und Brust erbsgelb, Bauch- und Rückenfarbe zum Schwanz hin aufgehellt. Zügel über den Augen bis zum Kopfende und unterhalb der Augen vom Schnabel bis zum Auge reichend sowie Kehle cremefarbig. Flügeldecken hellcremefarbig. Unterrücken und Schwingen blassblaugrau. Spiegel taubenblau mit weißblauer Einfassung. Schnabelfarbe braungelb. Lauffarbe orangefarbig.

### Weitere (im Ausland gebräuchliche) Farbschläge:

**American Fawn-and-White**
**Chocolate**
**Apricot**
**Khaki**
**White Bali**

# Enten - Sounds

Soundfiles gibts zum Download unter:http://www.laufis.de/laute/
Die leisen, etwas heiser krächzenden sind jeweils die Erpel. Von weiblichen Entenbesitzern wird die Stimme oft als “rauchig & sexy” beschrieben. Naja, die kennen halt meine Stimme nicht ...
Die Enten, das sind die lauten, kräftigen.

# Mein Entenbestand (Geflügelregister)

**Geflügelregister** **Name** ____________ **Anschrift** ___________________

| Datum | Zugang (Z) Abgang (A) | Name und Anschrift Vorbesitzer/Empfänger | Art und Anzahl |
|---|---|---|---|
| | | | |
| | | | |
| | | | |
| | | | |
| | | | |
| | | | |
| | | | |
| | | | |
| | | | |
| | | | |
| | | | |
| | | | |
| | | | |
| | | | |

Bild: Dieter

# Impressum

Verantwortlich für dieses Buch:

**Bjoern Clauss**
Edmuehle 2
83564 Soyen
eMail: b1@clauss.name

und

**Alexandra "Lexx" Vogel-Reich**

Einen dicken Dank an alle Teilnehmer des Laufentenforums, ohne deren Beiträge es kein Buch gegeben hätte, und selbstverständlich an Eva, ohne die gar nichts geht!

**Titelbild**, Umschlaggestaltung sowie Buchlayout: Bjoern Clauss

**ISBN**: 978-3-00-034167-0



**Druck**: Litotipografia Alcione s.r.l., I-38015 Lavis (TN)

Bild: Simone

# Fotos und Abbildungen

Fotos und Abbildungen in diesem Buch sind jeweils mit dem Vornamen oder Forumsnamen des Urhebers versehen.

Wo kein Name angegeben ist, stammen die Bilder und Abbildungen vom Buchautor.

| | |
|---|---|
| Clemens: | Clemens Schlotböller |
| Dieter (madi-w): | Dieter Gehlhaar |
| Frank: | Frank Hohn |
| Jens (wad...beisser): | Jens Boehling |
| Klaus | |
| Lexx: | Alexandra Vogel-Reich |
| permi | |
| Peter F. | |
| sarduck | |
| Simone | |

Bild Seite 28 aus dem Entenmuseeum von P.E. Oswald, Gimsheim

Schema der inneren Organe von Daniela Gareis (Rotschopf)

Die wunderbaren Aquarelle im Kapitel „Wie die Laufenten entstanden sind“ und „McEntosh und die Duckess von Enterness“ stammen von Helene Towers („etraudel“).

© B. Clauss 2005

# Glossar


**A**

Alexandra Vogel-Reich 14
Amme 114
Antibiotika 123
Aspergillose 136
Atemstillstand 130
Atemwegsprobleme 161
Aufstallung 163
Augenprobleme 125
Auslauf 21, 30

**B**

Bandwürmer 132
Baytril 154
Behandlungskosten 153
Beinprobleme 146, 159
Beinprobleme/Humpeln 125
Belüftungsöffnungen 31
beringen 55
Beringen 110
Beutegreifer 41
Bewusstlosigkeit 130
Bindehautentzündung 137
Blau 190
Blau-Gelb 192
Blautinktur 106
Bleivergiftung 150
Botulismus 138

Braun 190
Bruno Stubenrauch 13
Brut 101
Brutautomat 112
Brutbeginn 98
Bruteier 112
Brutparameter 113
Bürzeldrüse 119
Bussard 41

**C**

Cayugaente 15
Cestoden 132
Concurat 132
Cumarin 41

**D**

Dachs 37
Darmparasiten 157
Daunenfedern 118
Dieter Gehlhaar 14
Dunkelstrahler 106
Durchfall 138, 160

**E**

Eierdiebe 44
Eingliederung 27
Eintagsküken 23
Elstern 43
Entenornithose 144
Ententeich 32
Entgiftung 159
Entwurmen 132
Erbsgelb 191
Erhöhte Temperatur 135
Erpelgruppen 29
**Erste Hilfe** 129
Erstickungsgefahr 110, 131

**F**

Fadenfedern 119
Fadenwürmer 132

Farbschläge 188
Federarten 117
Federfahne 117
Federfressen 110
Federkiel 117
Federlinge 145
Federscheide 117
Filamente 117
Flagellaten 139
Flubenol 132
Flügel pumpen 152
Flugfedern 118
Flüssigkeiten eingeben 154
Forellenfarbig 188
Frettchen 37
Friedrich-Löffler-Institut 167
Fuchs 35


**G**


Gefahren 107
Gefieder 117
Geflügelcholera 139
Geflügelregister 193
Geflügelstandard 18
Geschmackssinn 116
Gicht 139
Giftpflanzen 46
Gipseier 111
Gleichgewichtssinn 116
Greifvogelabwehrkugeln 42
Gruppentiere 29
Gruppenzusammensetzung 29


**H**


H5N1 163
Habicht 41
Hagelschnur 99
Hanggrundstücke 47
Hausmittel 156
Herkunft 15
Hermelin 37
Hölleneier 38
Holzwolle 97
Hook-Bills 16

Hormonkoller 147
Humpeln 146

**I**

Iltis 37
Immunsystem 159
Impfen 135
Indian Runner 16
Indikatortiere 164
Infrarotlampe 106
Inzucht 96

**K**

Kannibalismus 110
Kauf einer Ente 24
Klärung 32
Knochenbrüche 146
Knochenbrüchen 130
Kokzidiose 140
Konjunktivitis 137
Konturfedern 117
Kotgrubengitter 30
Kotprobe 126
Krähen 43
Krämpfe 131
Kräuterapotheke 156
Küken 107
Kükenfutter 104
Kükenräuber 43
Kunstbrut 112

**L**

Leberentzündung 141
Legeleistung 159
Legenot 141
Legepause 125
Legeperiode 95
Links 186
Literaturhinweise 187
Luftblase 99

**M**

Mangelerscheinungen 148
Marder 37
Mauserprobleme 150
Medikament eingeben 154
Milben 145
Mineralien 156
Mobbing 27

**N**

Nematoden 132
Nerz 37

**P**

Paddel 120
Panacur 132
Parasiten 145, 158
Paratyphus 144
Pinguinente 15
Pulver eingeben 154

**Q**

Quarzsand 104
Quetschungen 160

**R**

Rasse 15
Ratten 39
Rattengift 151
Rehfarbig-Weissgescheckt 191
Repellent 35
Ringgröße 110
Risikogebiete 164
Risspilze 151
Rote Vogelmilbe 145
Rotfuchs 35

**S**

Salmonellose 144
Schieren 99
Schlechter Allgemeinzustand 125
Schlupfprobleme 104

Schlupftermin 102
Schock 129
Schwarz 190
Schwimmgelegenheit 21
Sehnenscheidenentzündung 139
Sentineltiere 164, 165
Silber-Wildfarbig 189
Solubenol 132
Soundfiles 192
Stall 21, 31
Stalltür 31
Stammbaum 97

**T**

Tabletten eingeben 154
Tamiflu 167
Tastsinn 116
Teichfilteranlage 32
Teichrand 32
Tierversand 24
Trauma 129

**U**

unterschieben 111
Untertemperatur 136

**V**

Vergiftungen 131, 150
Vergrämungsmittel 35
Verletzungen 130
Veterinäruntersuchungsämter 169, 181
Vitamine 156
Vogelgrippe 163
Vogelschutznetz 31, 107, 109

**W**

Wafarinköder 41
Wanderratte 39
Waschbär 39
Wassertest 100
Weblinks 186
Weiss 190

| | |
|---|---|
| Wiesel | 37 |
| Wildfarbig | 188 |
| Wunden | 131, 160 |

**Z**

| | |
|---|---|
| Zaun | 30 |
| Zubehör - Handel | 186 |
| Züchter | 25 |
| Zwangsernährung | 155 |

# Raum für Notizen